Gisela

Renée Bondi
mit Nancy Curtis

Melodie meines Herzens

Autobiographie

Renée Bondi
mit Nancy Curtis

Melodie meines Herzens

Autobiographie

Schulte & Gerth

Die amerikanische Originalausgabe erschien im Verlag
Flemming H. Revell a division of Baker Book House Company,
unter dem Titel »The last dance but not the last song«.

Aus dem Amerikanischen übersetzt von Kerstin und Jens Uhder.

Best.-Nr. 815 902
ISBN 3-89437-902-2
1. Auflage 2004
Umschlaggestaltung: spoon/Olaf Johannson/Joni Parenti
Umschlagphoto: Danny Mitchell
Satz: Die Feder GmbH, Wetzlar
Druck und Verarbeitung: Ebner & Spiegel, Ulm
Printed in Germany

Mike und Daniel
gewidmet.
Ich liebe euch mit allem,
was in mir ist.

Eines vorab

Ich habe mich daran gewöhnt, auf dem Präsentierteller zu leben. Ob es das Kind ist, das mit großen Augen meinen Rollstuhl mustert oder der Rentner, der mir verständnisvoll zulächelt oder der Kellner, der mir zuschaut, wie ich meinen gebogenen Löffel gebrauche, um ein Sandwich zu essen; es ist mir überhaupt nichts Neues, die Aufmerksamkeit anderer zu erregen. Manche Leute starren mich aus Mitleid an, andere voller Bewunderung. Bei allen jedoch spüre ich eine Vielzahl von unausgesprochenen Fragen.

Das gehört einfach dazu, wenn man behindert ist.

Auch Renée Bondi bekommt das Tag für Tag zu spüren. Renée und ich haben uns dazu entschlossen, einfach davon auszugehen, dass die allermeisten dieser unausgesprochenen Fragen eigentlich gut gemeint sind, denn als Menschen, die Jesus nachfolgen, wollen wir von anderen stets das Beste denken. Wir sind dazu berufen, auf dem Präsentierteller zu leben (wie jeder andere Christ übrigens auch). Gottes Wort ermutigt uns dazu, aus unserem Innersten heraus zu leuchten, durch die Kraft, die Gott so überreichlich durch unsere körperlichen Behinderungen hindurch scheinen lässt.

Ich bin zutiefst davon überzeugt, dass Menschen, die sehen, wie Renée in ihrem Rollstuhl sitzt und mit einem Lächeln im Gesicht singt, unweigerlich ins Nachdenken kommen: »*Wie groß-*

artig dieser Gott doch sein muss, der einen Menschen zu einem solchen Glauben und zu solcher Zuversicht inspiriert!«

Irgendwie glaube ich nicht, dass es Renée etwas ausmacht, so im Zentrum der Aufmerksamkeit zu stehen. Ihr Beispiel ist für jeden, der sie beobachtet, eine große Inspiration und eine Ermutigung im Glauben – vor allem für diejenigen, die ihr zu Freunden werden, so wie ich es durfte. Ich erinnere mich noch gut daran, wie ich Renée zum ersten Mal begegnet bin. Als ich sie auf der Bühne singen und sprechen sah, da war ich sofort von ihrem warmherzigen Lächeln und ihrem ungetrübten Vertrauen auf Jesus tief beeindruckt. Die Art und Weise, wie sie mit Menschen umging, durch ihre Musik ebenso wie durch die Dinge, die sie sagte, war von einer tiefen Anmut durchdrungen. Ich habe ehrlich gesagt kaum bemerkt, dass sie im Rollstuhl saß (und ich fragte mich, ob es den Leuten, die mich sehen, wohl genauso gehen mag). Renées fröhliches Wesen tut mir jedenfalls ungemein gut.

Die Frau, deren Autobiographie Sie hier in den Händen halten, mag vielleicht keine Kontrolle über ihre Beine und Arme haben, aber ist es nicht geradezu eine Ironie, dass Gott eine querschnittsgelähmte Frau dazu gebraucht, uns alle in Bewegung zu setzen, um anderen Gutes zu tun?

Wenn Sie dieses Buch lesen, dann werden Sie unweigerlich sehen, was ich meine. In einer Welt, die an allen Ecken und Enden Zerfallserscheinungen zeigt, brauchen wir gerade solche Beispiele von mutigen Menschen, die mit ihrer Geschichte Hoffnung verbreiten und Wege der Heilung aufzeigen. Genau dies tut meine liebe Freundin Renée hier ... und noch weit mehr. Sie werden einer Frau begegnen, die in all ihrer Normalität doch etwas zutiefst Außergewöhnliches an sich hat. Und, genau wie ich, werden auch Sie sich der Feststellung nicht erwehren können: Wenn Renée ihre Beschränkungen mit Gottes Gnade überwinden kann, dann kann ich es auch.

Joni Eareckson Tada
Agoura Hills, Kalifornien

Der große Absturz

Es war schon ein sonderbares Gefühl, als ich mit meinem Rollstuhl in den Ballsaal des *Hyatt Regency Hotels* in Irvine (Kalifornien) fuhr. Vor fast elf Jahren tanzte ich genau in diesem Raum meinen letzten Tanz mit Mike, mit dem ich damals noch verlobt war. Er hatte mir gerade meinen Verlobungsring an den Finger gesteckt und in diesem Augenblick war ich zweifellos die glücklichste Frau der Welt. Niemals hätte ich gedacht, dass weniger als sechsunddreißig Stunden später etwas geschehen würde, das mein Leben für immer verändern sollte.

Während ich darauf wartete, auf das Podium gerufen zu werden, um den *Walter Knott Service Award* für meinen beispielhaften Umgang mit meiner Behinderung entgegenzunehmen, musste ich daran denken, wie sehr mein heutiges Leben von all dem abwich, was ich mir damals vorgestellt und erträumt hatte. Manchmal geschehen Dinge in unserem Leben, die nicht geplant sind, und die wir uns so niemals aussuchen würden. Bei mir jedenfalls kann man das ganz gewiss sagen. Eines jedoch steht für mich völlig außer Zweifel: Gott ist wirklich real und er ist treu. Ich möchte Ihnen im Folgenden erzählen, warum ich mir dessen so sicher bin.

Was mich vor elf Jahren in das *Hyatt Regency* brachte, war der Schulball der *San Clemente Highschool*. Ich hatte damals eine wunderbare Stelle als Musiklehrerin und Chorleiterin an dieser Schule. Es war eine der großen Highschools in Orange County, herrlich am Meer gelegen, sodass die Schüler in ihren Pausen buchstäblich an den Strand gehen konnten.

Musik hatte in meinem Leben immer einen hohen Stellenwert gehabt. Deshalb bot es sich geradezu an, meine Leidenschaft zum Beruf zu machen. Doch meine Karriere brachte durchaus gewisse Herausforderungen mit sich. So gab es in meinem ersten Jahr an dieser riesigen Schule gerade mal achtzehn Schüler, die an Chorarbeit interessiert waren. Daran können Sie sehen, welchen Stellenwert Bach, Brahms und Mozart seinerzeit bei den surfbesessenen Banausen an der *San Clemente Highschool* hatten. Doch wenn man etwas liebt und hegt und pflegt, dann gedeiht es. Das traf auch auf meine Chorarbeit zu. Innerhalb von zwei Jahren waren die Gesangsgruppen auf insgesamt 150 Teilnehmer angewachsen und die Tendenz war steigend.

Noch aufregender und vielversprechender als im Beruf sah es bei mir damals in der Liebe aus. Mike und ich hatten unsere Hochzeit für Juli geplant, gerade mal zwei Monate nach dem Ball. Ich war unheimlich aufgeregt, und damals waren bereits die letzten Vorbereitungen in vollem Gange. Vor allem war ich so begeistert, weil Mike nicht nur meine große Liebe war, sondern auch mein bester Freund. Wie jede Frau, die kurz davor ist, ihren Traummann zu heiraten, hätte ich seinerzeit kaum glücklicher sein können, und ich war voller großer Pläne für die Zukunft.

Samstag, der 15. Mai 1988 war der große Tag des Balls. Mike war gerade geschäftlich in der Stadt. Er arbeitete seit fünf Monaten in der Personalabteilung des Luftfahrtunternehmens Martin Marrietta in Denver. Wir beide waren von der Schulleitung gebeten worden, den Ball zu beaufsichtigen und ich war genauso aufgeregt wie die jungen Mädchen. Mike und ich hatten uns seit vier Wochen nicht gesehen, und ich konnte den Abend kaum erwarten. Morgens war er auf einen Sprung vorbeigekommen, danach hatte er kurz seine Familie besucht und anschließend hatte er noch rasch eine geheimnisvolle Besorgung machen wollen.

Mike führte mich an jenem Abend zu einem romantischen Abendessen in eines unser Lieblingsrestaurants, ins *Velvet Turtle*, aus. Während des Hauptgangs hatte er einen spitzbübischen Blick im Gesicht, wie ein kleiner Junge, der etwas Geheimnisvolles im Schilde führt. Dann fasste er in die Tasche und zog eine kleine Schatulle hervor, öffnete sie und sagte: »Heute habe ich die letzte Rate bezahlt und ihn abgeholt.«

Es war mein Verlobungsring!

Als Mike im vergangenen Jahr um meine Hand angehalten hatte, hatte er mir bereits ein wunderschönes Halskettchen mit einem tropfenförmigen Saphiranhänger geschenkt und dann waren wir gemeinsam losgezogen, um nach Ringen zu schauen. Wir einigten uns auf einen bestimmten Stil – es war ein außergewöhnlicher Ring, bei dem der eigentliche Ehering ins Innere des Ringes eingearbeitet war – und suchten sogar noch den Diamanten aus. Als ich den Ring nun sah, war ich völlig perplex, wie groß der winzige Diamant in der Fassung wirkte! Es war ein riesiger Stein! Ich war sprachlos. Mike steckte mir den Ring an den Finger und er passte perfekt.

Anschließend gingen wir ins Hilton Hotel zum Ball, wo irgendwie die Neuigkeit bereits die Runde gemacht hatte, dass ich nun einen Ring trug. Lag es vielleicht an der Art, wie ich ging? Sie wissen schon, die Hand mit dem Ring immer grazil ausgestreckt, damit nur jeder ihn sehen kann. Und sicherlich habe ich auch die eine oder andere Schülerin gefragt: »Wisst Ihr schon, dass Mike mir heute Abend meinen Verlobungsring gegeben hat? Wollt Ihr ihn mal sehen?« Schwärme von Mädchen umringten mich und staunten mit offenem Mund und weit aufgerissenen Augen, während ihre Tanzpartner gelangweilt die Augen rollten.

Wenn wir nicht gerade die Toiletten durchkämmten oder anderen Kontrollaufgaben als Anstandswauwaus nachkamen, tanzten wir. Tanzen war für mich damals fast ebenso wichtig wie der Gesang. Obwohl der liebe Mike überhaupt kein Rhythmusgefühl besaß, hatte er im Jahr zuvor extra einen Tanzkurs besucht – er wusste einfach, wie gerne ich tanzte. Und die Mühe hatte sich ausgezahlt, denn an jenem Abend hatten wir eine Menge Spaß miteinander. Ich fühlte mich wie Aschenputtel, die mit ihrem Märchenprinzen auf dem Ball tanzt. Wir hätten niemals gedacht, dass es das letzte Mal sein würde.

Am nächsten Morgen hatte meine Familie Mike zum Muttertagsbrunch eingeladen, bevor er wieder nach Denver zurück musste. Ich hatte an diesem Tag noch einige Besorgungen für die Hochzeit zu machen und am späteren Nachmittag musste ich wieder in die Schule, um das Orchester für das Musical »*Pyjama Game*« zu dirigieren. Es war ein besonderer Tag, denn wir hatten einen voll besetzten Saal. Und wenn die Surfer in Südkalifornien an einem sonnigen Sonntagnachmittag nicht zum Strand gingen, sondern in einem Konzert saßen, dann kam das schon fast einem Wunder gleich. Es war eine gelungene Aufführung, das Publikum war begeistert, und die Darsteller waren ebenso stolz wie die Musiker. So liebte ich es.

Gegen 7:00 Uhr abends fuhr ich nach Hause; ich wohnte damals mit Dorothy Henry und ihrer zwölf Jahre alten Tochter zusammen. Es war nur eine Übergangslösung bis zu meiner Hochzeit. Fünf Jahre lang hatte ich mit meiner Freundin Debbie Thomason zusammen gewohnt, doch im Januar hatte sie geheiratet. Da ich annahm, dass die beiden es nicht sonderlich begrüßen würden, ihre Wohnung sechs Monate lang mit einer weiteren Person zu teilen, fragte ich in der Gemeinde nach, ob jemand für eine kürzere Zeit noch einen Mitbewohner gebrauchen könnte. Dorothy sagte zu und so zog ich bei ihr ein. Meine Arbeit und die Hochzeitsvorbereitungen nahmen mich so sehr in Anspruch, dass ich ohnehin nur selten zu Hause war. Deshalb kannte ich die beiden eigentlich kaum.

An jenem Abend saß ich in der Küche und aß eine Kleinigkeit zu Abend, schrieb noch ein paar Unterrichtspläne und ging gegen 23:00 Uhr zu Bett. Bevor ich das Licht ausmachte, schaute ich mir noch ein letztes Mal meinen herrlichen Ring mit dem Riesenstein an. Ich kuschelte mich in mein Bett und fühlte mich völlig sicher und geborgen.

Ich erwachte aus meinem Tiefschlaf, als ich aus dem Bett fiel. Ich hatte gerade noch Zeit um mich darüber zu wundern, was geschah, als ich RUMS! mit dem Kopf voran auf dem Boden landete. Ich machte einen Überschlag und lag mit meinen Beinen im Wandschrank.

Im Halbschlaf auf dem Fußboden liegend lag es mir fern darüber nachzudenken, wie es überhaupt passieren konnte, dass ich am Fußende so jäh aus dem Bett fiel, und ob ich mich dabei womöglich verletzt haben könnte. Ich wollte nur zurück ins Bett. Ich rollte mich auf die Seite, um mich aufzurichten, doch in diesem Moment machte es rechts in meiner Halswirbelsäule KNACKS! Durch den Schmerz rollte ich wieder zurück auf den Rücken. Nun wälzte ich mich auf die rechte Seite, um hochzukommen, und es machte abermals KNACKS!, wieder an meiner Halswirbelsäule. O Mann! Es war ein stechender Schmerz und ich sackte erneut auf den Rücken zurück.

Jetzt ist es passiert, dachte ich mir. Ich ahnte, dass gerade irgendetwas Schlimmes mit der alten Halswirbelverletzung passiert sein musste, die ich mir Jahre zuvor einmal bei einem Autounfall zugezogen hatte.

Nun war ich hellwach. Verwundert stellte ich fest, dass ich als gerade mal Neunundzwanzigjährige Hilfe beim Aufstehen brauchte. Mein Schlafzimmer lag im Untergeschoss und Dorothy schlief oben. Ich musste also laut rufen, um mich bemerkbar zu machen. Ich holte tief Luft und versuchte zu schreien: »Dorothy!« Doch alles, was man hörte, war ein klägliches Flüstern!

Los! Du bist doch eine Sängerin, du unterrichtest sogar, wie man richtig atmet!, sagte ich mir selbst. Ich holte also noch einmal ganz tief Luft und versuchte es erneut: »Dorothy!«

Auch dieses Mal war nur ein Flüstern zu hören. Jetzt überkam mich helle Panik. Meine Schlafzimmertür war zu und ich konnte nicht um Hilfe rufen. Dorothy kannte mich nur wenig und so würde sie am nächsten Morgen wohl kaum nach mir sehen. Sie hatte morgens einen ganz anderen Rhythmus als ich. Wenn meine Tür verschlossen war, dann würde sie sicherlich vermuten, dass ich ausschlief. Ich stellte mir vor, dass ich Stunden dort liegen musste, vielleicht sogar den ganzen Tag oder noch länger, bevor mich jemand finden würde.

Etwa zur selben Zeit, als ich aus dem Bett fiel, wachte Dorothy auf – DING! – sie war sofort hellwach. Sie bildete sich ein, von irgendwoher eine Stimme zu hören, und so stand sie auf und ging zur Treppe.

Renée wird wohl kam um 2:00 Uhr nachts telefonieren, dachte sie.

Kaum eine Minute nach meinem Sturz hörte ich Dorothy's Stimme, die meinen Namen rief: »Renée? Renée!«

Ich hörte ihre Schritte auf der Treppe und schließlich ihre Hand am Türgriff. Ohne auch nur zu klopfen oder sich einen Moment zu fragen, ob sie einfach mitten in der Nacht in mein Schlafzimmer eindringen kann, öffnete sie die Tür und ich stieß ein erleichtertes Seufzen aus. Als sie mich flach auf dem Rücken liegen sah, fragte sie: »Warum liegst du auf dem Boden?«

»Ich weiß nicht, aber irgendetwas ist mit meinem Hals nicht in Ordnung«, antwortete ich, immer noch im Flüsterton. »Es tut schrecklich weh. Ich weiß auch nicht, was passiert ist, aber es muss etwas Schlimmes sein. Ich kann nicht aufstehen. Ruf den Krankenwagen.«

Dorothy starrte mich an. Dann griff sie zum Telefon und rief den Notarzt.

»Alles in Ordnung«, sagte sie, als sie den Hörer wieder auflegte. »Sie sind auf dem Weg. Ich muss nach draußen, damit sie uns finden.«

»Nein!«, sagte ich. »Bitte bleib hier!« Die Schmerzen waren einfach unerträglich und der Gedanke allein zu bleiben flößte mir Angst ein.

»Ich muss«, antwortete Dorothy. »Die finden uns sonst nie.«

Vom Verstand her war es mir klar. Wir wohnten in einem großen Apartmentkomplex und unsere Wohnung lag ziemlich abgelegen auf der Rückseite. Die Sanitäter würden uns ohne Hilfe überhaupt nicht oder nur sehr schwer finden.

Doch ich hatte Angst. »Bitte, bleib bei mir!«, sagte ich wieder.

»Ich hole Jen«, entgegnete Dorothy. Sie ging zur Tür und steckte ihren Kopf hinaus, um ihre Tochter zu rufen. Ungefähr in diesem Augenblick durchfuhr eine überaus merkwürdige Empfindung meinen ganzen Körper. Ich weiß gar nicht, wie ich es beschreiben soll. Am ehesten könnte ich es vielleicht als eine Welle beschreiben, eine Welle des Verstummens. Plötzlich fühlte ich diesen seltsamen Strom, der mich langsam vom Hals abwärts bis zu den Zehenspitzen durchfuhr.

Was in aller Welt war das?, dachte ich. *Ich werde doch wohl nicht gelähmt sein? Ich habe doch nur im Bett gelegen!* Der Gedanke kam mir für einen Moment in den Sinn, aber ich hätte es nie im Leben für möglich gehalten, dass es tatsächlich so sein könnte. Wie ein Glühwürmchen im Dunkel der Nacht leuchtete der Gedanke eine Sekunde lang auf und verlosch sofort wieder. Heute in der Rückschau bin ich überzeugt, dass dieser Strom, den ich damals verspürte, der Beginn der Lähmung gewesen sein muss, weil ich mich danach nie wieder bewegen konnte.

Jenni kam herein, ein wenig verwirrt, nachdem sie so abrupt aus dem Schlaf gerissen worden war. Ihr Haar war zerzaust, das Nachthemd hing ihr schräg die Schulter herunter und sie hatte die Augen kaum geöffnet. Sie war jedenfalls offensichtlich noch nicht ganz da.

Ich flüsterte: »Jenni, Jenni, komm, lass uns beten.«

Sie schaute zu mir herunter und hatte im ersten Moment den typisch abwehrenden Ausdruck eines kalifornischen Teenies auf dem Gesicht, nach dem Motto: »Hä, was geht denn hier ab?«

Doch dann setzte sie sich neben mich, ergriff meine Hand – wobei sie offensichtlich merkte, dass diese ganz schlaff war – und fing an, zu beten: »Vater unser, ... der du bist im Himmel ... geheiligt werde dein Name ... dein Reich komme ... dein Wille geschehe ... wie im Himmel so auf Erden ... unser täglich Brot gib uns heute ...«

Während sie ihr Gebet abspulte, betete ich still in meinen Gedanken: »In Ordnung, Herr, ich bin bereit. Ich bin dein Werkzeug, ein Instrument in deiner Hand. Ich bin dein Werkzeug, ein Instrument in deiner Hand. Ich bin dein Werkzeug. Bitte gebrauche mich!« Es war schon ein wenig sonderbar, diese Worte zu beten. Obwohl ich Jesus schon Jahre zuvor mein Leben anvertraut hatte und ein sehr aktives Gebetsleben pflegte, gehörten doch Begriffe wie »Instrument« oder »Werkzeug« in aller Regel nicht zu dem Vokabular, das ich im Gebet gebrauchte. Außerdem wäre es in diesem Moment doch viel nahe liegender gewesen, zu beten, dass die Verletzung nicht so schwer sein möge oder dass die Schmerzen im Halsbereich aufhören würden und ich einfach wieder ins Bett zurückkehren könnte. Im Rückblick glaube ich, dass der Heilige Geist durch mich gebetet hat, und dass die Worte beinahe oder tatsächlich prophetisch waren.

Ich hörte den Notarztwagen kommen. Es war ein vertrautes Geräusch für mich. Mein Vater war lange Jahre in unserer Stadt Leiter der Feuerwache gewesen und inzwischen war auch mein Bruder Danny Einsatzleiter bei der Feuerwehr. Ich war mit dem Geräusch des Martinshorns aufgewachsen. Dorothy empfing die Rettungssanitäter.

Sie war selbst Arzthelferin – in meinen Augen auch kein Zufall – und wies sie gleich ein: »Sie klagt über Schmerzen im Halswirbelbereich, kann nur flüstern und ist leichenblass.« Völlig ungläubig fügte sie noch hinzu: »Ich weiß nicht, wie sie das angestellt hat, aber ich glaube, sie hat sich den Hals gebrochen.«

Ich hörte, wie die Sanitäter die Wohnung betraten. Ich konnte das schwere Gerät hören, das sie mit sich schleppten, als sie den Flur entlang kamen; es war mir nur zu gut vertraut: Arzneikoffer, Stethoskop, Sauerstoffflasche, Funkgerät. Es war nur sonderbar, zu wissen, dass es dieses Mal um mich ging.

Als die Sanitäter den Raum betraten, ging einer von ihnen direkt zu meinen Füßen und kitzelte mich, um zu sehen, welche Reaktion ich zeigte. Ich zeigte keine. Die erste Frage, die dem Verletzten gestellt wird, ist nicht »Was ist passiert?« oder »Wo tut's weh?« Die Rettungssanitäter fragen das Opfer immer zuerst nach seinem Namen, um festzustellen, inwieweit die Person klar und orientiert ist und ob sie ihren Auskünften zum Unfallhergang trauen können. So fragten sie mich nach meinem Namen.

»Renée Lacouague«, antwortete ich mit zunehmender Panik. »Und, ja, ich kenne Danny. Er ist mein Bruder. Bitte rufen Sie ihn her!«

Betretenes Schweigen. Danny war der Einsatzleiter der Feuerwehr in San Juan Capistrano, der Ort in dem ich wohnte, und die Sanitäter wussten sehr gut, wer er war. Mit einem Mal waren sie quasi persönlich betroffen. Das Opfer gehörte praktisch zur Familie.

Die Sanitäter machten ihre Sache sorgfältig und gut. Sie waren sehr bemüht, mich nicht zu bewegen, als sie mir eine Halskrause anlegten. Damals dachte ich, sie täten dies, um meine Schmerzen zu lindern, die inzwischen nahezu unerträglich geworden waren – ein stechender, durchdringender Schmerz, wie ich ihn noch nie zuvor erlebt hatte.

Sie hoben mich auf eine Bahre, deckten mich mit einer Decke zu und rollten mich hinaus in die Dunkelheit, wo der Krankenwagen bereitstand. Auf der Fahrt ins Krankenhaus betrachtete ich die vielen Schläuche und Anzeigegeräte über meinem Kopf und lauschte dem Rollen der Räder auf der Autobahn. Ich fragte mich, ob es wohl ein gutes Zeichen war, dass wir ohne Blaulicht fuhren. Der Weg zum Krankenhaus dauerte fünfzehn Minuten und war mir bestens vertraut, doch mir kam es wie eine Ewigkeit vor. Ich wollte einfach nur endlich dort sein, damit die Ärzte sehen konnten, was mit mir los war, um die Dinge wieder in Ordnung zu bringen und vor allem die Schmerzen zu beseitigen.

In der Notaufnahme waren unzählige Gesichter und Stimmen, die um mich herumschwirrten. Wegen der Halskrause konnte ich nur gerade nach oben schauen und nicht meinen Kopf drehen, um zu sehen, was die Leute taten, oder wo sie hingingen.

Plötzlich erschien das Gesicht meines Bruders vor mir. Er ist mein einziger Bruder und sechs Jahre älter als ich. Als ich die Grundschule beendete, ging er schon weit entfernt aufs College, weshalb ich ihn nicht besonders gut kannte. Wie er so über mich gebeugt war, konnte ich in seinen blauen Augen Besorgnis erkennen, aber doch zugleich eine ruhige Besonnenheit. Nie zuvor war ich jemals so froh, ihn zu sehen.

»Was ist denn nur passiert?«, fragte er und schüttelte ganz ungläubig seinen Kopf.

»Ich weiß es auch nicht. Ich bin einfach ins Bett gegangen. Mehr weiß ich nicht. Ich habe nur im Bett gelegen«, flüsterte ich.

Seine Freunde, die mich hergebracht hatten, hatten ihn schon vorgewarnt: »Es sieht sehr schlecht aus. Sehr schlecht. Vermutlich hat sie sich die Halswirbelsäule gebrochen und sie kann sich nicht bewegen.« Mit diesen Informationen und durch seine Ausbildung konnte sich Danny in etwa ein Bild machen, wie es um mich stand, es war ihm nur völlig unerklärlich, wie es dazu gekommen war.

Ich war erleichtert, dass Danny bei mir war. Ich wusste, dass er sich nun um alles kümmern würde. Das schreckliche Gefühl, unter Fremden mit meinen Schmerzen allein und hilflos zu sein, verschwand allmählich. Und als dann einige Minuten später auch meine Schwester Denise dazu kam, entspannte ich mich noch mehr. Denn Denise ist Krankenschwester und das nicht nur von Beruf, sondern mit Leib und Seele. Sie ist die Fürsorge in Person.

»Ich weiß es wirklich nicht. Ich bin einfach ins Bett gegangen und eingeschlafen. Alles, woran ich mich erinnern kann, ist, dass ich plötzlich aufwachte, während ich am Fußende kopfüber aus dem Bett fiel. Es ist total verrückt. Ich kann es mir selbst nicht erklären.«

Denise war gleich ganz Krankenschwester, als sie sagte: »Mach dir keine Gedanken, das kriegen wir schon hin«, versicherte sie mir.

Die Tatsache, dass gleich meine beiden Geschwister mitten in der Nacht im Krankenhaus antanzten, machte mich freilich schon ein wenig stutzig. Sollte es doch etwas Ernstes sein? Mir war klar, weshalb Danny hier war, aber warum in aller Welt hatte er Denise dazu gerufen? Ich hatte noch immer keine Ahnung, dass ich mir wirklich den Hals gebrochen hatte; ich wusste auch nicht, dass ich gelähmt war. Schließlich hatte ich, als ich noch in der Wohnung gelegen hatte, erlebt, dass es fürchterlich wehtat, wenn ich versuchte, mich zu bewegen, und so hatte ich beschlossen, einfach ganz still dazuliegen. Ich nahm jedoch an, dass ich mich bewegen könnte, wenn ich wollte. Schließlich war ich ja einfach nur aus einem ganz normalen Bett gefallen. Wie sollte man sich dabei ernstliche Verletzungen zuziehen?

Doch Danny und Denise wussten bereits, was mir noch verborgen war. Ich war in einem sehr kritischen Zustand, denn Verletzungen wie meine konnten durchaus tödlich verlaufen. Wenn man sich den Hals bricht und überlebt, dann gibt es häufig Komplikationen, wie Blutgerinsel, Nierenprobleme oder Atemstillstand, die zum Tode führen können und dies häufig auch tun. Für meinen Bruder und meine Schwester war die Frage also nicht nur, ob ich je wieder gehen könnte, sondern ob ich überhaupt überleben würde.

In meiner Erinnerung sind die ersten Stunden im Krankenhaus für mich im Großen und Ganzen im Nebel, verursacht durch meine immensen Schmerzen. Aber ich erinnere mich noch, wie ein Arzt mit einem starken französischen Akzent mich fragte: »Renée, ich muss Ihre Halswirbelsäule strecken und Ihnen dazu eine Vorrichtung am Kopf anbringen. Hätten Sie etwas dagegen, wenn ich Ihr Haar ein wenig zurückschneide?«

»Von mir aus können Sie mir auch den Kopf abschneiden, wenn nur dieser Schmerz endlich aufhört!«, antwortete ich, halb scherzhaft, halb ernst. Ich erinnere mich noch an das Surren des Haarschneiders, als er mir unterhalb meines langen Deckhaares von Ohr zu Ohr die Haare abrasierte.

Hmmmm. Es muss ganz schön schlimm um mich stehen, dachte ich noch in diesem Moment und dann dämmerte ich weg.

Morgens wachte ich auf einer Intensivstation wieder auf. Als ich die Augen aufschlug, sah ich Pater Paul Martin, wie er über mir betete. Mein erster Gedanke war: *O nein! Er gibt mir die letzte Ölung!*

Ich schaute ihn völlig entsetzt an und fragte: »Steht es *so* schlimm um mich?«

Er lächelte mir aufmunternd zu: »Na, mein Liebes, was du machst, machst du gleich richtig, stimmt's?«

Ich freute mich, ihn zu sehen. Er war nicht nur Gemeindepastor in unserer Pfarrei, sondern er hatte in meinem Leben eine ganz bedeutende Rolle, denn er war so etwas wie ein Großvater für mich. Denise hatte ihn gerufen und er war noch vor der Frühmesse kurz bei mir vorbeigekommen, weshalb er nur für ein paar Minuten bleiben konnte. Ich war vollkommen durcheinander und verwirrt, aber seine Anwesenheit vermittelte mir Trost und Frieden.

Meine Eltern waren zu diesem Zeitpunkt noch nicht bei mir, denn Danny und Denise hatten sich entschlossen, meine Eltern und meine älteste Schwester Michelle erst am Morgen zu informieren. Deshalb war Danny in den frühen Morgenstunden zu ihnen gefahren, um ihnen die Nachricht persönlich zu überbringen. So kam es, dass Denise das einzige Mitglied meiner Familie war, als Dr. Jacques Palmer, der Neurochirurg, seinen Befund erklärte.

»Es ist sehr tragisch«, sagte Dr. Palmer mit ernstem Tonfall, als er Denise das Röntgenbild meiner Halswirbelsäule zeigte. Selbst für den Laien war der Schaden leicht zu erkennen. Die Wirbelsäule war gebrochen und die beiden Teile waren so gegeneinander verschoben, dass Denise ihren Augen nicht trauen wollte. Ihre schlimmsten Befürchtungen hatten sich bestätigt. Ihre Schwester hatte sich den Hals gebrochen.

Dr. Palmer erläuterte: »Die ersten paar Tage sind ausschlaggebend um zu bestimmen, inwieweit es zu einer neurologischen Regeneration kommt, falls überhaupt. In einigen Tagen, wenn sich Renées Zustand stabilisiert hat, werde ich sie operieren, um die Wirbelkörper wieder zu richten und zu versteifen. Leider ist das schon so ziemlich alles, was wir für sie tun können. Die Operation wird den Hals stabilisieren, aber die neurologischen Ausfälle können wir damit leider nicht beseitigen. Der Schaden am Wirbelkanal ist passiert und er ist aller Wahrscheinlichkeit nach irreparabel.«

Einige Zeit später kam ein weiterer Arzt herein und schaute sich die Röntgenbilder an. Auch er bestätigte Dr. Palmers Diagnose. Als er den Raum wieder verließ, wandte er sich Denise zu und bemerkte abschließend: »Lieber wäre ich tot, als so leben zu müssen.«

Er überließ es Denise, sich einen Reim auf seine Worte zu machen. Als Danny zusammen mit meinen Eltern und Michelle im Krankenhaus eintraf, war es Denise, die ihnen den Befund und die Prognose erläutern musste.

Im Laufe des Vormittags kam Dr. Palmer noch einmal zu mir, um mit mir alleine zu sprechen und mir meine Prognose mitzuteilen. Als er sprach, erkannte ich seinen starken französischen Akzent, der mir schon in der Nacht aufgefallen war.

»Sie haben Ihre Halswirbelsäule zwischen dem vierten und fünften Wirbel gebrochen. Dadurch kam es zu einer Quadriplegie«, erklärte er mit gleichmütiger Stimme.

»Was ist eine Quadriplegie?«, fragte ich ihn.

»Das bedeutet, dass Ihr gesamter Körper unterhalb Ihres Halses völlig gelähmt ist. Dem Grad der Schädigung Ihres Nervengewebes nach zu urteilen werden Sie voraussichtlich nie wieder laufen können. Vermutlich werden Sie nicht einmal mehr Ihre Beine und Füße bewegen können. Es sieht sogar so aus, dass Sie vom oberen Brustbereich abwärts völlig gefühllos sind und keine Kontrolle über Arme und Hände mehr haben werden.«

Wenigstens war zu diesem Zeitpunkt keine Rede davon, dass ich nie mehr singen kann. Das kam erst später.

Als ich noch Kind war

Mein Name ist Renée Lacouague (gesprochen Lakuag). Ich wurde am 21. Juni 1958 als letztes von vier Kindern geboren. Als ich zur Welt kam, war Danny 6, Michelle 4 und Denise 2 Jahre alt.

Meine Eltern und Geschwister wohnten auf einer großen Ranch in San Juan Capistrano (Kalifonien), damals noch eine liebenswerte Kleinstadt auf dem Land mit weiten Orangenhainen. Es war eine ländliche Kleinstadt, wie man sie in Texas oder im mittleren Westen vermuten würde. Jeder kannte jeden und Freundlichkeit gehörte zum Lebensstil. Wer Südkalifornien heute kennt, mit seinen pulsierenden Küstenstädten, jungen Aufsteigertypen und PS-starken Geländewagen, den mag das überraschen.

Wie meine Familie auf dieser wunderbaren Ranch landete, ist für sich schon eine interessante Geschichte, deren Anfang in Ainhoa liegt, einem winzigen Dörfchen in den Pyrenäen im französischen Baskenland. Meine Mutter, Marie Sansinena, wurde dort im Jahre 1924 geboren.

Viele Jahre zuvor, im Jahre 1910, hatte Pierre Lacouage eben dieses kleine baskische Dorf verlassen und in der Hoffnung auf ein besseres Leben ein Schiff nach Amerika bestiegen. Nachdem er in New York angekommen war, fuhr er mit dem Zug durch das ganze Land und ließ sich schließlich in San Juan Capistrano (Kalifornien) nieder, wo er als Landarbeiter auf der Echenique Ranch Arbeit fand.

Dort traf Pierre Bonifacia Mujica, ebenfalls eine Einwanderin aus dem Baskenland und verliebte sich in sie. Nachdem Pierre genug Geld verdient hatte, bekam er im Jahr 1920 das Angebot, insgesamt 261 Morgen von der Echenique Ranch zu kaufen und die beiden heirateten. Sie pflanzten Walnusshaine und Orangenplantagen und damit wurde das Land zur Lacouague Ranch. Pierre und Bonifacia hatten zwei Töchter und einen Sohn, Jean-Pierre Lacouague, der später mein Vater wurde.

Im Jahr 1942 verließ der junge Jean-Pierre, auch John genannt, die Ranch und meldete sich zur U.S. Armee im Kampf gegen Deutschland. Er nahm am Nordeuropa-Feldzug teil und war in England, Frankreich, Belgien, Holland und Deutschland stationiert.

Nach Kriegsende ergriff Jean-Pierre die Gelegenheit, dem Rat seines Vaters zu folgen und die Heimat seiner Vorfahren in Ainhoa zu besuchen. Insgesamt zweimal lieh er sich einen Jeep und fuhr hinunter in das baskische Dorf. Auf einer dieser Reisen machte er unter anderem Station bei den Sansinenas, die mit seinem Vater befreundet waren. Jean-Pierre lernte die ganze Familie kennen, mit Ausnahme von Marie, die genauso alt war wie er, jedoch an jenem Tag gerade nicht zu Hause war. Er hatte ausgerechnet die Person verpasst, die er eigentlich hätte treffen sollen.

Im Jahr 1946 machte Terry Oyharzabal, eine junge Frau aus San Juan Capistrano, einen Besuch in Ainhoa. Sie kannte einen Onkel meiner Mutter und durch diese Verbindung wurden meine Mutter und Terry Freunde. Ermutigt durch Terry fasste sie den Entschluss, ebenfalls nach Kalifornien zu reisen und dort ihr Glück zu versuchen. Sie war damals jung und töricht (um ihre eigenen Worte zu gebrauchen) und so bestieg sie ein TWA-Flugzeug, zu einer Zeit, da Transkontinentalflüge noch ein absolutes Novum waren, um ihre lange Reise nach Amerika anzutreten, wo ein neues Leben für sie beginnen sollte.

Es ist wirklich erstaunlich, mir meine Mutter allein in New York vorzustellen. Noch nie zuvor war sie aus dem engen Umfeld, in dem sie aufgewachsen war, herausgekommen und nun befand sie sich auf einmal in der Riesenmetropole New York, und dass ohne auch nur ein Wörtchen Englisch zu sprechen. Da ihr

Anschlussflug nach Los Angeles gestrichen worden war, musste sie die Nacht alleine in New York zubringen. Zum Glück fand sie irgendwie den Weg zu einem baskischen Hotel. Tags darauf war Sonntag und weder Sprachbarrieren, noch die riesige fremde Stadt konnten meine Mutter davon abhalten, eine Kirche ausfindig zu machen und zur Messe zu gehen. Wieder zurück im Hotel erfuhr sie, dass ein Flug nach Kalifornien ging – leider nur nach San Francisco. Sie nahm das Flugzeug und musste dort einen weiteren Anschlussflug nach Los Angeles buchen.

Als meine Mutter endlich in Los Angeles eintraf, war es Nacht und so war einer ihrer ersten Eindrücke von Amerika ein überwältigendes Meer aus Lichtern und beleuchteten Reklametafeln. Noch nie zuvor hatte sie so viele Lichter gesehen. Welch ein Kontrast zu ihrem Dorf, das in den Jahren des Krieges immer verdunkelt gewesen war. Die hellen Lichter waren für meine Mutter wie ein Symbol der Freiheit.

An einem Freitagabend nach ihrer Ankunft gingen Mom und Terry zu einem Basketballspiel an der Highschool von San Juan Capistrano, dem damaligen Zentrum der sozialen Aktivitäten in diesem durch und durch familienfreundlichen Städtchen. Im Laufe des Abends machte Terry meine Mutter auf Jean-Pierre aufmerksam, einen groß gewachsenen Mann mit dunklen Haaren, blauen Augen und markanten Gesichtszügen, und stellte die beiden einander vor. Hier war offensichtlich schon seit einigen Jahren Gottes Vorsehung am Werk gewesen, denn Mom wusste sofort, wen sie vor sich hatte und dass es gerade dieser Mann war, der ihre Familie damals in Ainhoa besucht hatte. Es war etwas Besonderes für sie, sich 8000 Kilometer entfernt von der Heimat auf Baskisch unterhalten zu können. Mom und Dad heirateten 1951 in der Serra Chapel in der ehemaligen spanischen Missionsstation von San Juan Capistrano.

Mom und Dad sind von dem Schlag Menschen, wie man ihn heute nur noch selten in Amerika findet. Die Erfahrungen, die meine Mutter in ihrer Jugendzeit in Europa gemacht hatte – von klein auf drei Sprachen zu lernen, die deutsche Besatzungszeit einschließlich der jahrelangen Einquartierungen feindlicher Soldaten in ihrem Haus, der mutige Schritt der Emigration nach Amerika als junge Frau – haben eine besondere Art von Persönlichkeit hervorgebracht. Meine Mutter ist eine Überlebenskünstlerin. Sie hat es gelernt, die Dinge, auf die es ankommt, wirklich gut zu machen.

Mom und Dad schickten uns Kinder auf katholische Privatschulen. Es ging ihnen nicht darum, uns Autos zu schenken oder uns eigene Fernseher aufs Zimmer zu stellen. Stattdessen investierten sie in unsere Ausbildung, um uns beste Ausgangsbedingungen für unser Erwachsenenleben zu geben.

Für Danny wählten sie als Highschool ein Jungengymnasium in der Gegend von Los Angeles aus. Uns Mädchen ermöglichten sie zunächst Klavier- und Ballettstunden. Danach wählte meine Mutter die *San Luis Rey Academy* in Oceanside für uns aus, weil sie akademisch einen guten Ruf hatte und sehr viele Möglichkeiten zur Ausbildung im künstlerischen Bereich bot. Man konnte sogar den normalen Sportunterricht durch Ballett ersetzen und es wurden Gesangsstunden angeboten. Jedes Frühjahr gab es darüber hinaus eine Vielzahl von Musikprojekten, an denen wir teilnehmen konnten.

Ich war ein scheues, braves und zuweilen etwas albernes Kind, aber die Lehrer mochten mich, weil ich immer ein Lächeln im Gesicht hatte. Ab der zweiten Klasse hatte ich Klavierstunden und ich fing auch sehr früh mit Ballettunterricht an. Im Ballett war ich jedoch nicht sonderlich begabt, ganz im Gegensatz zu meinen Schwestern. Sie waren beide hervorragende Tänzerinnen. Ich war irgendwie immer zu klobig und meine Bewegungen zu schwerfällig. Ein Junge nannte mich einmal »Pummelchen« und der Name traf es wohl irgendwie. Ich war sicherlich ein wenig schwergewichtiger als die meisten anderen Mädchen. Trotzdem kann ich mich nicht erinnern, dass ich deshalb jemals bedrückt gewesen wäre oder mir gewünscht hätte, rank und schlank zu sein. Im Gegenteil, ich war ein sehr fröhliches Mädchen und hatte immer viele Freundinnen.

Während der vierten Klasse spürte ich zum ersten Mal wirklich den Heiligen Geist. Unsere Lehrerin, Mrs. McKray ermutigte uns, eigene Gebetszeiten zu pflegen, und ich liebte diese Erfahrungen. Wenn ich von der Schule nach Hause kam, gab es immer einen kleinen Imbiss (oder auch zwei – mein Spitzname Pummelchen kam schließlich nicht von ungefähr!), und anschließend ging ich nach draußen spielen. Später kam ich wieder herein, um zu beten. Dabei hakte ich jedes Anliegen auf einer meiner akribisch erstellten Tabellen ab, nachdem ich es gebetet hatte. Eines Tages saß ich betend in meinem Zimmer und hatte währenddessen ein starkes Gefühl der Gegenwart Gottes. Es war ein überwältigendes Gefühl des Friedens. Damals wusste ich nicht genau, was es war, aber ich erinnere mich noch gut daran, dass ich gebetet habe: »Gott, du bist heilig. Du bist gut!« Dann war ich einfach ganz still.

Von diesem Tag an waren meine Gebete auf einmal viel lebendiger und bedeutungsvoller. Es waren nicht mehr nur leere Worte, denn mein Herz war nun wirklich beteiligt. Die Realität Gottes war mir auf einmal sehr stark bewusst – so weit es bei einem Mädchen in der vierten Klasse möglich ist. Es war meine erste persönliche Begegnung mit Gott. Und zum ersten Mal merkte ich, dass Gott meine Nähe sucht.

Arbeitseifer und Erfolgsorientierung wurden uns Kindern gewissermaßen in die Wiege gelegt. Unsere Eltern haben uns mit ihrer Ehrlichkeit und Aufrichtigkeit, ihrem Erfindungsreichtum, ihrem Fleiß und ihrer moralischen Gradlinigkeit sehr stark geprägt. Auch Gottesfurcht brachten sie uns nahe. Wir wussten sehr wohl den Unterschied zwischen richtig und falsch, zwischen Fleiß und Faulheit, zwischen Beharrlichkeit und Nachlässigkeit. Es war stets klar, auf welcher Seite dieser beiden Pole unsere Eltern uns sehen wollten, und ebenso bestand niemals ein Zweifel daran, dass es unangenehme Konsequenzen hatte, wenn wir einmal zur anderen Seite hin ausschlugen. Das wertvollste Erbe, das Eltern ihren Kindern hinterlassen können, ist nicht Geld, Landbesitz oder Antiquitäten – es sind vielmehr Werte wie Aufrichtigkeit, Fleiß und Ausdauer.

Unser Nachbar, Gordon Sunde, hatte etwas, das wir nicht besaßen: Pferde. Fast jeden Nachmittag gingen Denise und Michelle durch die Orangenhaine zu Mr. Sunde hinüber, um ein paar unbeschwerte Stunden mit seinen Pferden zu verbringen. Ich selbst machte mir zunächst nichts aus Pferden, ich hatte ehrlich gesagt immer ein wenig Angst vor ihnen. Mit der Zeit jedoch wuchs mein Bedürfnis, die Welt draußen zu erkunden und mit meinen Schwestern zusammen zu sein. Die beiden hingegen genossen das Gefühl, älter und erfahrener zu sein als ich, und nutzten jede Gelegenheit, um sich auf meine Kosten einen Spaß zu machen.

Zu diesem Zweck kam ihnen Mr. Sundes zweijährige Stute *Tar Baby* (Teerbaby) gerade recht. Sie war sehr nervös und übermütig und noch nicht wirklich zugeritten. Welch eine Kombination! Ein überdrehtes Pferd, ein hasenfüßiges, ahnungsloses 11-jähriges Mädchen und zwei ältere Schwestern, die ihr einen Streich spielen wollten. Meine Schwestern schauten erwartungsvoll zu, wie ich vertrauensselig auf Tars bloßen Rücken kletterte. Wie überrascht und zweifellos auch enttäuscht waren sie doch, als Tar völlig ruhig blieb und wir beide einfach losritten. Es bestand wohl eine Art Seelenverwandtschaft zwischen uns, weshalb wir uns auf Anhieb verstanden. So wurde Tar zu einem *überaus* wichtigen Teil meines Lebens.

Meine sich daraufhin entwickelnde Leidenschaft für das Reiten führte dazu, dass ich mich für *barrel racing* (Fass-Rennen) begeisterte. Ich baute zu Hause einen improvisierten Parcours auf, mit dem ich Tar dafür trainierte, von Pfahl zu Pfahl zu rasen, dabei elegant um die Fässer herum zu kurven und am Ende einen mächtigen Schlussspurt hinzulegen. Schon bald begannen wir, uns bei den örtlichen Reiterfesten zu beteiligen, zu Anfang noch in der Gruppe der unter Zwölfjährigen, und Mr. Sunde war so freundlich, mir Tar für diese Ereignisse auszuleihen.

Wie vorauszusehen war, hatte ich irgendwann den Wunsch, dass Tar ganz offiziell mir gehört. Dad jedoch hatte für Pferde nichts übrig. Ein Pferd brachte eine Menge Arbeit mit sich und kostete so einiges an Unterhalt, weshalb Dad sich eine bessere Verwendung für sein sauer verdientes Geld vorstellen konnte! Doch die Frucht seiner guten Erziehung wirkte diesmal gegen ihn. Er selbst hatte mir beigebracht, meine Ziele hartnäckig und unbeirrbar zu verfolgen. Und ich ließ mich von meinem Ziel, diese Stute zu besitzen, durch nichts abbringen.

Mr. Sunde wusste, wie eng ich mit seinem Pferd verbunden war, doch er kannte auch meinen Vater gut. Deshalb nahm er eines Tages Tar, kam geradewegs zu uns in den Vorgarten geritten und rief ins Haus: »John! Komm mal raus! Ich muss mit dir über dieses Pferd reden!«

Dad ging daraufhin auf die Veranda und antwortete: »Ich will kein Pferd, weder dieses noch irgendein anderes!«

Es war ein warmer Nachmittag und die beiden Männer setzten sich zusammen, tranken einen kühlen Drink miteinander und plauderten eine Weile.

Am Ende brachte Mr. Sunde das Thema noch einmal zur Sprache: »So, John, wie wäre es mit 250 Dollar für das Pferd?«

»Ich würde dir 175 geben und keinen Cent mehr«, gab mein Vater zurück.

»Du hast sie!«, verkündete Mr. Sunde.

Ich habe keine Ahnung, wer von uns beiden überraschter war, Dad oder ich, aber es war ganz ohne Zweifel einer der glücklichsten Tage meines Lebens.

Tar lehrte mich alles, was ein Kind lernen muss, wenn es ein Tier besitzt. Ich musste nun eine Menge Verantwortung übernehmen. Ein Pferd zu lieben und darauf zu reiten, war eine Sache, doch auf einmal hatte ich mit zwölf Jahren alle Aufgaben, die ein Pferd so mit sich bringt: füttern, striegeln, den Stall sauber halten und vieles andere mehr. All das lockte mich weg vom Fernseher und aus dem Haus und ich kam mit einer Menge Leute zusammen, die mir gut taten. Außerdem hatte ich ein Hobby, das mich ausfüllte und mir Erfolgserlebnisse verschaffte.

Als ich schließlich die Altersklasse von 14 bis 17 Jahren erreicht hatte, stellte sich der Erfolg ein. Es schien so, als würden Tar und ich Samstag für Samstag ein blaues Band oder eine Trophäe mit nach Hause bringen. Doch als ich an die San Luis Rey Academy wechselte und damit während der Woche im Internat bleiben musste, wurde es etwas mühseliger, für Tar Baby zu sorgen. Aber es blieb trotzdem weiterhin eine Priorität für mich. Mom fuhr mich jeden Montagmorgen zur Schule und am Freitagnachmittag setzte ich mich in den Zug und verbrachte die Wochenenden damit, mit Tar zu trainieren und auf Turniere zu fahren. Deshalb konnten wir schon bald in eine höhere Liga aufsteigen und fuhren zu Reiterwettbewerben bis nach Los Angeles.

Im Unterschied zu vielen anderen, die mit mir an der Schule waren, machte es mir Spaß, aufs Internat zu gehen! Einer meiner Lieblingsplätze an dieser Schule war die schöne kleine Kapelle in dem Stockwerk unterhalb unserer Schlafräume. Sie hatte eine Empore und ich liebte es, mich dort hinzuknien und auf die Kapelle hinunterzuschauen. Die Stille und Schönheit dieser Kapelle machten sie zu einem heiligen Raum für mich. Und durch das Knien kam ich wie von selbst in eine Haltung der Andacht und Anbetung. Ich schaute ganz gebannt auf Jesus am Kreuz und betrachtete seine durchbohrten Hände und Füße. Welch einen unvorstellbaren Schmerz musste er erduldet haben und das auch noch für mich! Danach wanderten meine Gedanken zur Auferstehung und ihrer Bedeutung. Jesus hatte tatsächlich den Tod besiegt und mir die Tore des Himmels geöffnet. Unvorstellbar! An diesem wunderschönen Ort begann ich, meine persönliche Beziehung zu Jesus und zum Vater mehr und mehr zu vertiefen.

Ab der 11. Klasse wurde mir neben dem Reiten die Musik zunehmend wichtiger. Ich nahm Gesangsstunden und wurde für die Hauptrolle in einem Musical ausgewählt. Überzeugt durch meine gute Leistung lud mich Mr. Lampson, der Vater eines Mitdarstellers und Musikdirektor an der *Oceanside Highschool* ein, im kommenden Schuljahr an seinem Fortgeschrittenenchor teilzunehmen.

Zu jener Zeit hatte ich durch meinen Teilzeitjob genug Geld zusammengespart, um mir mein erstes eigenes Auto zu leisten – einen zehn Jahre alten, braunen Mustang. Nun war ich mobil und ein gutes Stück unabhängiger. Meine Eltern hatten genug Zutrauen in meine Fahrkünste und so durfte ich nun jeden Tag zur Schule pendeln. Damit war auch meine Teilnahme an dem Chor möglich, der sich stets vor Schulbeginn traf. So nahm ich Mr. Lampsons Angebot gerne an.

Während meines letzten Jahres an der Schule machte ich mich morgens immer sehr früh auf den Weg. Ich nahm an der einstündigen Gesangsprobe in *Oceanside* teil und ging danach für den Rest des Tages zur *San Luis Rey Academy*. Ich war ohne Zweifel ein Außenseiter in der *Oceanside Highschool*, besonders durch meine Schuluniform mit blauem Faltenrock und weißen Kniestrümpfen. Es machte mir aber nichts aus. Schließlich kam ich zum Singen, nicht um Freundschaften zu schließen.

Manchmal ergeben sich unvorhergesehen Dinge, die sehr weit reichende Konsequenzen haben können. So kam es, dass auch ich auf das völlig unvorbereitet war, was eines schönen Morgens bei der Chorprobe geschah. Mr. Lampson machte eine Ansage, die meinem Leben eine völlig neue Richtung geben sollte: »Wie Sie wissen, habe ich die Möglichkeit, jedes Jahr zwei Teilnehmerinnen auszuwählen, die bei den *Young Americans* vorsingen können. Dieses Jahr möchte ich zum einen Theresa Blackford vorschlagen (Theresa war eine sehr begabte Sopranistin, die schon wie eine richtig professionelle Opernsängerin klang und auch so aussah) und zum anderen Renée Lacouague.«

O wei, das gibt Ärger! dachte ich bei mir. *Das bedeutet, dass der Rest des Chors mich für das verbleibende Schuljahr hassen wird!* Denn ich als Außenseiterin von einer ganz anderen Schule hatte einen recht schweren Stand in diesem Chor. Deshalb versuchte ich verzweifelt von der hintersten Reihe aus Mr. Lampsons Aufmerksamkeit zu bekommen, um ihm zu signalisieren, dass er mir das unmöglich antun konnte.

Später in seinem Büro versuchte er mich zu beruhigen: »Wissen Sie, Renée, ich glaube wirklich, dass Sie genau die richtige Wahl sind. Sie haben eine hervorragende Stimme und Sie sollen diese Chance bekommen.«

»Aber damit haben Sie mich auf die Abschussliste gesetzt!«, erwiderte ich. »Es reicht schon, dass ich hier im *Oceanside* Chor bin, obwohl ich eigentlich gar nicht auf diese Schule gehe, aber nun heben Sie mich auch noch so heraus. Wenn Ihnen wirklich etwas daran gelegen ist, mich nicht völlig zur Außenseiterin abzustempeln, dann bitte ich Sie herzlich, dass Sie es akzeptieren, wenn ich ablehne. Warum geben Sie die Einladung nicht Mona?«

Sie war eine bezaubernde Altsängerin und auch auf der Bühne sehr gewandt. Mr. Lampson hatte Verständnis für meine Einwände und so gab er Mona die Einladung. Dennoch bestand er darauf, mir eine Empfehlung zu schreiben, damit ich trotzdem vorsingen könnte.

Am nächsten Morgen setzte er den Chor von der Änderung in Kenntnis und somit war ich aus der Schusslinie. Hinter meiner Ablehnung steckte freilich nicht allein die Sorge, ich könnte von allen anderen geschnitten werden, sondern ich rechnete mir außerdem keine großen Chancen aus. Schließlich waren die *Young Americans* ein nationales Spitzenensemble. Ich hatte deshalb gar nicht vor, überhaupt zum Vorsingen zu fahren. Doch Mr. Lampson war sehr umsichtig und wohlorganisiert und so sorgte er dafür, dass Theresa, Mona und ich am festgelegten Tag gemeinsam zum Vorsingen fuhren.

Während des ganzen Tages hatten wir unheimlich viel Spaß zusammen. Wir lachten und alberten herum und nahmen die ganze Sache nicht sonderlich ernst, vor allem das Vorsingen selbst nicht. Wir waren einfach drei Mädchen auf großer Tour und es war eine Riesengaudi. Keine von uns machte sich ernsthaft Gedanken darüber, wie es wohl wäre, wenn nur zwei von uns ausgewählt würden. Zu unserer größten Überraschung wurden wir alle drei zur großen Endausscheidung eingeladen und unser Käfer mit drei übermütig juchzenden Mädchen an Bord flog förmlich zurück nach Hause.

Am darauf folgenden Mittwoch fuhren wir also wieder los, drei Schulmädchen in einem blauen Käfer, auf dem Weg zur *Patriotic Hall* in einem etwas heruntergekommenen Viertel von Los Angeles. Dieses Mal waren wir natürlich nicht mehr ganz so sorgenfrei. Auf der Hinfahrt sprachen wir darüber, dass die Chancen, dass alle drei durchkamen, quasi gleich Null wären. Der Triumph war vermutlich nur einer oder allenfalls zweien von uns vorbehalten, während der Rest auf dem Rückweg gedrückter Stimmung sein würde.

Mir war völlig klar, dass ich von uns dreien die schwächste Kandidatin war, und so ließ ich die beiden anderen wissen: »Macht euch keine Gedanken um mich. Ich werde nicht allzu sehr enttäuscht sein, weil ich einfach nicht glaube, dass ich es schaffen werde. Also, wenn ihr durchkommt, keine Sorge! Ich werde mich mit euch freuen.« Und ich meinte es wirklich ehrlich.

Der Wettbewerb lief folgendermaßen ab: Zu Beginn musste jeder Bewerber aufstehen, seinen Namen sagen und dann ein Stück a capella singen. Theresa sang eine wunderschöne Opernarie, es war einfach phantastisch. Als ich an der Reihe war, stand ich auf, fein ausstaffiert mit einer orangefarbenen Hose, einer weißen Polyesterbluse und einem zum Farbton der Hose passenden Sakko und sang: »Romance! .... A very pretty song. I love you! Romance!« Es war eine leichte Arie, die in etwa so komisch klang, wie ich aussah, aber es war das Lied, das Schwester Mary Catherine mir vorgeschlagen hatte und so sang ich es.

Anschließend wurden wir noch in einer Reihe von weiteren Disziplinen geprüft: Vom Blatt singen, Rhythmus, Tongedächtnis und am Schluss sollten wir auch noch tanzen. Sie erinnern sich – Tanzen lag mir nicht sonderlich. Ich schaute Mona zu. Sie war einfach süß, und sie nutzte ihre Chance. Sie hatte Rhythmus und

Pep. Ebenso Theresa, zwar etwas fülliger, aber nicht minder überzeugend. Und dann kam ich. Ich war sicherlich nicht dick, aber auch nicht gerade ein schmales Hemd. *Wenn das man gut geht,* dachte ich bei mir.

Am Ende wurden alle 200 Bewerber im Auditorium zusammengerufen, wo die neuen *Young Americans* bekannt gegeben wurden. Wir saßen in mehreren Reihen hintereinander in einem großen Halbkreis. Die Namen der Gewinnerinnen wurden verkündet und nun war ich auf einmal doch ziemlich aufgeregt! Etwas in mir hoffte, dass es ja vielleicht doch geklappt haben könnte, doch dann überlegte ich mir wieder: *Vergiss es! Das kann nicht klappen.*

»Theresa Blackford«, verkündete der Sprecher der Jury auf einmal und ich sprang spontan auf und jubelte, weil ich mich so sehr mit ihr freute. Einige Momente später hörte ich: »Renée .... La-«

Es gab da noch eine andere Renée, deren Nachname auch mit L anfing und im ersten Moment dachte ich, dass ihr Name aufgerufen würde.

Der Sprecher wiederholte: »La-, La-«

Ich war es gewohnt, dass Leute sich mit der Aussprache meines Nachnamens schwer taten, und allmählich dämmerte es mir, dass ich wohl gemeint war. So rief ich: »LACOUAGUE?«

»Ja!«

Ich jubelte aus voller Kehle und alles fing zu lachen an. Theresas und meine Blicke trafen sich und wir schauten uns völlig ungläubig an. Dann blickte ich zu Mona hinüber und zeigte ihr meine gedrückten Daumen. So unglaublich es klingt, aber wir alle drei wurden gewählt. Unser Käfer überschlug sich förmlich, als wir spät abends die Autobahn hinunterfuhren. Wir waren einfach völlig aus dem Häuschen!

Zunächst fuhren wir zweimal in der Woche zu den Chorproben, Mittwochabends und Samstagmorgens. In den Chören der *Academy* und in *Oceanside* war ich zwar eine Einserkandidatin, doch unter den *Young Americans* hatte ich bestenfalls ein Dreierniveau, wenn nicht sogar eher Drei minus. Das war mir wohl bewusst. Wenn andere ihren Mund öffneten und sangen, dann blieb mir vor Staunen der Mund nur noch offen stehen. Wenn die Männer sangen, dann schmolz ich einfach dahin. Es war wirklich eindrucksvoll!

Ich erinnere mich, wie ich einmal zu meiner Mutter sagte: »Du müsstest die mal singen hören. Ich weiß gar nicht, was ich da überhaupt soll. Die sind einfach um Klassen besser als ich!«

Immer wenn ein Konzert herannahte, musste jedes Mitglied vorsingen und der Chorleiter wählte aus der ganzen Gruppe von 100 jeweils fünfzehn Männer und fünfzehn Frauen aus. In den ersten beiden Jahren wurde ich nur ein einziges Mal ausgewählt. Leider sprangen Mona und Theresa bereits nach einem Jahr wieder ab, aber ich hatte noch lange nicht genug. Ich ging weiterhin jeden Samstagmorgen zur Probe und nur allein durch das, was ich an den anderen beobachten konnte, lernte ich ungemein viel. Ich war immer wieder begeistert.

Im Sommer meines ersten Jahres bei den *Young Americans* beendete ich meine Highschool. Während der Ferien wurden drei Gruppen gebildet und meine Gruppe sollte mehrere Wochen an einem Sommer-Musicaltheater in Michigan auftreten und dort insgesamt drei verschiedene Musicals aufführen. Ich hatte mich aber auch gleichzeitig für das Landesfinale im *barrel racing* qualifiziert, was ebenfalls ein großer Erfolg war.

Das Capistrano Tal war klein, jeder kannte jeden, und die Reitsportfreunde in meiner Gegend hielten große Stücke auf mich. Unglücklicherweise überschnitten sich die beiden Ereignisse und ich musste mich für eines von beiden entscheiden. Ich wusste, dass mir das Reiten keine Berufsperspektiven eröffnete und hatte bereits meine Fühler in Richtung einer Karriere als Musiklehrerin ausgestreckt. Obwohl ich damit manche meiner Rodeofreunde vor den Kopf stieß, entschied ich mich für das Musicaltheater und verzichtete auf die Landesmeisterschaften. Im Nachhinein kann ich sagen, dass ich diese Entscheidung nie bereut habe.

Die Entscheidung, die *Young Americans* zu meiner ersten Priorität zu machen, führte schließlich zum Unausweichlichen: Ich musste Tar Baby verkaufen. Ich liebte dieses Pferd mit allem, was in mir war, aber ich wusste einfach, dass dieser Lebensabschnitt abgeschlossen war, und dass ich von nun an eine andere Richtung einschlagen musste. In Zukunft würde ich einfach nicht mehr die Zeit haben, um für mein Pferd da zu sein und es zu versorgen.

Ich stand auf dem Hof und schaute zu, wie der neue Eigentümer Tar auf den Hänger verlud. Als dieser sich schließlich langsam in Richtung Ausfahrt bewegte, hatte ich das Gefühl, dass ein Teil von mir fortgerissen wurde. Meine geliebte Tar Baby verschwand und mit ihr die ganze Freude und Erfüllung, die den Lebensabschnitt mit ihr gekennzeichnet hatten. Ich vergoss bittere Tränen. Etwas Trost fand ich jedoch in einem festen Entschluss, den ich an diesem Tag traf: Das sollte nicht das Ende sein. Irgendwann wollte ich wieder mit Pferden arbeiten. Wenn ich einmal eine Familie hätte, würde ich meine Tochter oder meinen Sohn in den Sattel setzen und ihnen das Reiten beibringen. Das blieb freilich ein Traum, der nicht in Erfüllung ging. Bis heute ist dies eine der größten Enttäuschungen meines Lebens.

Unterwegs

Nach meiner Rückkehr aus Michigan begann ich mit meinem Studium am *Saddleback Community College* und ging dadurch auch wieder häufiger in unsere Kirche am Ort.

Eines Tages hielt ich Pater Martin nach dem Sonntagsgottesdienst am Ärmel und fragte ihn: »Wo sind denn all die jungen Leute in meinem Alter?«

»Ich weiß es auch nicht«, sagte er. »Hast du vielleicht eine Antwort darauf?«

»Nun«, erwiderte ich, »ich hoffe, Sie nehmen es mir nicht übel, wenn ich das sage, aber zum Beispiel die Musik ist ziemlich langweilig. Damit können junge Leute nicht viel anfangen. Vielleicht könnte man das Ganze mit der Gitarre ein bisschen peppiger machen – etwas zeitgemäßer, damit der ganze Gottesdienst junge Leute mehr anspricht. Wenn Sie wollen, helfe ich Ihnen gerne dabei.«

Hoch erfreut stimmte Pater Martin mir zu und wir wollten es gemeinsam versuchen.

Zwei Wochen später begannen wir damit, sonntagabends in der Turnhalle der Gemeinde zeitgemäßere Jugendgottesdienste zu halten. Der traditionelle Hauptgottesdienst fand jedoch weiterhin sonntagmorgens in der Kapelle statt. Ich übernahm für beide Gottesdienste die musikalische Leitung und es machte mir großen Spaß, herumzuexperimentieren und zu schauen, welche Musik ankam und wie ich die Gemeinde dazu animieren konnte, aus der Zuschauerrolle herauszukommen und sich zu beteiligen. Mit dieser Aufgabe eröffnete Pater Martin mir ein exzellentes Lernfeld, wie ich Musik im Dienst für Gott einsetzen konnte. Darüber hinaus erwachte in dieser Zeit in mir die Gabe der Anbetungsleiterin und eine Leidenschaft, meine katholischen Geschwister in eine tiefere persönliche Beziehung zum Herrn hineinzuführen.

Während meines zweiten Jahres am College nahmen die *Young Americans* ein Album auf. Der Titel der Platte lautete *A Salute to Richard Rodgers* und war ein Tribut an den bekannten Broadway-Komponisten. Zum Vorsingen für dieses Projekt wählte unser Chorleiter klugerweise das Stück *Bali High* aus, eine sehr knifflige Melodie aus dem Musical *South Pacific.* Er brachte sie uns bei und ließ sie uns dann einzeln vorsingen, um die Präzision, Klarheit und Tonqualität unserer Stimmen zu prüfen.

Da es um eine Plattenaufnahme ging und darstellerische Fähigkeiten keine Rolle spielten, erfolgte die Auswahl ausschließlich aufgrund unserer Stimme und technischen Präzision. Da dies gerade meine Stärken waren, wurde ich mit ausgewählt – endlich! Die Tatsache, dass ich an dieser Produktion mitwirken durfte, gab meinem Selbstbewusstsein ungemein Auftrieb. Was jedoch wesentlich schwerer wog, war der Umstand, dass ich durch unsere enge Zusammenarbeit den Chorleiter besser kennen lernte und er mich. Auf einmal war ich nicht mehr nur eine von hundert Stimmen, ich gehörte zu einer Auslese von dreißig Mitwirkenden, eine von fünfzehn Sängerinnen und eine von fünf zweiten Sopranstimmen.

Diese Produktion brachte für mich den sprichwörtlichen Durchbruch. Von da an wurde ich buchstäblich für jedes Projekt ausgewählt. Auch die landesweite *Richard-Rodgers-Tournee* gehörte dazu. Endlich konnte ich die Früchte meiner Mühe und Ausdauer ernten! Im darauf folgenden Herbst setzte ich am College ein Semester lang aus und bestieg zusammen mit vierzehn weiteren Frauen und fünfzehn Männern sowie den Mitgliedern unserer Band und den organisatorischen Begleitern einen Bus. Doch vor dem offiziellen Beginn unserer Tournee fuhren wir zunächst nach Michigan, um unsere Show einzuüben. Als wir dort auf dem Sommercampus eintrafen, stellten wir fest, dass es noch gar kein Drehbuch gab. Die Drehbuchautoren wollten uns zunächst einmal persönlich kennen lernen und danach das Drehbuch schreiben, sodass es auf unsere individuellen Persönlichkeiten und Stärken zugeschnitten war.

Einer der Autoren war Jim May, ein wunderbarer Pianist. Als ich ihm zum ersten Mal begegnete, bat er mich, den Titel *In My Own Little Corner* aus *Aschenputtel* vorzusingen. Jim kann das Klavier zum Sprechen bringen und mit all seinen kleinen spontanen Einlagen, machte es einen Riesenspaß. Ich hätte damals nie gedacht, dass Jim in meinem Leben einmal eine ganz besonders wichtige Rolle spielen sollte, und dass er mir zu einem sehr lieben Freund werden würde.

Die Verantwortlichen machten mir Mut, noch mehr mit meinen Augen zu singen, um das Lied zum Leben zu erwecken und ich ließ mich gerne auf ihre Hinweise ein. Sie erkannten mein schauspielerisches Talent und entwickelten um meine individuelle Darbietung herum einen Verschnitt aus Aschenputtel vor dem Ball und einer Carol Burnett Putzfrau. Weitere Rollen, die ich darstellte, waren die Maria in *The Sound of Music* und Aunt Eller in *Oklahoma*.

Nachdem alles einstudiert und organisiert worden war, galt es vor unserer Abreise nur noch die Sitzplätze im Bus zu verteilen und diesen so gemütlich wie möglich herzurichten, denn dieser wurde für die nächsten neun Monate gewissermaßen unsere Wohnung. Wir legten den Boden mit Teppichresten aus, hängten Blumentöpfe auf und klebten Photos von zu Hause an die Fenster.

Zunächst bereisten wir den Nordwesten des Landes und nach der Weihnachtspause fuhren wir durch den Rest der Vereinigten Staaten. Wir waren jeden Tag an einem anderen Ort und etwa alle drei Wochen hatten wir einen Tag frei.

Wenn man mit einer kleinen Gruppe von Leuten so intensiv zusammenlebt und -arbeitet, dann lernt man sich unweigerlich sehr genau kennen. Damals war ich von Herb Chapman, dem Bruder von Steven Curtis Chapman, sehr fasziniert. Er ging unbeirrbar seinen Weg mit dem Herrn und las im Bus oft in seiner Bibel. Ich selbst kannte eigentlich nur die bekanntesten Stellen in der Bibel und er machte mich neugierig.

Einmal stieg ich in den Bus, und, wie üblich, las Herb gerade wieder in seiner Bibel. Also ließ ich mich neben ihm auf den Sitz fallen und fragte: »Na, Herbie, was liest du denn da?«

Er schaute mich ungläubig an. »Na, sag bloß, du weißt nicht, was das ist.«

»Na klar weiß ich das. Das ist die Bibel. Aber was *genau* liest du?«

»Ich lese in Johannes 10, wo Jesus sagt, dass seine Schafe seine Stimme kennen und ihm nachfolgen.«

Herb hat etwas, das ich nicht habe, dachte ich daraufhin. Deshalb saß ich lange neben ihm, schaute ihm über die Schulter und las mit. Zum ersten Mal sah ich die Bibel als einen an mich gerichteten Wegweiser zu Gott. Herbie machte keinen Hehl daraus, dass er mit seinem Gott einen engen Kontakt pflegen und ihn auf einer tiefen Ebene kennen wollte. Indem ich ihm Tag für Tag und Woche für Woche zuschaute, wurde mir bewusst, dass die Bibel ein sehr persönliches Buch ist, nicht nur eine Sammlung von Texten, die der Pastor als Anregung für die Sonntagspredigt nimmt.

Julie Turner aus unserer Gruppe war ebenfalls eine hingegebene Christin, die ihren Glauben für alle sichtbar lebte. Auch ich glaubte an Gott, aber mein Glaube bestimmte nicht unbedingt mein Verhalten im Alltag. Julie war irgendwie anders.

Manchmal kam sie auf mich zu und sagte Dinge wie: »Du, Renée, der Herr hat mir gesagt, ich soll dir dieses Buch schenken.«

Und ich weiß noch sehr gut, wie ich im Stillen dachte: *Echt? Wie mag sich wohl seine Stimme anhören? Ob es eine hohe Stimme ist? Oder eher eine tiefe Stimme? Hat Gott vielleicht einen bestimmten Tonfall? Vielleicht klingt er ja wie Charlton Heston.* Ich selbst hatte seine Stimme noch nie gehört und abgesehen von Abraham und Mose wusste ich auch sonst von niemandem, der Gott wirklich hörte. Doch Julie behauptete, Gott spräche zu ihr. War das überhaupt möglich? Wenn ja, ob ich ihn wohl auch hören konnte?

Ich fühlte mich zu Herb und Julie hingezogen, weil ich spürte, dass Jesus in ihnen lebte.

Obwohl *Young Americans* keine christliche Organisation war, sangen wir auch einmal in einer Baptistengemeinde in Texas.

Am Ende des Gottesdienstes sangen wir ein sehr bewegendes Arrangement des Liedes *Precious Lord, Take My Hand*. Anschließend lud der Pastor die Anwesenden, die Jesus noch nicht kannten, ein, nach vorne zu kommen. Ich spürte in mir ein Drängen, das einfach nicht verschwinden wollte.

Der Glaube an Gott ist in unserer Familie immer ein fester Bestandteil des Lebens gewesen, dachte ich mir, *aber ich glaube, dass ich heute für mich persönlich eine Entscheidung treffen muss*. Also stand ich auf und ging zum Altar. Damit legte ich in aller Öffentlichkeit das Bekenntnis ab, dass Jesus fester Bestandteil meines Lebens werden sollte.

In der Rückschau erinnere ich mich noch gut an die Momente, in denen ich deutlich die Hand Gottes in meinem Leben spürte: im vierten Schuljahr, als ich zu Hause betete, in der Kapelle meiner Schule und dann in jener Baptistengemeinde. Gott wartete auf den geeigneten Moment, in dem ich bereit war, auf ihn zuzugehen, und dann zog er mich näher zu sich. Nach dieser Erfahrung begann meine persönliche Beziehung zu Gott mehr und mehr zu wachsen und ich fühlte mich zu Leuten hingezogen, die meinen Glauben teilten.

Es fällt mir schwer, zu beschreiben, wie sich der letzte Abend unserer Tournee anfühlte. Nachdem wir neun Monate miteinander unterwegs gewesen waren, hatten wir genug davon, im Bus zu leben, jeden Tag neu irgendwo auf- und abzubauen, ständig aus- und danach wieder einzupacken. Trotz alledem hatten wir nie genug davon, unsere Aufführung zu präsentieren. Musik ist etwas ungemein Kraftvolles und in diesen Monaten hatten wir einen kleinen Eindruck davon bekommen, was mit Musik alles möglich ist. Lieder können Menschen tief im Herzen berühren, sodass sie für eine Weile unbeschwert lachen und ihre Sorgen vergessen können, andere Lieder gehen den Leuten ans Herz und rühren sie zu Tränen. Außerdem hatten wir auch voneinander noch keineswegs die Nase voll. Wir waren beinahe zu einer Familie geworden. Trotzdem wussten wir, dass die Zeit unwiederbringlich abgelaufen war und dass wir nie wieder in dieser Form zusammen sein würden.

Nach einer solch intensiven Zeit nach Hause zu kommen, war ein wenig wie eine kalte Dusche. Monatelang war ich durch das ganze Land gereist, hatte Abend für Abend Maria von Trapp gespielt und mich im Applaus des Publikums gesonnt. Nun war ich auf einmal nur noch eine Kellnerin in *Harry's Family-Restaurant* an der Ecke. Zum Glück machte mir diese Arbeit Spaß. Seit meinem vierzehnten Lebensjahr hatte ich dort am Wochenende und in den Sommerferien gearbeitet und so war ich dort unter Freunden und freute mich, die Stammkundschaft wieder zu sehen.

Doch das Reisefieber hatte mich gepackt.

Meine Eltern hatten es in unserer Familie zu einer Tradition gemacht, uns Kindern zum Abschluss der Highschool eine Reise nach Europa zu schenken, um die Familie meiner Mutter zu besuchen. Im Jahr meines Highschool-Abschlusses war ich jedoch noch nicht dazu bereit gewesen, diese Reise anzutreten.

»Warum sollte ich nach Europa fahren, wo ich noch nicht mal die USA gesehen habe?«, hatte ich meine Mutter gefragt. Und wirklich, zwei Jahre später schenkte Gott mir die Gelegenheit, in nahezu jedem US-Bundesstaat aufzutreten.

Nun, nach meiner großen Tournee durch die USA, schien mir die Zeit reif, nach Europa zu fahren. Michelle und Denise hatten bei ihren Reisen ins Ausland sehr viel Spaß gehabt und waren nur zu gerne bereit, noch einmal mitzukommen. So fassten wir den Plan, für fünf Dollar pro Tag mit dem Rucksack durch Europa zu reisen. Als Motto für unsere Reise wählten wir: »Wir wollen lernen, die örtlichen Eigenarten wertzuschätzen.« Allerdings mussten meine beiden Schwestern ihre Reisen selbst finanzieren, und so war unser Budget sehr beschränkt!

Ich hatte immer angenommen, dass meine Schwestern und ich einander gut kannten. Wie sich jedoch bald herausstellte, war dies nicht der Fall. Michelle und Denise waren in der Schule nur einen Jahrgang auseinander gewesen, während mich von Michelle ganze vier Jahre trennten. Dadurch waren die beiden immer ein Gespann gewesen und hatten viele gemeinsame Freunde, während ich als Nesthäkchen außen vor geblieben war.

Wir kamen in Frankfurt an und fuhren von dort aus nach Berlin und anschließend nach Amsterdam. Die Wunder der alten Welt taten sich vor uns auf. Doch bei allem Staunen über die Schönheit und den geschichtlichen Reichtum, bemerkte ich zugleich, wie sehr wir drei uns voneinander unterschieden. Michelle ist ein Mensch, der sehr stark nach der Uhr lebt. Alles musste geplant werden. Wir mussten zu einer bestimmten Zeit irgendwo sein und hatten dann genau dreißig Minuten, um alles anzuschauen. Danach war es Zeit, das nächste Ziel anzusteuern. Jeder Tag war exakt durchgeplant. Es gab keine Flexibilität, keine Verzögerungen und keinen Raum, unvorhergesehene Aufenthalte einzulegen, um die Schönheit des Augenblicks zu genießen.

Denise dagegen scherte sich nicht sonderlich um Michelles Planungen und fand immer etwas Aufregendes, was man noch irgendwie in den Plan hineinquetschen konnte. Michelle scharrte dann derweil mit den Hufen, weil unser Zeitplan durcheinander zu geraten drohte. Als wir nach etwa einer Woche auf einem Campingplatz außerhalb von Amsterdam ankamen, wusste ich, dass sich ein Gewitter zusammenbraute.

Ich ging für mich alleine zum Einkaufsladen auf dem Campingplatz und suchte nach etwas Leckerem zu essen. Die Auswahl war ziemlich mager. Das Einzige, was ich finden konnte, war ein großer, etwas trockener Erdnussbutterkeks. Den nahm ich mit zu unserem Zeltplatz und rief die Lacouague-Schwestern zu einem Waffenstillstandsgipfel zusammen. Wie wir so in unserem Zelt im Kreis saßen, brach ich feierlich den Keks in drei Teile.

»Dies hier ist unsere Friedenspfeife«, verkündete ich. »Jede von uns muss davon essen. Wir haben noch eine lange Reise vor uns und wir müssen uns irgendwie zusammenraufen! Wir müssen uns in der Mitte treffen, sonst überleben wir die nächsten Wochen nicht. Ich habe keinen blassen Schimmer, wo wir sind, und ich habe auch keine Ahnung, wo wir hinwollen, oder wie das Reisen in Europa überhaupt funktioniert. Ihr seid die alten Hasen, ich bin völlig ahnungslos. Was auch immer ihr plant, ich bin völlig einverstanden. Aber ihr beiden müsst einen Kompromiss finden. Du Michelle musst die ganze Sache ein wenig entspannter angehen, und du Denise musst etwas mehr in die Gänge kommen.«

Sie lachten, stimmten zu und von diesem Moment an hatten wir eine tolle Zeit miteinander.

Wir fuhren durch Belgien nach Frankreich und in Paris stiegen wir in einen Zug nach Bayonne, die größte Stadt in der Nähe von Ainhoa, wo meine Tante und mein Cousin Christian uns abholen sollten. Als wir uns Bayonne näherten, wurde ich ziemlich aufgeregt. Meine Schwestern konnten das nicht so recht nachvollziehen, aber immerhin war ich die einzige von uns, die meine

Familie noch nie kennen gelernt hatte. Sie sprachen auch kein Wort Englisch und mein Französisch war ziemlich mager, während Michelle und Denise fließend Französisch sprachen. Was, wenn ich außen vor bleiben würde?

Als der Zug in den Bahnhof einfuhr, griffen wir nach unseren Rucksäcken und bewegten uns dem Ausgang zu. Durch das Fenster konnte ich auf dem Bahnsteig eine Frau erkennen, die meiner Mutter wie aus dem Gesicht geschnitten war. Die Ähnlichkeit war wirklich verblüffend! Es konnte überhaupt kein Zweifel bestehen, dass sie die Schwester meiner Mutter war.

Wir fuhren in die Berge und schauten schließlich in ein Tal hinein, wo das verschlafene Dörfchen Ainhoa lag. Es war einfach ein bezaubernder Anblick. Wir überquerten Bäche über kleine alte Steinbrücken. Wir hielten an, um einige Hirten mit ihrer Schafherde über die Straße zu lassen. Da gab es Bauern, die ihre Felder noch mit Ochsengespannen pflügten. Und der Himmel war strahlend blau und die Hügel hatten ein so saftiges Grün, wie ich es noch nie zuvor gesehen hatte. Schließlich fuhren wir ins Dorf hinein. Es sah genauso aus, wie ich es mir immer vorgestellt hatte. Die Hauptstraße war von alten, weißen Häusern mit ihren vielen Mauervorsprüngen, hölzernen Klappläden und roten Ziegeldächern gesäumt.

Ich konnte es kaum erwarten, meine Großmutter kennen zu lernen. Meine Schwestern und viele andere Verwandte hatten mir immer wieder erzählt, wie sehr wir uns ähnelten, im Wesen ebenso wie im Aussehen. Es sollte dann auch nicht lange dauern, denn Amatchi – das heißt Großmutter auf Baskisch – wartete bereits im Eingang ihres Hauses, einem alten Bauernhaus aus dem 16. Jahrhundert. Im ersten Moment schreckte ich ein wenig zurück, denn sie war buchstäblich so breit wie lang!

Ich schaute verstohlen zu meinen Schwestern hinüber und zischte: »Danke für das Kompliment!«

Danach ging ich auf sie zu, um sie zu begrüßen. Die Begegnung mit meiner Großmutter wurde mir zu einer Lektion, wie töricht es ist, Menschen nach ihrem Äußeren zu beurteilen. Sie war einfach umwerfend – lebendig, voller Witz und eine großartige Geschichtenerzählerin. Ich bewundere sie sehr und bis heute fühle ich mich geehrt, wenn jemand Ähnlichkeiten zwischen uns feststellt.

Zwei Wochen lang blieben wir in Ainhoa, danach fuhren wir zusammen mit unserem Cousin Christian mit dem Nachtzug nach Frankfurt, wo wir uns mit unseren Freunden trafen, die gerade aus den USA eingetroffen waren. Michelle und ich hatten uns mit zwei Brüdern befreundet, Dave und Jerry Klein, die wir in unserer Gemeinde kennen gelernt hatten. Sie hatten schon immer einmal nach Europa reisen wollen und Jerry fand den Gedanken faszinierend, dass meine Familie aus Frankreich stammte.

Während der nächsten vier Wochen fuhren wir zu sechst durch Deutschland und Österreich. Wenn es irgendein Land gibt, das einem einen kleinen Eindruck vom Himmel vermitteln kann, dann ist das meiner Meinung nach am ehesten Österreich. Manchmal sagt man, etwas sei so schön, dass es einem den Atem verschlägt. Hier erlebte ich zum ersten Mal, dass es dieses Phänomen wirklich gibt. Beim Anblick der Alpen erging es mir wieder und wieder so.

Ich erinnere mich noch gut, wie ich dachte: *Herr, es ist wirklich erstaunlich, dass du dies alles geplant und geschaffen hast.* Ich hatte damals kein besonders reges geistliches Leben, aber ich war sehr wohl in der Lage, Gott hinter all dem zu erkennen und zu staunen. Ich habe damals nicht jeden Tag gebetet und wir haben auf unserem Campingurlaub schon gar nicht zusammen in der Bibel gelesen. Und doch kann ich mir nicht vorstellen, dass irgendjemand die Alpen anschauen kann ohne zu dem Schluss zu kommen, dass es einen Schöpfergott geben muss. Zum Abschluss unserer Reise fuhren wir alle zusammen noch einmal für eine Woche nach Ainhoa, um Christian nach Hause zu begleiten und Jerry und David unserer Familie vorzustellen.

Ich bin Gott sehr dankbar für diese acht Wochen. Sie waren ein Crash-Kurs in europäischer Geographie und ich bekam einen kleinen Eindruck von der europäischen Kultur. Die Begegnung mit meinen Wurzeln vermittelte mir außerdem einen ganz neuen Zugang zu meiner eigenen Identität. An meinen europäischen Vorfahren erkannte ich vieles von dem wieder, was meine Eltern geprägt hatte und lernte ihre Werte und Sichtweisen besser zu verstehen.

Vor allem aber bekam ich eine tiefe und unerschütterliche Wertschätzung für meine Schwestern. Michelle ist planvoll, wohlorganisiert, systematisch, unternehmungslustig und voller Tatendrang. Denise ist voller Sinn für Ästhetik, ruhig, bedacht, aufmerksam, aufgeschlossen und eigenwillig. Sie sind beide völlig unterschiedlich und dadurch eine große Bereicherung. Natürlich haben wir einander auch schon vor unserer Reise gemocht. Doch durch diese Reise und die beiden Monate, die wir ununterbrochen zusammen waren, lernten wir uns als Erwachsene kennen und schätzen. Es entstand eine tiefe Verbundenheit zwischen uns, die uns die ganzen turbulenten Jahre über zusammengehalten hat. Damals konnten wir nicht ahnen, wie sehr wir einander in der Zukunft noch brauchen würden.

Hoch hinaus

Nachdem ich ein Jahr lang mit den *Young Americans* durchs Land gereist war und dann den Herbst auf den Spuren unserer europäischen Vorfahren zugebracht hatte, war es nun an der Zeit, mich wieder meinem Studium zu widmen. Und so schrieb ich mich im darauf folgenden Frühling an der *California State University Fullerton* für Musikpädagogik ein. Michelle und ich teilten uns ein kleines Haus in El Toro, das sie sich mit Hilfe meiner Eltern gekauft hatte. Ihre Beziehung zu Dave Klein war inzwischen vorbei.

Michelle arbeitete als Spezialistin für Zahnhygiene und war nun mit einem Mann namens Doug befreundet, den sie später auch geheiratet hat. Ich hatte einen Teilzeitjob bei *Tibbie's Music Hall*, wo eine Reihe von ehemaligen *Young Americans* engagiert waren. Zehn von uns – fünf Männer und fünf Frauen – bedienten und gaben nach dem Abendessen eine musikalische Showeinlage. Es war ein toller Nebenjob. Ich konnte es noch immer nicht begreifen, dass ich tatsächlich für etwas bezahlt wurde, das mir so viel Spaß machte!

In dem Sommer, der auf mein erstes Jahr an der Uni folgte, lud mich der Dekan für Chormusik unserer Universität zusammen mit einigen weiteren Mitgliedern des Chores für zwei Wochen zum Bachfestival nach Eugene (Oregon) ein. Helmuth Rilling, ein berühmter deutscher Dirigent, kam jedes Jahr zu Besuch aus

Stuttgart, um Kurse für Nachwuchsdirigenten zu halten. Die Studenten konnten das Gelernte dann ausprobieren, indem sie unseren Chor, den Festspiel-Chor, dirigierten.

Zur instrumentalischen Begleitung waren einige Musiker des *Los Angeles Chamber Orchestra* nach Eugene gekommen. Die Musik war anspruchsvoll und auf sehr hohem Niveau. Roger Wagner, der Leiter des *Los Angeles Master Chorale*, einem sehr renommierten Chor, war ebenfalls anwesend und ließ Teilnehmer des Festspielchors bei sich vorsingen. Zu meiner Überraschung lud er mich ein, für den Rest des Sommers in seinem Chor mitzusingen! Das war ein großer Erfolg für mich, denn immerhin war ich gerade erst 21 Jahre alt!

Leider gab es da ein Problem. Ich musste sechs Abende in der Woche bei *Tibbie's* arbeiten, sodass mir nur noch der Montagabend mit Jerry blieb, mit dem ich damals noch immer befreundet war. Ich sagte Jerry, dass ich unseren einzigen Abend in der Woche nicht dem Chor opfern wollte, aber er protestierte: »Was? Bist Du noch zu retten? Das ist eine einmalige Gelegenheit! Mach dir bloß keine Gedanken um uns. Ich fahre dich zu deinen Auftritten hin und hole dich auch wieder ab, und wir können uns ja auch in deinen Pausen sehen. Das kriegen wir schon irgendwie hin.«

Trotzdem wollte ich nicht jeden Abend verplanen und so schlug ich meinem Chef bei *Tibbie's* eine Alternative vor. Wir fanden eine andere *Young Americans*-Sängerin, die mir vom Typ und vom Aussehen her ähnlich war und die sich bereit erklärte, zweimal in der Woche für mich einzuspringen. Also lernte ich Jan an und als Teil der Vorbereitung kam sie einige Male zu meinen Auftritten, um mich zu beobachten und die Details ihrer Rolle zu lernen. Da Jerry ebenfalls mit von der Partie war, lernten sich die beiden kennen und waren sich offenbar auf Anhieb sympathisch – so sympathisch, dass Jerry mir erzählte, er wolle am nächsten Wochenende zusammen mit Jans Familie nach San Diego fahren, um ihnen die Stadt zu zeigen. Obwohl eine solche Hilfsbereitschaft gut zu Jerry passte, erschien mir die ganze Sache doch irgendwie seltsam.

»Gibt es da etwas, das mir zu denken geben sollte?«, fragte ich ihn geradeheraus.

Doch er versicherte mir vehement: »O nein, Renée, überhaupt nicht!«

Am späten Sonntagabend jedoch klingelte es und Jerry stand vor der Tür. Ich brauchte ihm nur einmal kurz ins Gesicht zu schauen, da wusste ich Bescheid, denn sein Gesichtsausdruck verriet alles.

Als er mein Entsetzen und meine Verzweiflung sah, sagte er nur ganz leise: »Es tut mir Leid, Renée. Es tut mir so Leid.«

Vier Jahre lang waren Jerry und ich miteinander befreundet gewesen und ich hatte ernsthaft gedacht, er wäre der Mann fürs Leben. Ich war zutiefst verletzt, dass Jerry nicht die Stärke gehabt hatte, mir treu zu sein. Noch dazu fühlte ich mich von meiner Freundin Jan sehr hintergangen. Die folgenden Monate waren ein einziges Gefühlschaos für mich.

Etwas über ein Jahr später, als meine Abschlussaufführung am College nahte, war ich endlich bereit, meine Enttäuschung hinter mir zu lassen und befreundete mich mit einem anderen wunderbaren Mann namens Craig. Während ich die Gästeliste für meine Abschlussaufführung aufstellte, wurde mir auf einmal bewusst, welch einen riesigen Anteil Jerry an meinem Erfolg gehabt hatte. Seine jahrelange Unterstützung hatte einen guten Teil dazu beigetragen, dass ich in meinem Studium so weit gekommen war.

So schickte ich auch ihm eine Einladung mit einer kurzen Notiz: »Es wäre töricht von mir, wenn ich dich nicht einladen würde, bei allem, was du zu meinem Studium beigetragen hast.«

Er kam tatsächlich und ich freute mich, ihn wieder zu sehen. Er lernte auch Craig kennen, und es gab keinerlei Probleme.

Ironischerweise erhielt ich meine erste Stelle genau dort, wo meine Ausbildung begonnen hatte, an der Grundschule unserer Kirchgemeinde in San Juan Capistrano, wo meine Geschwister und ich als Kinder zur Schule gegangen waren. Selbst mein Vater hatte dort bereits die Schulbank gedrückt.

Der Zeitpunkt war ideal, da ich ohnehin hätte ausziehen müssen, weil bei Michelle kurz darauf ein neuer Hausgenosse einzog. Doug und Michelle heirateten im Oktober 1982 in unserer Kirche. Es war eine ganz besondere Zeit.

Musikunterricht an einer Grundschule zu geben, war damals nicht meine erste Wahl. Eigentlich war ich als Lehrerin für weiterführende Schulen ausgebildet worden und ich wollte über kurz oder lang an einer Highschool Chormusik unterrichten. Leider waren an den drei großen Schulen in unserem Umkreis alle

Stellen fest vergeben. Die Chorleiter waren schon seit Jahren dort und es würde noch lange dauern, bis einer von ihnen in Pension ging. Da ich nicht aus dieser Gegend fortziehen wollte, nahm ich zunächst diese Stelle an und wartete, bis sich etwas anderes auftun würde.

Es machte viel Spaß, an einer Schule zu unterrichten, an der ich selbst einmal Schülerin gewesen war, doch da ich noch völlig unerfahren war, und es zudem mit kleineren Kindern zu tun hatte, musste ich vieles erst lernen. An meinem ersten Tag in der ersten Klasse, schrieb ich den Text für das Lied, das wir lernen wollten, an die Tafel. Als ich mich umdrehte und sah, wie die Kleinen mich mit großen fragenden Augen anschauten, wurde mir auf einmal bewusst, dass sie ja noch gar nicht lesen konnten!

Gott sei Dank zeigte sich bald ein Hoffnungsschimmer am Horizont, denn die Chorleiterstelle an der *San Clemente Highschool* wurde bald frei und ich zögerte nicht lange, mich dort zu bewerben. Leider waren Bewerbungsgespräche nicht gerade meine Stärke. Ich war unheimlich nervös und redete in einem fort. Außerdem sah ich noch sehr jung aus, was in der Grundschule ein Plus war, nicht jedoch an der Highschool. Mein Mitbewerber, ein Pianist, der 1984 bei den Olympischen Spielen in Los Angeles mitgewirkt hatte, bekam dann statt meiner die Stelle. Also blieb ich weiter an der Grundschule.

Doch ein schönes Ereignis lenkte mich ein wenig von meinen beruflichen Misserfolgen ab: Meine Schwester Denise wollte heiraten. Sie war mit Joseph Loyatho verlobt, der interessanterweise auch wieder Baske war und aus einem Ort stammte, der nur etwa 20 Kilometer von Ainhoa gelegen war.

Im darauf folgenden Sommer hatte ich wieder einmal die Gelegenheit, nach Europa zu reisen. Meine Freundin Linda Hammontree und ich waren Teil des Chores, der in Wien die USA beim 1. Internationalen Symposium für Chormusik vertrat. Nach diesem Symposium mit seinen vielen herrlichen Chören aus aller Welt reisten wir noch ein paar Tage gemeinsam durch Europa, bis Linda schließlich zurückflog, während ich nach Ainhoa weiterfuhr, um auf Christians Hochzeit zu singen.

Da ich wusste, dass mir zwischen dem Symposium und der Hochzeit noch etwas Zeit bleiben würde, hatte ich vor meiner Abreise Kontakt zu meinem guten Freund Johannes Muses aufgenommen. Ich kannte Johannes vom Bach-Festival in Oregon, denn er war als Assistent von Helmuth Rilling mit dabei gewesen. Ich hatte ihm also im Vorfeld meiner Reise mitgeteilt, dass ich für kurze Zeit in seiner Gegend sein würde und dass ich bei ihm vorbeischauen wollte.

Er hatte umgehend geantwortet, dass ich bei ihm willkommen sei und sogar gleich gemeinsam mit der Gächinger Kantorei bei den Europäischen Musikfestspielen in Stuttgart singen könnte. Da die Gächinger Kantorei einer der bekanntesten Chöre in Deutschland ist, war ich natürlich von der Idee begeistert.

Zwei Tage vor meiner Abreise rief Johannes an: »Es tut mir so Leid, Renée, aber ich wurde nach Argentinien gerufen, um dort einen erkrankten Dirigenten zu vertreten. Ich fürchte, ich werde nicht hier sein können, wenn du kommst. Aber komm doch einfach trotzdem. Ich habe alles für dich arrangiert. Und du kannst auch in meiner Abwesenheit bei der Kantorei mitsingen.«

Das waren natürlich keine guten Neuigkeiten. Es hieß letztlich nichts anderes, als dass ich allein in Stuttgart sein würde, mit einem Chor, in dem mich keiner kannte. Ich konnte zwar Deutsch singen, aber ansonsten würde ich mich überhaupt nicht verständigen können. Ich hatte jedoch gut aufgepasst, als ich mit meinen Schwestern durch Europa gereist war, und so nahm ich an, dass mein Verstand schon dafür reichen würde, um Geld umzutauschen, Jugendherbergen zu finden und in den richtigen Zug zu steigen. Wenn meine Mutter es fertig gebracht hatte, Frankreich zu verlassen und alleine bis nach Amerika zu reisen, dann würde ich mich sicherlich auch für ein paar Wochen in Deutschland zurechtfinden können. Was sollte schon schief gehen?

Nachdem ich mit dem Zug in Stuttgart angekommen war, nahm ich ein Taxi und ließ mich zur von Johannes angegebenen Adresse fahren. Wir hielten vor einem großen Gebäude mit der Aufschrift »Bachakademie«. Ich ging die Treppe hinauf, klingelte an der Tür und eine hoch gewachsene Frau öffnete mir.

»Ich heiße Renée Lacouague«, stellte ich mich auf Englisch vor. »Ich bin hier als eine Bekannte von Johannes Muses.«

»Nein«, antwortete die Frau in gebrochenem Englisch. »Nein, nein Renée Lacouague, aber kommen Sie herein.«

Ich folgte ihr zu ihrem Empfangstresen, wo sie nochmals ihr ganzes Englisch zusammenkratzte und sagte: »Keine Renée Lacouague. Johannes ist fort. Ich weiß nichts von einer Renée Lacouague.«

Während wir so miteinander sprachen, kam ein netter Mann auf mich zu, der auf der anderen Seite des Raumes gestanden hatte. »Hallo, ich bin Wilhelm Gerhardt«, sagte auch er in mehr oder minder gebrochenem Englisch. »Sie sind wegen Johannes hier?«

»Ja, so ist es. Ich weiß, dass er nach Argentinien gerufen wurde, aber er teilte mir mit, er hätte Anweisungen hinterlassen, dass ich mit der Gächinger Kantorei zusammen singen könnte.«

»Wenn Johannes gesagt hat, Sie würden bei den Gächingern mitsingen, dann werden Sie auch mitsingen. Unsere erste Probe wird morgen Abend um 18:00 Uhr in der Stiftskirche sein«, meinte er und gab mir die Adresse und eine Wegbeschreibung mit.

Ich bedankte mich, ging zur Tür hinaus, die Treppe hinunter und zog meines Weges. Es wurde allmählich schon dunkel. *Gut,* dachte ich, *das wäre also geregelt. Nun muss ich nur noch eine Bleibe finden.* Also blieb ich stehen und schlug meinen Reiseführer »Europa für 5 Dollar pro Tag« auf, um mir eine Jugendherberge zu suchen. Da kam Wilhelm zur Türe heraus, um sich ebenfalls auf den Heimweg zu machen.

»Wo schlafen Sie denn eigentlich heute Nacht, Renée?«, rief er mir zu.

»Tja, ich weiß es noch nicht. Ich wollte mir gerade eine Übernachtungsmöglichkeit aus meinem Buch heraussuchen.«

»Wollen Sie nicht mitkommen und heute Nacht bei unserer Familie zu Gast sein?«, fragte er.

Ich warf einen kurzen Blick auf den Ring an seiner Hand. »Oh, das ist aber ein nettes Angebot. Aber glauben Sie nicht, dass Sie erst einmal Ihre Frau fragen sollten, ob es auch nicht zu viel wird?«

»Nein, das geht schon in Ordnung. Kommen Sie ruhig.«

Gesagt getan und wir fuhren zu ihm nach Hause. Obwohl es im ersten Moment ein wenig merkwürdig war, einfach so unangemeldet hereinzuplatzen, reagierte seine Frau sofort sehr positiv. Er und seine Familie waren überaus gastfreundlich und auf diese Weise bekam ich einen kleinen Eindruck davon, wie es in einer deutschen Familie zugeht.

Am nächsten Tag nahm mich Wilhelm mit zur Probe. Ich nahm meine Partitur und meinen Bleistift zur Hand und stellte mich zu den Altstimmen. Ich lächelte der Dame neben mir zu und versuchte, mich vorzustellen: »Hallo, ich heiße Renée. Ich bin aus Amerika.«

»Ja!«, donnerte sie mir entgegen und lächelte mich freundlich an.

Bald kam Helmuth Rilling herein und begann, wie es seiner Gewohnheit entspricht, sofort mit der Arbeit. Wir sangen die h-moll-Messe von Bach, die ich glücklicherweise in Oregon schon einmal unter seiner Leitung gesungen hatte. Wir begannen mit dem ersten Takt des Kyrie, und die deutschen Altsängerinnen, die um mich herum standen, sangen mit einer Stimmgewalt, die man in Amerika in der Regel nicht einmal bei den Bässen findet.

Alles ging gut, bis wir etwa auf Seite 10 angelangt waren. Doch je weiter wir vordrangen, desto mehr verlor ich den Faden. So gab Helmuth zum Beispiel auf Deutsch die Anweisung: »Bitte springen Sie nach Seite 73, oberste Zeile, dritter Takt, auf den vierten Schlag.«

Ich konnte auf Deutsch gerade mal bis zehn zählen und so verstand ich kein Wort. Es ist auch nicht ganz einfach, professionell dreinzuschauen, während man seiner Nachbarin über die Schulter späht, um herauszufinden, auf welcher Seite wir gerade sind. Nachdem ich mich jedoch ein wenig auf die Arbeit in einer fremden Sprache eingestellt hatte, ging es besser. Und es war sehr bewegend, Bach in Deutschland zu singen, wo er geboren und aufgewachsen war. Ich blieb etwa zwei Wochen in Stuttgart und sang auch auf Konzerten mit. Dann war es Zeit, mich auf den Weg nach Ainhoa zu machen und die Hochzeit meines Cousins mitzufeiern.

Der Sommer neigte sich dem Ende zu und ich hatte mich dazu entschlossen, an der *University of Southern California* noch weitere Kurse zu belegen. So flog ich nach Kalifornien zurück und kam nach neun Stunden Flug gegen Mitternacht in Los Angeles an. Am Morgen schlief ich aus, um mich an die Zeitverschiebung zu gewöhnen, da wurde ich plötzlich von meinem Telefon geweckt.

Es war Austin Buffum, der Musikkoordinator des Schuldistrikts von Capistrano: »Renée, wir haben schon versucht, Sie zu erreichen. Während Sie in Europa waren, hat der Musiklehrer, den wir im letzten Schuljahr für die *San Clemente Highschool* eingestellt hatten, gekündigt, und nun würden wir Sie gerne zu einem erneuten Vorstellungsgespräch einladen. Das Schuljahr beginnt bereits heute. Könnten Sie heute Vormittag bei mir vorbeikommen?«

Ich war soeben aus dem Tiefschlaf gerissen worden und versuchte, mir irgendwie einen Reim auf das zu machen, was gerade vor sich ging. »Ach, Austin«, erwiderte ich, »ich bin gerade letzte Nacht zurückgekommen, ich bin total aus dem Rhythmus und kann keinen klaren Gedanken fassen. Wenn ich mich recht erinnere, habe ich ja schon letztes Mal keine besonders gute Figur gemacht.«

»Kommen Sie einfach herüber.«

Also sprang ich unter die Dusche, steckte mir das Haar zu einem Knoten hoch und griff das altjüngferlichste Kleid aus dem Schrank, das ich besaß. An diesem Tag war ich außerdem viel zu müde, um keck daherzureden. Offenbar war ich dieses Mal überzeugender, denn man bat mich, Tags darauf mit dem Unterricht anzufangen.

Der nächste Morgen kam, und ich begann meine Arbeit, ohne die übliche Lehrerorientierung bekommen zu haben. Ich wusste nur sehr wenig über die Arbeit an staatlichen Schulen und musste also einfach ins kalte Wasser springen. Meine Arbeit war auf zwei Schulen aufgeteilt, was für mich noch unangenehmer war. Den ersten Teil des Vormittags unterrichtete ich an der *Shorecliffs Junior Highschool*, dann hüpfte ich ins Auto und fuhr zur *San Clemente Highschool* hinüber, wo ich den Rest des Tages zubrachte. (Anm. d. Übs.: Im amerikanischen Schulsystem deckt die »Junior Highschool« in etwa die Sekundarstufe 1 ab und die »Highschool« die Sekundarstufe 2).

In beiden Schulchören zusammengenommen hatte ich ganze 18 Schüler. Wie Kids nun einmal sind, waren einige bereits zum Orientierungslehrer gegangen und hatten sich für den Madrigalchor, unseren Spitzenchor, eintragen lassen. Wenn ich ihren Angaben Glauben schenkte, hatte mein Vorgänger sie bereits für diese Positionen eingeteilt. Doch sie brauchten nur ihren Mund zu öffnen und ich wusste, dass ein hartes Stück Arbeit vor mir lag. Ihre Stimmen waren bestenfalls mittelmäßig und darüber hinaus hatten sie eine sehr schlechte Arbeitshaltung. Deshalb holte ich mir die Zustimmung des Schulleiters, komplett von vorne anzufangen, und den Chor neu aufzubauen.

Zunächst beraumte ich einen Termin zum Vorsingen für alle Interessierten an der Schule an. Zugleich startete ich eine umfassende Anwerbungskampagne. Ich schaute mir die Footballmannschaft an und suchte mir dort die attraktivsten Jungen aus, die ich finden konnte, und sprach sie auf meinen Chor an: »Matt, Carlos, Nahan und Mike, wie ich gesehen habe, braucht ihr noch eure Mindeststundenzahl in Kunst. Wie wär's mit dem Chor?«

Anschließend ging ich in die Schwimmmannschaft: »He, sagt mal, habt ihr eure Mindeststundenzahl in Kunst schon erfüllt? Nicht? Dann seid ihr ab heute im Chor.«

Es war mir ganz gleich, ob sie singen konnten oder nicht. Im Augenblick brauchte ich einfach nur Leute.

Als Nächstes rief ich in der Presbyterianischen Kirche in der Nähe der Schule an. Ich kannte dort Bob Perry, den Leiter des Jugendchores, und ich wusste, dass er eine hervorragende Musikarbeit leistete: »Bob, könntest du mir die Namen und Telefonnummern des jeweils besten und beliebtesten Jungen und Mädchens aus deiner Gruppe geben, die dazu noch auf meine Schule gehen? Ich meine Leute, die auch wirklich singen können.«

Er nannte mir zwei Namen, Cameron Brown und Suzy Deluca, die beide bereits in der 11. Klasse waren.

Ich rief sie zu Hause an und sagte ihnen, dass Bob Perry mir von ihnen vorgeschwärmt hätte. »Die Schulchöre sind im Augenblick ein wenig mau«, sagte ich ihnen, »aber wir sind dabei einen Neuanfang zu machen, und da könnte ich talentierte und erfahrene Leute wie euch sehr gut gebrauchen.«

Anschließend hielt ich das Vorsingen ab und steckte die neun besten Sänger und Sängerinnen in den Madrigalchor und den Rest in den Konzertchor. Der erste Schritt war getan. Einige waren natürlich beleidigt, weshalb es ein paar aufgeregte Anrufe und den einen oder anderen bitteren Beschwerdebrief gab, aber das Ganze war den Ärger wert. Ich hatte ein für alle Mal reinen Tisch gemacht und die Teilnehmer richtig eingestuft. Darüber hinaus war der Chor bereits auf 35 Mitglieder angewachsen.

Doch der Erfolg unserer Chorarbeit in diesem Schuljahr war auch zu einem guten Teil Suzy und Cameron zuzuschreiben.

Suzy gehörte zu den Madrigalsängern und gab der Gruppe mit ihrem Talent und ihrer Persönlichkeit ein besonderes Gepräge. Cameron war das Rückgrat des Konzertchores. Seine Stimme war zwar nicht ganz so gut, aber er war sehr beliebt und die anderen folgten seinem Beispiel.

Ich liebte meine Arbeit. Die Kids faszinierten mich, weil sie aus allen möglichen sozialen Hintergründen stammten. Einige von ihnen waren reich und bekamen förmlich alles nachgeworfen, andere hatten nur wenig. Einige kamen aus einem sehr schwierigen häuslichen Hintergrund, andere bekamen allen Rückhalt, den sie sich wünschen konnten. Einige schnitten in allen Fächern blendend ab und waren noch dazu sehr gute Sportler, bei anderen bangte und betete ich, dass sie nicht vorzeitig von der Schule abgingen. Ich hatte es also mit den unterschiedlichsten Schülern zu tun, und das Gute am Chor war, dass hier alle Unterschiede nivelliert wurden. Jeder war gleichermaßen wichtig, unabhängig von seinem sozialen oder familiären Hintergrund.

Meine Aufgabe bestand darin, die Jugendlichen zu ermutigen, ihr Potenzial voll auszuschöpfen. Wann immer sie gut sangen, sagte ich ihnen: »Habt ihr das eben gehört? Habt ihr genau hingehört? Das war wirklich eine hervorragende Leistung!«

Wenn sie dagegen ohne wirkliches inneres Engagement sangen, dann redete ich ihnen zu: »Das könnt ihr aber noch besser. Warum wollt ihr euch mit einem so mittelmäßigen Ergebnis zufrieden geben, wenn ihr über euch hinauswachsen könnt? Versucht es noch mal und stellt euch vor, ihr würdet dabei aufgenommen!«

An meinem ersten Tag an der *Shorecliffs Junior Highschool*, wo ich den anderen Teil meiner Arbeitszeit zubrachte, kam ein großer, gut aussehender Junge in mein Klassenzimmer. Er lief mit gesenktem Kopf und schlaff herabhängenden Armen. Seine Körpersprache ließ keinen Zweifel daran, dass er dringend Beachtung und Bestätigung brauchte.

»Hallo, ich bin Miss Lacouague, und wie heißt du?«, sprach ich ihn an.

»Scott Wyatt«, murmelte er. »Ich bin der Bruder von Holly Wyatt.«

»Wer ist denn Holly Wyatt?«, fragte ich zurück.

»Was, das wissen Sie nicht?«

»Nein, keine Ahnung, ich bin neu hier. Ich kenne noch überhaupt keinen von euch.«

»Das ist doch die Topabsolventin der *San Clemente Highschool*. Sie hat gleich ein tolles Stipendium für die Universität bekommen. Meine Schwester ist einfach total talentiert und hübsch obendrein!«

Ohne überhaupt eine Bemerkung darüber zu verlieren, wer seine Schwester ist, erwiderte ich: »Und wer bist du?«

Ich wollte ihm von vornherein signalisieren, dass seine Identität nicht auf den Leistungen seiner Schwester beruhte und dass er in meinem Unterricht nicht an ihr gemessen würde. Im darauf folgenden Frühjahr war er bereits zum Solosänger im Schulchor avanciert und machte seine Sache hervorragend. Seine Mutter und seine Schwester saßen beim Konzert in der ersten Reihe und man konnte ihnen ansehen, wie stolz sie waren.

Im zweiten Jahr wuchs mein Highschool-Chor auf etwa neunzig Mitglieder an. Vor allem die Jugendlichen, die aus meinem Junior Highschool Chor in die Highschool aufrückten, brachten einen kräftigen Zuwachs. Außerdem hatte es sich herumgesprochen, dass wir eine Menge Spaß miteinander hatten. Wir machten tolle Musik und nahmen an einigen Chor-Wettbewerben teil.

Während ich an meinen beiden Schulen Chormusik unterrichtete, hatte ich zur gleichen Zeit noch einen Teilzeitjob als musikalische Leiterin in meiner Gemeinde. Eines Sonntagmorgens kam nach dem Gottesdienst eine junge Frau auf mich zu und stellte sich vor: »Guten Tag, ich bin Rosie Dunnigan. Ich finde Ihre Musik ziemlich gut und falls Sie noch eine Sängerin gebrauchen können, würde ich diesen Sommer gerne bei Ihnen mitsingen. Ich weiß, dass mein Angebot etwas heikel ist, weil Sie mich gar nicht kennen und somit nicht einschätzen können, ob ich genügend Begabung mitbringe, aber vielleicht hilft es Ihnen zu wissen, dass ich musikalische Leiterin am Newman Center der University of California in Los Angeles bin.«

Das *Newman Center* ist das katholische Studentenzentrum auf dem dortigen Campus und die Tatsache, dass sie dort mitarbeitete, weckte in der Tat mein Interesse. »Kommen Sie doch einfach nächste Woche eine halbe Stunde früher und bringen Sie Ihre Gitarre mit. Dann überlegen wir uns, was wir machen wollen und probieren es einfach im Gottesdienst aus. Mal sehen, was passiert.«

Dies war der Beginn einer langen Freundschaft. Rosie und ihr Verlobter, Greg, wollten im darauf folgenden Frühjahr heiraten. Als unsere Freundschaft enger wurde, sorgte Rosie dafür, dass ich Gregs Freund Mike Bondi kennen lernte.

»Der wäre der perfekte Mann für dich«, sagte sie immer.

Und ich pflegte darauf stets zu erwidern: »Nein danke, ich bin mit Craig zusammen. Er ist ein toller Mann. Er umsorgt mich und ich mag ihn wirklich gern. Ich weiß noch nicht, ob er der Mann fürs Leben ist, aber im Moment geht es sehr gut mit uns.«

Craig und ich trennten uns dann irgendwann doch, und Rosie startete ihre Kampagne von neuem. Ich war jedoch zu diesem Zeitpunkt nicht scharf darauf, mich sofort erneut zu binden.

So kam es, dass Rosie schließlich zu einer Notlüge griff, um uns doch noch zusammenzubringen.

»Ich habe Mike Bondi alles von dir erzählt«, sagte sie, »und nun kann er es kaum erwarten, dich kennen zu lernen.«

Gleichzeitig bearbeitete Greg seinen Freund Mike, ohne dass ich auch nur das Geringste davon wusste: »Rosie hat da eine Freundin namens Renée, die in unserer Gemeinde das Musikteam leitet. Rosie hat ihr von dir erzählt und sie würde sich sehr freuen, wenn wir dich ihr vorstellen würden.«

Mike hatte jedoch genauso wenig Interesse an mir wie ich an ihm!

Um endlich meine Ruhe zu haben, gab ich schließlich nach: »Dann bringt ihn halt nächsten Sonntag zum Gottesdienst mit und anschließend können wir ja noch zusammen Abendessen gehen.«

An jenem besagten Abend leiteten Rosie und ich gerade das Eröffnungslied, als ich Greg mit Mike hereinkommen sah. Ich warf Rosie einen fragenden Blick zu: »Ist er das?«

Sie nickte.

»Nicht schlecht«, signalisierte ich ihr daraufhin.

Der kurze Dialog lief völlig wortlos ab, während wir gemeinsam sangen. Später beim Abendessen hatten wir sehr viel Spaß miteinander. Greg und Rosie hatten Recht, Mike und ich hatten wirklich vieles gemeinsam und wir hatten die gleiche Art von Humor. Damals waren wir jedoch beide nicht an einer festen Beziehung interessiert und so tauschten wir noch nicht einmal unsere Telefonnummern aus. Es war eine sehr angenehme Begegnung, aber dabei blieb es auch, zumindest für den Augenblick.

Rosie und Greg heirateten im April 1985. Mike war auch eingeladen und da ich kaum einen der Gäste kannte, saß ich beim Empfang schließlich mit Mike zusammen. Es wurde viel getanzt und dadurch wusste ich gleich von Anfang an, dass Mike ein absolut schrecklicher Tänzer war. Er hatte überhaupt kein Rhythmusgefühl, aber das konnte ihn trotzdem nicht davon abhalten, auf die Tanzfläche zu gehen, und sich dabei auch noch köstlich zu amüsieren. Das imponierte mir. Ganz offensichtlich hatte er ein sehr gutes Selbstwertgefühl.

In der darauf folgenden Woche rief er mich an: »Meine Firma hat nächste Woche einen Familienabend in Disneyland. Meine ganze Familie wird auch dabei sein. Hast du vielleicht Lust mitzukommen?«

Dies war unsere erste Verabredung und der Beginn einer wunderbaren romantischen Beziehung.

Mike war eine tolle Unterstützung für meine Schüler und mich. Es machte ihm nichts aus, wenn ich ihn zu allen möglichen Musikveranstaltungen mitschleppte: Konzerte, Musicals, Wettbewerbe, ja selbst Proben. Und nicht selten half er bei Ausflügen als Aufsicht mit. Seine Familie war sehr sportbegeistert und so waren wir sehr viel draußen, spielten Volleyball, fuhren Ski und machten Strandspaziergänge. Vor allem Rucksacktouren, Camping und die Teilnahme an Gottesdiensten waren unsere Lieblingsaktivitäten.

Was mich von Anfang an beeindruckte, war die Art und Weise, wie Mike sich gab. Zum einen passte er sehr gut in unsere Familie. Meine Eltern mochten ihn und er fand sehr schnell einen Draht zu Michelle und Denise und ihren Partnern, Doug und Joseph.

Bei allen Übereinstimmungen und guter Harmonie mit meinem näheren Umfeld stimmte Mike jedoch nicht mit meinem vorgefassten Bild vom Idealmann überein – nicht im Geringsten. Ich hatte mir immer einen großen, stillen und zurückhaltenden Musikertyp vorgestellt. Mike dagegen war gerade mal 1,70 m groß, konnte überhaupt nicht singen und hatte keinerlei Rhythmusgefühl. Er war gut gebaut und sah gut aus, aber er hatte nicht das spezielle Etwas, das mich hätte zweimal hinschauen lassen. Irgendwann jedoch warf ich meine innere Checkliste über Bord und gestand mir ein, was für ein besonderer Mann er war.

Wir waren bereits wochenlang miteinander befreundet, bevor Mike überhaupt versuchte, mich zu küssen. Er war weise genug, zu verstehen, dass wir uns erst einmal kennen und schätzen lernen mussten, bevor Raum für mehr Leidenschaft sein konnte. Ich bin fest davon überzeugt, dass dies einer der Gründe ist, warum unsere Beziehung von Dauer war und selbst meine Lähmung ausgehalten hat. Wir waren füreinander zunächst einfach nur gute Freunde.

Ein weiteres Plus war die Tatsache, dass er aus einer gesunden und stabilen Familie kam. Er liebte und ehrte seine Eltern und hatte ein sehr enges Verhältnis zu seinen Geschwistern. Außerdem hatte er eine akademische Ausbildung und eine gute Stellung. Ich machte zwar keine Liste mit »wünschenswerten Eigenschaften eines Ehemannes", mit der ich Mike abwog, aber mir war schon klar, dass es hier mehr Kriterien zu bedenken gab als meine bloßen Gefühle, wenn wir zusammen waren: Wie passte er zum Beispiel in meinen ganzen Lebensentwurf hinein, und ich in seinen? Wie standen wir jeweils zur Familie des anderen? Inwieweit deckten sich unsere Werte, unsere Glaubensüberzeugungen, unser Sicherheitsbedürfnis, unsere Vorstellungen von Kindererziehung? Wie gut harmonierten unsere gesellschaftlichen Ansprüche und Vorstellungen? Wie schätzte ich seinen Charakter ein? Je mehr ich darüber nachdachte, desto klarer wurde mir, dass Mike ohne jeden Zweifel zum Ehemann taugte!

An meinem Geburtstag im Juni 1987 lud Mike mich zu einem feinen Abendessen ein. Nach dem Dessert zog er eine herzförmige Holzschatulle hervor (ich habe sie heute noch) und gab sie mir. Sie enthielt ein wunderhübsches Kettchen mit einem Saphiranhänger.

»Ich habe keinen Ring gekauft, weil ich mir dachte, den gehen wir zusammen aussuchen«, sagte Mike und lächelte. Und dann kam es: »Renée, willst Du mich heiraten?«

Ich konnte gar nicht so recht begreifen, wie mir geschah. *Ohjemineh! Es ist wahr! Es ist wirklich wahr! Das erlebe ich jetzt ganz wirklich! Nun also ist es soweit!*

Ohne zu zögern sagte ich: »Ja!«

Mike und ich wollten im Sommer heiraten und da Mike eine Stelle in Denver angenommen hatte, würde ich im nächsten Schuljahr nicht mehr an der *San Clemente Highschool* unterrichten können. Mein letztes Schuljahr dort neigte sich also dem Ende zu. Wenn ich Mrs. Mike Bondi werden wollte, dann würde ich ihm natürlich nach Denver folgen müssen. Die Entscheidung, meine Schüler zurückzulassen, fiel mir unendlich schwer, aber es führte kein Weg daran vorbei. Lange Zeit wusste ich nicht, wie ich es ihnen beibringen sollte, und ich hatte auch nicht den Mut dazu. Ich fasste den Entschluss, diesen schweren Schritt noch eine Weile hinauszuzögern und zu warten, bis das Ende des Schuljahres näher rückte.

Die drei Jahre an der *San Clemente Highschool* waren mit die schönste Zeit meines Lebens. Was ich dort erreicht habe, erfüllt mich auch heute noch mit Stolz. Das Chorprogramm war von 18 auf 150 Schüler angewachsen und auf einmal war es *cool*, im Chor zu sein. Die Schüler hielten sich gerne im Probenraum auf und wir wagten uns sogar an einige sehr herausfordernde Stücke heran. Mir lag es besonders am Herzen, meinen Schülern auch ein Verständnis für Musikgeschichte mitzugeben, weshalb ich auch immer wieder auf Stücke aus den vergangenen Jahrhunderten zurückgriff. Und da sich ein beachtlicher Teil der alten Musik um Gott, Gestalten aus der Bibel und die Kirche dreht, hatte ich die Möglichkeit, über Gott zu reden, ohne dass mir jemand einen Strick daraus drehen konnte!

Vor meiner endgültigen Abschiedsvorstellung wollte ich eine letzte musikalische Herausforderung angehen, um die Möglichkeiten meines Chores noch einmal voll auszuschöpfen. Als letzten Tribut an meine Schüler meldete ich die Madrigalsänger zum *Orange County Music Festival* an, das im März stattfinden sollte. Dies war nicht einfach irgendein Musikwettbewerb. Das Festival fand in einem großen Zentrum für darstellende Kunst statt und die besten Chöre Südkaliforniens nahmen daran teil. Dr. Howard Swan, der als der große Altmeister der Chormusik galt und eine absolute Kapazität seines Faches war, würde die Teilnehmer bewerten. Meine Schüler wussten noch nichts davon, doch dieser Auftritt würde unsere letzte große Glanzleistung werden, das große Finale von drei Jahren gemeinsamer Chorarbeit.

Meine Schüler waren im ersten Moment ein wenig geschockt, als ich ihnen eröffnete, welches Stück ich als Beitrag ausgesucht hatte.

»Brahms?!«

»Aber das ist doch so *düster!*«

»Und dann ist es auch noch auf *Deutsch!*«

»Sie glauben doch nicht im Ernst, dass wir das hinkriegen!«

»Also wirklich, Miss Lacuague, jetzt mal halblang!«

Ich lächelte im Stillen in mich hinein. Ich hatte ganz bewusst ein Stück von Brahms gewählt, weil die Musik so komplex und voller Leidenschaft war. Es war ein melodisches Liebeslied, das einen sehr schönen Fluss hatte und eine große Stimmungsbreite einnahm – von sehr friedlich bis sehr feurig. Es würde den Chor bis an die Grenzen seiner Leistungsfähigkeit bringen.

»Ich weiß, dass ihr das schafft«, versicherte ich ihnen. »Ich weiß, dass ihr euch das Stück nicht ausgesucht hättet, aber wenn ihr mir vertraut und mitmacht, dann wird es umwerfend schön.«

Der große Tag kam und der riesige Saal war voll bis auf den letzten Platz. In Abendkleidern und Smokings betraten wir die Bühne. Wir wussten, dass wir die begehrte Auszeichnung von Dr. Swan nur bekommen würden, wenn wir alle miteinander unser Bestes gaben. Monatelang hatten wir hingebungsvoll und intensiv geübt. Wir hatten den Text übersetzt, damit wir wussten, was wir singen und hatten uns ausgiebig über unsere deutsche Aussprache amüsiert. Wieder und wieder hatten wir schwierige Passagen geübt, bis wir sie nahezu im Schlaf beherrschten. Am Ende konnte es sich wirklich hören lassen und dann war es endlich an der Zeit, das Ergebnis zu präsentieren.

Die Sänger nahmen ihre Plätze ein und warteten auf meinen Einsatz. Ich lächelte aufmunternd zu ihnen herüber und flüsterte ihnen zu: »Auf geht's! Ich weiß, dass ihr das könnt!«

Dann hob ich meine Arme und die Begleitmusik begann.

Der Chor stimmte den ersten Ton an. Die Harmonien stimmten perfekt und unser Deutsch klang sehr authentisch. Die Sopranstimmen nahmen die hohen Tonlagen mühelos und die Männerstimmen waren voll und tragend. Zum Ende hin waren wir alle beinahe in Trance. Wir vergaßen die Zuhörer und den Preisrichter und waren voll und ganz in unsere Musik versunken. Nachdem der letzte Ton verklungen war, herrschte für ganze fünf

Sekunden Totenstille im Saal. Dann brach donnernder Applaus los. Es war ein unbeschreiblicher Erfolg.

Während die Madrigalsänger ihren Erfolg genossen, flüsterte ich ihnen enthusiastisch zu: »Klasse!!!!«

Es war zweifelsohne die beste Aufführung, die wir je gegeben hatten. Wir hatten sozusagen mitten ins Schwarze getroffen! Die Jugendlichen wussten es und ich wusste es auch. Nun hieß es abwarten, ob der Preisrichter es auch so sah.

Hinter der Bühne fiel alle Anspannung von uns ab und wir waren voller Freude über unseren Erfolg. Wir feierten unsere Leistung schon einmal im voraus, obwohl wir die Wertung noch gar nicht hatten. Dann stiegen wir in den Bus und warteten. Als ich mit dem Urteil des Preisrichters den Bus bestieg, verstummten alle wie auf Kommando. Ich öffnete den Umschlag und fühlte mich fast so, als würde ich einen Oscar-Gewinner verkündigen. Mein Bauch kribbelte, als ich die Wertung laut vorlas.

»*Das* war wirklich Brahms!«, hatte Dr. Swan handschriftlich hinzugefügt und uns die begehrte Auszeichnung verliehen. Die Schüler waren außer sich vor Begeisterung. Für mich sollte es das letzte Mal sein, dass ich einen Chor zu einem Wettbewerb führte. Umso kostbarer ist mir die Erinnerung daran.

Ich hatte es ziemlich weit gebracht. Ich war im Begriff, den besten Mann zu heiraten, den ich finden konnte. An jenem Schulball war meine Hochzeit gerade noch ein paar Wochen entfernt und meine Arbeit an der Schule war eine echte Erfolgsstory. Ich hatte die Gelegenheit gehabt, zu reisen und die Welt zu sehen. Ich war gesegnet mit vielen Freunden und einer Familie, die mich liebte und hinter mir stand. Mein Leben war erfüllt und über mir befand sich sozusagen nichts als strahlend blauer Himmel.

Gerade mal zwei Monate später jedoch sollte mein Höhenflug ein jähes Ende nehmen und ich lag hilflos auf dem Rücken wie ein Käfer. Es war eine Glaubenskrise, wie ich sie mir niemals hätte vorstellen können. Diesmal konnte ich mir den Titel meines Liedes nicht aussuchen. Würde ich Gott dennoch vertrauen, dass er mein Leben in der Hand hatte und trotz allem eine wunderbare Melodie hervorbringen konnte?

Flach auf dem Rücken

Nachdem Dr. Palmer mir die schreckliche Nachricht unterbreitet hatte, sagte er: »Dann werde ich jetzt Ihre Familie zu Ihnen lassen.«

Damit ging er hinaus und ich war für ein paar Minuten allein und versuchte, zu verdauen, was ich soeben gehört hatte, doch es klang einfach so unglaublich, dass ich mich weigerte, es zu glauben. Dr. Palmer unterlag offensichtlich einer Fehleinschätzung. Vielleicht übertrieb er auch absichtlich, um mich auf das Schlimmste vorzubereiten. Wie sollte das gehen? Gerade zwei Tage zuvor hatte ich doch noch mit Mike zusammen auf dem Ball getanzt und nun sollte ich auf einmal völlig gelähmt sein? Das Ganze erschien mir absurd. Eine so schwere Verletzung konnte man sich doch nicht einfach zuziehen, wenn man lediglich aus dem Bett gefallen war!

Meine Eltern kamen als Erstes herein. Nun, da wir alle das volle Ausmaß der Katastrophe kannten, schauten sie noch verzweifelter aus als vorher. Ich konnte in ihren Gesichtern ablesen, wie tief erschüttert und traurig sie waren. Sie waren nicht in der Lage, mich zu trösten oder aufzumuntern. Sie kamen an mein Bett und strichen mir über die Wange.

»Wie fühlst du dich?«, fragte Mom. Es war eine völlig bizarre Situation. Niemand wusste, was er sagen sollte. Als Danny, Denise und Michelle dazukamen, machten sie genau dasselbe Gesicht.

Niemand zeigte ein Lächeln – die Ärzte nicht, die Schwestern nicht, meine Familie nicht. *Nun gut,* dachte ich, *ich werde also heute Abend nicht nach Hause gehen können. Ich werde wohl für eine Weile hier sein.*

In manchen Situationen legt Gott einen Schutzwall um uns, sodass wir eine schreckliche Realität nicht sofort erfassen können. Außerdem hatte ich starke Medikamente bekommen und dämmerte zwischenzeitlich immer wieder einmal weg.

Inzwischen war Mike in seinem Büro in Denver angekommen. Alles sah für ihn wie ein ganz normaler Arbeitstag aus. Er war gerade in einer Besprechung, als seine Sekretärin bleich und mit einem ernsten Gesicht das Konferenzzimmer betrat.

»Ihr Vater ist am Apparat.«

»Sagen Sie ihm, ich rufe ihn zurück«, antwortete Mike.

»Nein, er will sofort mit Ihnen sprechen«, insistierte sie.

Ein wenig verdutzt entschuldigte sich Mike und folgte seiner Sekretärin zurück in sein Büro, um das Gespräch entgegenzunehmen.

»Hallo, Dad, was gibt es? Ich bin gerade mitten in einer Besprechung.«

»Es geht um Renée. Sie hatte einen Unfall. Man weiß noch nicht, wie es passiert ist, aber sie hat sich den Hals gebrochen.«

Mehr konnte er nicht sagen. Er fing an zu schluchzen und reichte den Hörer an Sandra, Mikes Mutter weiter. Sie fuhr fort: »Sie liegt auf der Intensivstation und es sieht sehr ernst aus, Mike. Man weiß noch nicht, ob sie es schaffen wird.«

Mike fing heftig an zu weinen. Nachdem er sich wieder beruhigt hatte, gab er die wenigen Informationen, die er hatte, an seine Kollegen weiter. Ich war für sie keine Unbekannte. Sie hatten mich bereits kennen gelernt, als wir in Denver zusammen nach einem Haus gesucht hatten. Mikes Sekretärin hatte von sich aus sofort einen Flug für Mike gebucht und innerhalb von zwei Stunden saß er im Flugzeug nach Kalifornien.

Er war verständlicherweise ebenso verwirrt und geschockt wie ich. Es schien alles so unbegreiflich. Wir hatten doch noch zwei Tage zuvor miteinander getanzt und nun sollte ich gelähmt und in Lebensgefahr sein? Wie war es möglich, dass ich mir einfach so den Hals brach? Er starrte zum Fenster hinaus und musste an die einzige Person denken, die er gekannt hatte und die sich ebenfalls die Halswirbelsäule gebrochen hatte – eine Bekannte aus seiner Schulzeit. Sie war innerhalb von 24 Stunden nach ihrem Unfall gestorben. Er machte sich darauf gefasst, dass auch ich womöglich schon gestorben sein würde, bevor er überhaupt im Krankenhaus eintraf. Der zweieinhalbstündige Flug erschien ihm wie eine Ewigkeit. Am Flughafen in Los Angeles wurde er bereits von seinen Eltern, seinem Bruder Steve und seinem besten Freund erwartet, die ihn ins Krankenhaus begleiteten.

Als Mike dort eintraf, kam er sofort an mein Bett, legte seine Wange an meine und sagte: »Hallo, mein Schatz, ich bin da.«

Ich öffnete die Augen und sah sofort sein breites Lächeln. Es war jedenfalls mit Abstand das glücklichste Gesicht, das ich an jenem Tag zu sehen bekommen hatte. Er brachte für mich den ganzen Raum zum Strahlen.

Ich erwiderte sein Lächeln und flüsterte: »Tja, jetzt brauchen wir uns um gute Parkplätze keine Gedanken mehr zu machen!«

Er lachte laut! Später erzählte er mir, dass er in diesem Moment wusste, dass ich mir zwar den Hals gebrochen hatte, aber dass meine Persönlichkeit ungebrochen war. Ich war noch immer die Renée, die er liebte. Solange wir unseren Humor und unser Vertrauen auf Gott nicht verloren, konnten wir es schaffen.

So sehr ich mich freute, ihn wieder zu sehen, warf doch seine Ankunft erneut bohrende Fragen in mir auf. *Ist Mike nicht gerade gestern erst nach Denver zurückgeflogen? Warum ist er nun schon wieder hier? Weshalb sollte er so viel Geld für einen Flug ausgeben, wo er doch gerade gestern erst abgereist ist? Vermutlich hält auch er die Sache für ernster als sie wirklich ist. Er hätte nicht zu kommen brauchen. Es wäre wirklich nicht nötig gewesen.*

In den ersten beiden Tagen war ich zwischendurch immer wieder bewusstlos. Einmal war ich halb bei Bewusstsein und hörte, wie eine Schwester sagte: »Ach, die Ärmste hat Dr. Palmer als behandelnden Arzt.«

Ich öffnete die Augen und flüsterte: »Was meinen Sie denn damit? Ist Dr. Palmer etwa kein guter Arzt?«

Sie war verblüfft, dass ich sie gehört hatte. »Aber nein, er ist der beste Neurochirurg, den wir hier haben«, versichert sie. »Er ist im Umgang mit den Patienten nur manchmal etwas ruppig – und mit uns auch. Aber er ist ein hervorragender Fachmann. Sie brauchen sich also keine Gedanken zu machen, Sie sind wirklich in den besten Händen.«

Bald strömten Besucher ins Krankenhaus – Freunde, Schüler, Kollegen, Leute aus der Gemeinde. Keiner von ihnen wurde freilich zu mir auf die Intensivstation vorgelassen. Nur Familienangehörige durften kommen und auch sie nur alle zwei Stunden für jeweils zehn Minuten. Weil so viele Besucher kamen, legte Michelle auf einem Notenständer im Warteraum der Intensivstation ein Gästebuch aus. So konnten sie mir ein paar Zeilen hinterlassen. Ich habe das Buch bis heute.

Als ich wieder zu vollem Bewusstsein kam, stellte ich fest, dass ich zwar auf der Intensivstation lag, aber ein Zimmer mit Fenster für mich allein hatte. Mein Hals war noch immer mittels einer so genannten Gardner-Well-Zange in Streckspannung gebracht, die dazu diente, weiteren Schaden an der Wirbelsäule zu verhindern. Außerdem lag ich nicht auf einem normalen Bett, sondern auf einem speziellen Gestell, das *Stryker Frame* genannt wird. Jeder, der dieses Gerät schon einmal am eigenen Leib erlebt hat, wird es sicherlich ebenso fürchten und hassen wie ich.

Der *Stryker* hat zwei Funktionen. Zum einen soll die Wirbelsäule gestreckt werden, zum anderen ist es möglich, den Patienten im Liegen herumzudrehen, damit er sich nicht wund liegt. Wenn ich auf dem Rücken lag, war es nicht schlimm. Es war genauso, als würde ich auf einem normalen Bett liegen. Alle zwei Stunden jedoch drehten mich die Schwestern vorsichtig in Bauchlage, sodass ich mit dem Gesicht nach unter auf den Boden schaute. Mein Gewicht ruhte auf breiten, gepolsterten Riemen, die am Rahmen befestigt waren. Ich konnte die Riemen natürlich nicht spüren und so hatte ich immer das Gefühl, gleich aus dem Bett auf den harten Kachelboden gekippt zu werden und nichts tun zu können, um meinen Sturz abzufangen.

Jedes Mal, wenn ich auf den Bauch gedreht wurde, flippte ich förmlich aus. Ich wusste natürlich vom Verstand her, dass ich unmöglich auf den Boden fallen konnte, aber trotzdem gingen bei mir alle inneren Warnleuchten an. Ich sagte den Schwestern dann immer: »Ich weiß, dass ihr euer Handwerk versteht, aber ich muss euch ehrlich gestehen, dass ich euch nicht voll und ganz vertraue.«

Es war für mich ein solches Trauma, gedreht zu werden, dass ich verlangte, am Tage solle jeweils ein Familienangehöriger dabei sein. Nachts verlangte ich, dass einer der beiden Krankenhausmitarbeiter, die ich aus der Gemeinde kannte, Robert, ein Krankenpfleger, und Oscar, ein Intensivmedizintechniker, anwesend waren, um zu helfen. Selbst mit der Unterstützung durch Familie und Freunde, war es jedes Mal eine pure Folter für mich.

Einmal kroch mein Vater unter den *Stryker* und legte sich auf den Rücken, sodass ich ihn sehen konnte. Er nahm ein Tablett und einen Stift.

»Ich werde jetzt mal eine Zeichnung machen, wie du an dieser Liege festgebunden bist«, erklärte er mir. »Ich weiß, dass du nichts davon spürst, aber da sind wirklich überall Riemen – hier, hier und hier. Und dann gehen hier noch Gurte über Kreuz hinüber. Siehst du Renée, es ist völlig unmöglich, dass du von diesem Ding herunterfällst.«

Das beruhigte mich ein wenig. Ich musste es eben einfach von meinem Dad hören, dem ich in allem vertraute. Zwar war ich immer noch sehr ängstlich, aber dieses traumatische Gefühl der Panik ließ nach dieser Erklärung ein wenig nach. Es war jedoch nicht nur die Angst – ich fühlte mich völlig abartig, wie ein Schwein auf dem Grillspieß.

Manchmal krochen Freunde unter den Rahmen, um mir Gesellschaft zu leisten, wenn ich mit dem Gesicht nach unten lag. Außerdem legte man mir Briefe, Karten und Notizzettel auf den Boden, die ich las, wenn ich auf dem Bauch lag. All das half mir über das monotone Einerlei des kalten Kachelfußbodens hinweg und lenkte mich ein wenig von der Situation ab.

Schon bereits kurze Zeit nach meinem Unfall fing Dr. Palmer Mike einmal im Flur ab, um mit ihm zu sprechen. »Mike«, sagte er. »Ich würde gerne mit Ihnen reden. Sicher sind Sie jetzt sehr verwirrt, angesichts der Dinge, die mit Renée geschehen sind. Es ist auch sehr zu begrüßen, dass Sie sich in diesen ersten Tagen so viel Zeit nehmen, aber Sie sollten wissen, dass es auf die Dauer sehr viel schwerer werden wird. Die Dinge haben sich geändert. Das Leben wird nie wieder so werden, wie früher. Ihre gemeinsame Zukunft wird nicht so sein, wie Sie es sich vorgestellt haben. Renée wird es schwer haben und es kommen damit auch auf Sie sehr harte Zeiten zu.«

Mike dachte über Dr. Palmers Worte nach. *Was will er mir damit sagen? Denkt er vielleicht, ich würde Renée jetzt sitzen lassen? Ich habe doch vor, den Rest meines Lebens mit ihr zu verbringen! Wie sollte ich sie jetzt im Stich lassen, wo sie mich am meisten braucht? Denkt er wirklich, ich würde ihr in den schlimmsten Momenten ihres Lebens einfach so den Laufpass geben?* Dr. Palmers mahnende Anfrage erschien Mike völlig deplaziert. Wie sollte sein Leben einfach so mir nichts dir nichts auf den Kopf gestellt werden? *Bestimmt wird ein Wunder geschehen,* dachte Mike.

Am Mittwoch, gerade zwei Tage nach meiner Einweisung ins Krankenhaus, kamen Jim Krembas und Jim Walsh, meine beiden Schulleiter, zur Türe herein. Angesichts der strengen Regeln war ich ziemlich überrascht, sie auf der Intensivstation zu sehen.

»Hallo!« flüsterte ich. »Wie sind Sie denn am Pflegepersonal vorbeigekommen?«

»Nun, wir haben natürlich ein wenig Überzeugungsarbeit leisten müssen! Der Arzt hat unserem Besuch zugestimmt, damit wir Ihnen *das hier* überbringen können.« Mit einem breiten Lächeln hielten sie eine Plakette hoch, sodass ich die Inschrift lesen konnte:

Lehrerin des Jahres
1987–1988
San Clemente High School
Renée Lacouague

Mir kamen die Tränen. Ich stammelte: »O, das hätten Sie nicht zu tun brauchen. Wirklich nicht!«

»O nein, es ist nicht so, wie Sie vielleicht denken«, versicherten sie mir sogleich. »Die Entscheidung fiel bereits vor zwei Wochen. Darum wollten wir nach Ihrem Unfall auch so schnell zu Ihnen kommen, damit Sie nicht denken, wir hätten Ihnen die Auszeichnung nur aus Mitgefühl gegeben. Sie steht Ihnen zu! Sie haben sie redlich verdient! Herzlichen Glückwunsch!«

Michelle war auf meine Reaktion neugierig gewesen und war dazugekommen. Sie stand am anderen Ende des Raumes und ich konnte sehen, dass ihr Freudentränen die Wangen herunterliefen. Sie wusste, wie dringend ich eine gute Nachricht gebrauchen konnte, und war tief bewegt, dass die Nachricht von meiner Auszeichnung gerade jetzt kam, um mich ein wenig abzulenken.

Ich weinte, während ich versuchte meine Rührung zum Ausdruck zu bringen. Voller Erschöpfung dankte ich den beiden, so gut es eben ging, dass sie mir die Plakette vorbeigebracht hatten und nahm ihnen das Versprechen ab, in meinem Namen alle an der Schule zu grüßen.

Am folgenden Tag operierte mich Dr. Palmer, um einige Wirbel zu versteifen und meinen Hals so zu stabilisieren, dass er meinen Kopf wieder tragen konnte. Deshalb gab es am Abend vor meiner Operation in unserer Gemeinde einen Gebetsgottesdienst für mich. Meine ganze Familie ging hin, bis auf Danny, der bei mir blieb, damit ich nicht alleine war.

An diesem Abend hatte ich ein außergewöhnliches Unterhaltungsprogramm zur Ablenkung. Ohne mein Wissen (praktisch alles geschah in dieser Situation ohne mein Wissen) hatten Jeff Davis und Joe Moros, beide Lehrer an der *San Clemente Highschool*, eine Videokamera mit in die Schule genommen und Kollegen und Schüler gefragt, ob Sie Miss Lacouague etwas sagen wollten. Einige brachten keinen Laut heraus, weil ihnen spontan die Tränen kamen, andere machten Dinge, um mich zum Lachen zu bringen. Den Film hatten sie im Krankenhaus abgegeben und so hatten Danny und ich ein herrliches Abendprogramm. Es tat gut, meine Schüler zu sehen und mich von ihren schrägen Ideen aufmuntern zu lassen. Es war einfach witzig und es war schön, einmal wieder richtig zu lachen.

Nach dem Gottesdienst kam Mike noch vorbei und berichtete, dass die Kirche voll gewesen sei. Um dies richtig schätzen zu können, muss man wissen, dass unsere Kirche etwa 800 Leute fasst. Jemand hatte den Gottesdienst für mich auf Video aufgenommen und als ich mir den Film einige Wochen später anschaute, fühlte ich mich ein wenig wie Tom Sawyer, der seiner eigenen Beerdigung zuschaut! Ich war hoch erfreut, als ich Dutzende meiner Schüler sah, von denen vermutlich einige noch nie eine Kirche von innen gesehen hatten. Ich war umso mehr überrascht, da der Gottesdienst am Abend stattfand. Das heißt, sie waren nicht nur deshalb gekommen, weil sie dafür vom Unterricht freigestellt wurden!

Die Operation dauerte insgesamt fünf Stunden. Mein Hals wurde entlang der Halswirbelsäule auf einer Länge von knapp 20 cm aufgeschnitten. Dr. Palmer entfernte das zertrümmerte

Knochenfragment und verankerte an seiner Stelle Metallstützen. Um die Metallstützen herum implantierte er Knochenstücke, die er meiner Hüfte entnahm. Die Knochenimplantate würden nach und nach mit den umliegenden Wirbeln verwachsen und zusammen ein versteiftes Stück Wirbelsäule bilden, das meinen Kopf zu tragen vermochte.

Nach der Operation wurde ich auf die Intensivstation zurückgebracht und wieder in den *Stryker* gelegt. Am nächsten Morgen kam Dr. Palmer zusammen mit Randy, dem Orthopädietechniker, herein, der ein verchromtes Metallgestell mitbrachte, das so aussah, als ob es von einem fremden Planeten stammte. Er sagte, das Gerät würde *Heiligenschein* genannt und diene dazu, die gebrochene Halswirbelsäule in Spannung zu bringen und so zu fixieren, dass die Wirbelkörper in der richtigen Stellung verheilten.

Dann erklärte er mir, was sie vorhatten: »Zuerst werden wir Ihnen eine örtliche Betäubung geben, damit es nicht wehtut. Dann werden wir vier Aufhängungen durch Ihre Kopfhaut hindurch an der Schädeldecke befestigen, jeweils zwei an der Stirn und am Hinterkopf. Dann werden wir den Ring mit Hilfe der Schrauben an Ihrem Schädel festschrauben. Im Anschluss daran werden wir Sie aufrichten und eine harte Schalenweste um Ihren Oberkörper herum anlegen. Daran werden wir den Metallring mit vier langen Stahlstäben fixieren.«

Da ich jedes Mal, wenn jemand mich bewegen wollte, in Panik geriet, weil natürlich jede Bewegung Schmerzen bedeutete, versuchte ich die bedrohliche Situation mit Humor anzugehen: »Sie dürfen das nur mit mir machen, wenn Sie Ihre beiden kräftigsten und gut aussehendsten Pfleger mitbringen«, scherzte ich.

Sofort verließ Randy mein Zimmer und kam nach einer Viertelstunde mit zwei wahren Schränken von Pflegern wieder.

Ich musste lachen: »Ich denke, die sind in Ordnung.«

Zunächst bekam ich Injektionen mit Lidocain zur örtlichen Betäubung. Als dann die Ärzte anfingen, meine Kopfhaut mit Alkohol abzutupfen, wusste ich, dass es losging. Hinter mir konnte ich hören, wie Dr. Palmer mit seinem französischen Akzent Anweisungen gab.

Um mich abzulenken griff ich zu meinem altbewährten Mittel gegen die Angst – ich sang aus voller Kehle, wobei freilich nur ein

Flüstern herauskam: »The hills are alive with the sound of music ...« (Aus dem Musical: Sound of Music – Die Trapp Familie)

Sie unterbrachen ihre Arbeit und lachten. »Also, ich kann mich nicht erinnern, dass uns jemals ein Patient etwas vorgesungen hat, aber singen Sie ruhig weiter! Es hört sich prima an.«

Die Injektionen waren abgeschlossen und Randy erklärte mir: »So, nun werden wir die Schrauben anbringen.«

Ich sang weiter: »With songs they have sung for a thousand years ...«

Wann immer sie mir ihren nächsten Arbeitsschritt erklären wollten, mussten sie mich entweder unterbrechen oder übertönen: »Jetzt werden wir anfangen, das Gestell zusammenzubauen. Wenn wir es zusammenschrauben, werden Sie ab und zu ein metallisches Klicken hören und ein paar Vibrationen spüren. Aber seien Sie nicht beunruhigt, das sind nur die Metallteile am Rahmen. Es klingt vielleicht ein bisschen sonderbar, aber es wird nicht wehtun.«

Ich war mir nicht ganz sicher, ob ich ihnen glauben konnte, deshalb sang ich weiter: »The hills fill my heart with the sound of music. My heart wants to sing every song it hears.«

Ich war einen Moment lang still, dann traute ich mich, die Frage zu stellen, die mich mit am meisten beschäftigte: »Dr. Palmer, meine Stimme ist so jämmerlich schwach. Wird sich das jemals wieder ändern?«

»Ihre Intercostalmuskeln sind gelähmt. Die meisten Menschen mit Ihrem Ausmaß an Schädigung haben Mühe, mit normaler Lautstärke zu sprechen. Ich glaube nicht, dass Sie wieder werden singen können.«

»Danke *vielmals* für die Auskunft«, sagte ich voller Sarkasmus.

»Ich möchte Ihnen lediglich helfen, den Realitäten ins Auge zu sehen«, erwiderte er.

Die Ringkonstruktion um meinen Kopf hatte vorne und hinten jeweils zwei Metallstäbe, die an einer Art Korsett befestigt wurden, das ich am Brustkorb trug. Ich fühlte mich wie ein Roboter. Das Gute war, dass ich dadurch nicht mehr in den *Stryker* hinein musste, sondern in einem normalen Bett liegen konnte. Der *Heiligenschein*, den ich nun trug, brachte jedoch wieder andere Probleme mit sich. Wenn ich lag, also etwa 99 Prozent der Zeit, dann ruhte mein Kopf nicht auf einem Kissen, sondern wurde von den

Metallstreben vorne und hinten praktisch in der Schwebe gehalten. Dadurch hatte ich große Mühe zu schlafen, weil ich mich nicht in mein Kissen einkuscheln konnte. Alles, was ich spürte, waren mein Kopf und meine Schultern und selbst diese hingen quasi in der Luft.

Am schlimmsten waren die Nächte. Am Tag kamen Besucher, Ärzte und Pflegepersonal, um nach mir zu sehen, und es war nahezu ständig etwas los. Nachts jedoch wurde es still und ich war allein – vollkommen allein. Das Metallgestell machte es mir unmöglich, eine bequeme Position zu finden, und so lag ich wach. Ich war völlig erschöpft und ich wusste, dass ich dringend Schlaf brauchte, aber jedes Mal, wenn ich gerade dabei war, einzudämmern, machte es DING! und ich war wieder hellwach. Vielleicht war es auch eine unbewusste Angst vor dem Schlafen, die mich wach hielt – *wer weiß, was dieses Mal passiert, wenn ich einschlafe!*

Sonderbarerweise lag ich nicht da und grübelte darüber nach, was nun aus mir werden würde, oder wer sich um mich kümmern sollte, so sehr diese Fragen auch eigentlich auf der Hand gelegen hätten. Ich betete einfach immer wieder: »Herr, hilf mir, diese Nacht zu überstehen.« Doch obwohl ich Schlafmittel bekam und alles tat, um irgendwie zu entspannen, wurde Schlaflosigkeit zu einem echten Problem.

Viele, die von meinen Schlafschwierigkeiten hörten, versuchten mir irgendwie zu helfen. Meine Freundin Debbie brachte mir einen kuscheligen Teddybär und versuchte ihn zwischen das Metallgestell und meine Wange zu klemmen, damit es sich schön weich anfühlte. Robert und Oscar, die beiden Krankenhausmitarbeiter, nach denen ich immer verlangt hatte, wenn ich im *Stryker* herumgedreht werden sollte, arbeiteten weiterhin im Nachtdienst. Sie kamen häufig vorbei, um mir Gesellschaft zu leisten, vor allem während ihrer Pausen. Robert streichelte mir oft übers Haar, so als wäre ich ein Kind, um mir beim Einschlafen zu helfen. Manchmal funktionierte es, manchmal nicht, aber ich werde ihm seine liebevolle Hilfe niemals vergessen.

Scheinbar erreichte die Kunde von meinen Schlafschwierigkeiten auch meine Schüler. Eines Tages hörte ich draußen am Fenster eine vertraute Stimme. »Miss Lacouague? Miss Lacouague!«

»Cameron? Bist du das?«, fragte ich überrascht.

»Ja, ich bin's.«

Ich musste lachen. »Was machst du denn um diese Zeit noch da draußen? Es ist spät!«

»Ich habe heute in der Schule ein paar gute Witze gehört und ich dachte mir, die würden Ihnen auch gefallen. Die wollte ich Ihnen erzählen.«

»Cameron, du bist echt verrückt! Aber nur zu, ein paar gute Witze könnte ich jetzt gebrauchen!«

Schon bald lachten und schwatzten wir miteinander. Cameron saß draußen vor dem Fenster und ich lag drinnen flach auf meinem Rücken in meinem Bett. Er kam oft abends vorbei, um mir Gesellschaft zu leisten. Manchmal brachte er eine Zeitung mit, um mir Artikel vorzulesen, von denen er dachte, sie würden mich vielleicht interessieren. Außerdem hielt er mich über die neuesten Neuigkeiten aus der Schule auf dem Laufenden.

Eines Nachmittags kam Scott Wyatt mit ein paar Freunden hereingeplatzt.

»Hallo, Miss Lacouague! Wie geht es Ihnen?«, rief er lautstark, dann fuhr er flüsternd fort: »Ich habe etwas mitgebracht, das ich Ihnen zeigen wollte.«

Während seine Freunde an der Tür Wache hielten, holte Scott seinen kleinen Golden Retriever Welpen aus der Tasche und machte uns in aller Form miteinander bekannt: »Miss Lacouage, darf ich vorstellen? Das ist Joey. Joey, sag Hallo zu Miss Lacouague!«

Ich konnte mich kaum halten, als ich den quirligen kleinen blinden Passagier erblickte. Scott hielt ihn mir an die Wange und er leckte mich ab. Leider konnte ich mir die Hundeküsse nicht abwischen! Es war ein Mordsspaß. Meine Schüler hatten ein nahezu unerschöpfliches Repertoire an Ideen, wie sie mich aufmuntern konnten und so wusste ich nie, wer als nächstes zur Tür hereinkommen würde!

Während meiner Zeit im Krankenhaus habe ich unheimlich viel Zuwendung bekommen. Überall standen Geschenke von meinen Eltern, von Freunden, Verwandten, Kollegen und Schülern. Mein Zimmer sah wie ein Laden aus. Eines Tages steckte ein Pflegehelfer den Kopf herein, als gerade eine Gruppe von Schülern um mein Bett herum versammelt war und wir alle lachten und Geschichten erzählten.

»Ich wollte doch einfach mal sehen, welcher prominente Patient hier in diesem Zimmer liegt«, sagte er. »Ich habe noch nie erlebt, dass sich ein solcher Strom von Besuchern in ein einziges Krankenzimmer ergießt. Und dann die vielen Blumen, die Sie bekommen. Die Schwestern und Krankenhausboten wissen Ihre Zimmernummer schon auswendig, weil sie Tag für Tag mehrmals danach gefragt werden. Ihr Zimmer sieht ja wirklich toll aus.«

Zwei Wochen lang lag ich völlig bewegungslos da. Nun war es Zeit, mein erstes Kunststück zu lernen. Ich musste mich wieder daran gewöhnen, aufrecht zu sitzen. Das nächste Folterwerkzeug, mit dem ich es zu tun bekam, war der Herz-Kreislaufstuhl.

Dr. Palmer warnte mich, dass das Ganze seine Zeit brauchen würde. »Sie müssen Geduld mit sich haben, Renée«, sagte er. »Es kann sehr gut sein, dass es Ihnen am Anfang schwindelig und übel wird.«

Ein Krankengymnast hievte mich gemeinsam mit einer Krankenschwester in den Herz-Kreislaufstuhl. Zunächst lag ich flach auf dem Rücken. Ich war schlaff wie eine Stoffpuppe und hätte im Handumdrehen seitlich herunterfallen können. So mussten sie mich am Stuhl festschnallen – an Brust, Hüfte und Beinen. Zu diesem Zeitpunkt hasste ich Bewegungen, weil jede Bewegung mit Schmerzen verbunden war.

Dann nahm der *Spaß* seinen Lauf. Mein Oberkörper wurde in einen 45-Grad-Winkel heraufgekurbelt. Dann schauten wir, ob sich der Blutdruck auf die neue Lage einstellte. Wenn es funktionierte, warteten meine Helfer einen Augenblick. Danach senkten sie meine Unterschenkel ab, ebenfalls um 45 Grad, und warteten wieder einen Moment, was geschah. Sobald mein Oberkörper aufgerichtet und meine Füße abgesenkt waren, versackte das Blut in meinen Beinen, weil mein Körper zu schwach war, um es wieder nach oben zu pumpen. Wenn dies geschah, wurde mir entweder schlecht, oder ich wurde ohnmächtig. Deshalb brachten sie mich beim ersten Anzeichen von Unwohlsein wieder in eine waagerechte Position und ließen mich eine Weile ruhen. Danach begann das Ganze wieder von vorne. Wenn ich die aufrechte Position vertrug, kurbelten wir den Oberkörper noch eine Stufe weiter hinauf und die Beine noch eine Stufe weiter hinunter. Es war sehr ernüchternd für mich, zu erleben, wie schwierig es war, einfach nur wieder in eine sitzende Position zu kommen – etwas, was jeder normale Mensch tut, ohne überhaupt darüber nachzudenken.

Um mich ein wenig aufzumuntern, fuhr mich Michelle eines Nachmittags mit dem Herz-Kreislaufstuhl spazieren. Es war für mich das erste Mal seit dem Unfall, dass ich wieder aus meinem Krankenzimmer herauskam.

»Wohin möchtest du gerne?«, fragte sie, als ob es im Krankenhaus viele aufregende Alternativen gegeben hätte.

»In die Kapelle«, sagte ich.

Also machten wir uns auf den Weg. Michelle schob mich vor sich her. Selbst ein wenig aufrecht zu sitzen, war noch immer eine große Anstrengung, aber zunächst ging es. Dann jedoch wurde mein Körper zusehends erschöpfter. Mir wurde plötzlich schwarz vor Augen und ich fühlte, wie ich ohnmächtig wurde.

»Michelle! Michelle!«, versuchte ich zu rufen. Nach wie vor war ein mattes Flüstern alles, was ich hervorbrachte und ich konnte natürlich auch nicht mit dem Arm winken oder sonst irgendwie auf mich aufmerksam machen. »Michelle! Michelle!« Endlich hörte sie mich. »Ich glaube, ich ... Ich glau–«

Sie rief sofort eine Schwester herbei. Gemeinsam senkten sie den Stuhl in die waagerechte Position, gerade dort auf dem Flur, wo wir waren und jeder, der vorbeikam, es sehen konnte. Wenn man schon ohnmächtig werden muss, dann bitte in aller Öffentlichkeit, mit möglichst viel Tamtam! Und sobald ich lag, kam ich wieder zu mir.

Dr. Palmers Worte klangen mir in den Ohren, fast hämisch: »Es wird seine Zeit brauchen.«

Auch zum Baden wurde ich in den Herz-Kreislaufstuhl gesetzt. Ich hasste es, so nackt auf dem Präsentierteller zu liegen. Es war fast ein wenig wie eine Vergewaltigung. Ich musste mich daran gewöhnen, von nun an nicht mehr das Privileg einer Intimsphäre für mich beanspruchen zu können. Die Dusche war die erste Konfrontation mit der Frage, wie das Leben für mich außerhalb des Krankenhauses weitergehen sollte. Würde eine einfache Dusche künftig immer den ganzen Morgen dauern? Würde ich in Zukunft ständig Hilfe benötigen, um zur Toilette zu gehen, die Haare zu frisieren und mich anzuziehen? Gäbe es nie wieder eine Privatsphäre für mich?

Eines Morgens, als ich gerade wieder einmal dabei war, diese tonnenschweren Lasten in meiner Seele hin und her zu bewegen, kam Vicki, Danny's Frau, herein. Vicki ist eine stille Person, die sehr sensibel und feinfühlig wahrnimmt, was um sie herum vor sich geht.

»Wie geht es dir heute, mein Liebes?« fragte sie.

»Ach ... es geht so!« Doch da kamen mir schon die Tränen. »Vicki, ich habe Angst. Könntest du für mich beten?«

»Jetzt gleich?«, fragte sie.

»Ja, bitte«, sagte ich mit einem Seufzen. »Bitte bete, dass ich wieder singen kann.«

»Soll ich denn nicht beten, dass du auch wieder laufen oder deine Arme und Hände gebrauchen kannst?«

»Na klar, das auch«, antwortete ich. »Ich habe nur Angst, dass ich nie wieder in der Lage sein werde, überhaupt irgendetwas zu machen.«

Vicki begann für mich zu beten. In diesem Moment war uns beiden ganz klar, dass es nicht nur leere Worte waren. Sie sprach mit jemandem – und dieser Jemand war Gott: »O Herr. Wir kommen zu dir, mit schwerem Herzen. Aber wir wissen, dass du allmächtig bist ...«

Während Vicki betete, spürte ich, dass meine Ängste und Sorgen leichter wurden. Gebet kann selbst ein kaltes Krankenhauszimmer in einen Ort des Friedens verwandeln. Je länger sie betete, desto mehr konnte ich mich entspannen.

Mittlerweile hatten Mike, Denise und Beverly, eine Intensivschwester, der ich besonders ans Herz gewachsen war, damit begonnen, die Reha-Einrichtungen in der Umgebung abzuklappern, um herauszufinden, welche davon am besten für mich geeignet wäre. Wie erstaunlich, dass Beverly bereitwillig ihre freien Tage dafür opferte! Sie entschieden sich für die *Beverly Hills Spinal Cord Injury Unit.* Dort sollte ich viele Monate mit Krankengymnastik verbringen.

Am Donnerstagnachmittag, vier Tage bevor ich verlegt werden sollte, döste ich vor mich hin. Ich wachte auf und hatte das Gefühl, dass jemand mich anstarrte. Ich drehte meine Augen nach rechts hinüber und da stand Dr. Palmer in seiner grünen Krankenhauskleidung mit verschränkten Armen ans Fenster gelehnt und schaute zu mir herüber.

»Hallo!«, sagte ich ein wenig perplex.

»Hallo«, erwiderte er still meinen Gruß ohne die Augen abzuwenden. Er war irgendwie anders als sonst. Sein starrer Blick machte mich unruhig und so wandte ich meine Augen ab. Mehrmals in kurzer Folge schaute ich zu ihm hin und wieder weg, er jedoch stand immer noch unverändert da und starrte. Warum schaute er mich so an? Schließlich tat ich nichts, was sonderlich interessant gewesen wäre!

»Ich habe irgendwie den Eindruck, dass Sie etwas loswerden möchten«, sagte ich, um das Schweigen zu brechen.

»Ich wünschte, ich könnte mehr für Sie tun!«, sagte er ganz ohne Umschweife.

Ich grinste: »Das wünschte ich auch, aber es geht nun einmal nicht!« Sonderbarerweise hatte ich das Gefühl, ihm Mut zusprechen zu müssen. Ganz offensichtlich machte ihm die Konfrontation mit den Grenzen seiner medizinischen Möglichkeiten sehr zu schaffen.

»Ich wollte mich von Ihnen verabschieden«, sagte er.

Auf einmal fühlte ich mich ganz leer. »Warum? Ich werde doch erst am Montag nach Long Beach verlegt.«

»Ich muss gleich morgen früh zu einem Seminar nach San Francisco. Wenn ich wiederkomme, sind Sie schon weg.«

»Tja, ... das ist schon ein wenig beunruhigend.«

»Long Beach ist eines der besten Reha-Krankenhäuser im ganzen Land. Sie sind dort in den allerbesten Händen.«

»Sie werden mir sehr fehlen. Sobald ich einen Schimmer habe, wie ich wieder schreiben kann, sind Sie der Erste, der eine Karte bekommt.«

Er kam herüber an mein Bett und legte seine Hand auf meine Schulter. »Sie sind ganz ohne Zweifel eine bemerkenswerte junge Frau. Sie sind ein Mensch, der von vielen geliebt wird. Ich wünschte, ich könnte mehr tun, für Sie und für all die Menschen, die Sie so sehr lieben!«

Es war schon etwas Besonderes, so etwas aus dem Munde eines Arztes zu hören, dem der Ruf vorauseilte, ein ruppiges Benehmen am Krankenbett zu haben!

»Wenn Mike und ich heiraten, dann schicke ich Ihnen eine Einladung. Ich reserviere Ihnen sogar einen Platz in der ersten Reihe.«

»O ja, tun Sie das!«, sagte er halb lächelnd. Dann drehte er sich um und verließ den Raum.

Nun war ich vollkommen hilflos. Er war meine Lebensader, meine Sicherheit gewesen. Ihm hatte ich ganz und gar vertraut, dass er mich heilen würde. Seine Hände waren die einzigen, die zu mir herunterreichen konnten, um mich aus dem Abgrund, in den ich gefallen war, herauszuholen. Und nun ging er einfach zur Tür hinaus und verschwand aus meinem Leben. Auf wen sollte ich nun meine Hoffnung setzen? Ohne ihn fühlte ich mich auf einmal unsäglich schutzlos und verlassen.

Zeit, die Scherben aufzulesen

Denise begleitete mich im Krankenwagen auf der Fahrt vom Krankenhaus zum *Long Beach Memorial Hospital,* der Reha-Klinik. Es war ein komisches Gefühl, die Sicherheit der gewohnten Umgebung und der vertrauten Helfer hinter mir zu lassen und mich in völlig neue Hände zu begeben. Vom Verstand her wusste ich, dass das Personal in der Reha-Klinik sehr wohl imstande war, für mich zu sorgen, aber dennoch hatte ich große Angst. Ich fühlte mich wie ein Fallschirmspringer an der geöffneten Tür des Flugzeuges vor dem Absprung.

Die Fahrt auf der Autobahn nach Long Beach dauerte etwa 45 Minuten. Es war ein wunderschöner Junitag und ich genoss die Sonne und den blauen Himmel. Der dichte Verkehr auf der Autobahn erinnerte mich daran, dass das Leben hier draußen ganz normal weiterging.

Als wir ankamen, rollte mich der Krankenhausbote in die Aufnahme, und die Schwestern begannen mit der üblichen Aufnahmeprozedur. Einige der Informationen konnten sie direkt meinen Überweisungspapieren entnehmen.

»Alter? 21. Anschrift? 30395 Avenida del Toro. Gewicht? 57,5 Kilo.«

»O, 57,5 Kilo«, flüsterte ich von der Trage. »Das ist ja prima. Dann habe ich also endlich das Gewicht erreicht, das ich damals für meinen Führerschein angegeben habe.«

Die Schwestern lachten.

Meine Familie packte die ganze Geschenkboutique aus meinem bisherigen Krankenzimmer zusammen und baute sie in meinem neuen Domizil originalgetreu wieder auf. Es war ein ganzer Tag Arbeit. Da waren Kisten zu schleppen, Poster aufzuhängen, Blumensträuße aufzustellen und Kissen und Stofftiere zu positionieren. Am Ende hatten sie mein Zimmer so freundlich hergerichtet, wie es bei einem Krankenzimmer nur eben möglich ist. Das war auch gut so, denn hier sollte ich die nächsten fünf Monate zubringen.

Das Pflegepersonal war sehr freundlich und es war eine gute Atmosphäre in der gesamten Klinik, was mir half, den nächsten Monaten entspannt entgegenzusehen. Ich freute mich darauf, mich endlich an die Arbeit machen zu können, denn ich war davon überzeugt, dass Krankengymnastik mein Weg zurück in die Selbstständigkeit sein würde. Ich wollte endlich wieder laufen können, ohne Hilfe essen, mich alleine anziehen, meinen Namen schreiben, mir die Haare kämmen, die Zähne putzen, alleine auf die Toilette gehen und all die anderen Dinge tun, die normalerweise ganz selbstverständlich sind. Ich war mir sicher, dass ich alles erreichen konnte, wenn ich nur hart genug arbeiten würde, und dass diese Lähmung, so schwer sie auch war, nicht von Dauer sein würde.

Das Therapieprogramm begann. Ein typischer Tag fing um 8:00 Uhr mit dem Frühstück an. Danach wurde ich angezogen. Um 9:00 Uhr saß ich im Rollstuhl – welch hehre Tat – und wurde den Gang entlang zum Gymnastiksaal gebracht. Meine Krankengymnastin war Therese Vernon, ein Geschenk Gottes an mich – daran kann überhaupt kein Zweifel sein. Sie war einfach eine absolute Frohnatur. Angesichts meines Zustands konnte ich auch wirklich jemanden gebrauchen, der mich zum Lachen brachte. Und das tat sie reichlich! Zugleich nahm sie mich jedoch therapeutisch hart ran.

Sie schob meinen Rollstuhl seitlich an eine etwa drei Mal drei Meter große Matte heran, die auf einem etwa 60 cm hohen Podest lag. Dann wuchtete sie mich auf die Matte hinüber. Eine Übung bestand darin, dass Therese meine Füße flach auf den Boden aufsetzte und mich dann in einer sitzenden Position gerade aufrichtete. Sie nahm meine Arme und richtete mich so aus, dass mein Oberkörper nach hinten geneigt auf den ausgestreckten Armen ruhte. Anhand dieser Übung sollte ich lernen, meinen Körper im Sitzen auszubalancieren. Es war sonderbar, auf meinem Hintern zu sitzen, ohne ihn zu spüren und mich dabei mit meinen völlig tauben Armen abzustützen.

Auch musste ich lernen, wo der Schwerpunkt meines Kopfes ist. Ein Kopf ist schwer und wenn meiner zu einer Seite hin geneigt war, kippte gleich mein ganzer Oberkörper in diese Richtung. War ich erst einmal aus dem Gleichgewicht geraten, dann fiel ich einfach um, weil ich keinerlei Muskeln hatte, um mich wieder aufzurichten. Natürlich war Therese immer direkt neben mir, um mich abzufangen.

Die einzige Region an meinem Oberkörper, die ich bewegen konnte, war die Schulterpartie. So übte ich es, die Schultern zu heben, buchstäblich tausende von Malen, während Therese Gegendruck ausübte.

Eine andere Übung bestand darin, dass die Reha-Mitarbeiter meinen Rollstuhl in einen speziellen Rahmen hineinstellten, mir eine Sitzschlinge unter mein Gesäß schoben und mich mit einer Winde langsam hochkurbelten, bis ich mich in einer stehenden Position befand. Es gab dabei freilich zwei Probleme: Zum einen war ich schlaff wie eine Stoffpuppe, da ich keinerlei Kontrolle über meinen Körper hatte. Deshalb mussten mich meine Helfer festhalten, damit ich nicht umkippte. Das zweite Problem bestand darin, dass ich es nicht gewohnt war, zu stehen. Etwa auf halbem Wege nach oben versackte das Blut in meinen Beinen und mir wurde schwindelig. In solchen Momenten mussten sie mich wieder hinsetzen und einen Moment warten. Dann ging das Ganze von vorne los. Manchmal dauerte es ganze 45 Minuten, bis ich endlich in einer aufrechten Position war. Wenn ich stand, setzten sie meine Ellbogen auf eine Art Tablett auf, das in Hüfthöhe angebracht war, sodass ich mich ein wenig abstützen konnte. Es fühlte sich sonderbar an, so zu stehen, denn alles war schlaff und kraftlos.

Eines Tages kam Mike gerade in einem solchen Augenblick herein. »Hey, Schatz, du stehst ja!«, rief er ganz erfreut aus.

Ich begann darauf mit fiepsiger Stimme zu singen: »Don't cry for me Argentina. The truth is I never left you ...« – das Lied aus *Evita*, das Eva Peron singt, als sie am Ende schwer krank ist.

Mike lachte und es wurde zu einem geflügelten Wort zwischen uns.

Als Nächstes kam die Beschäftigungstherapie. Man setzte mir einen Apparat auf den Kopf, von dem auf beiden Seiten Schnüre ausgingen, an deren anderem Ende jeweils eine Vorrichtung befestigt war, in die man meine Hände hineinlegte. Ich sollte es lernen, meine Schultermuskulatur zu gebrauchen, um meine Arme zu dirigieren. Meine Gliedmaßen schwangen daraufhin wild und unkontrolliert umher.

Ich lachte und sang im Flüsterton das Lied von *Pinocchio:* »I got no strings to tie me down« (*Mich halten keine Fäden fest*).

Ich glaube, die Musik half mir, die ganze Situation etwas leichter zu nehmen und nicht hemmungslos in Tränen auszubrechen.

Als ich wieder einmal dieses Gerät angelegt hatte, schnallte die Beschäftigungstherapeutin einen Stifthalter mit Stift an meinem Handgelenk fest, legte ein leeres Blatt Papier vor mir auf den Tisch und sagte: »So, Renée, jetzt versuchen Sie mal, etwas aufs Papier zu bringen – einen Strich, auch wenn es nur Gekritzel ist. Setzen Sie einfach den Stift in Bewegung.«

Dies war eine der Situationen, in denen mir zum ersten Mal richtig klar wurde, wie es wirklich um mich bestellt war. Ich hatte überhaupt keine Kontrolle über meine Unterarme. Da war auch nicht die Spur von Spannkraft in meinen Muskeln, die es mir ermöglicht hätte, genug Druck auszuüben, um wenigstens einen Strich zu machen, geschweige denn, den Stift in eine bestimmte Richtung zu dirigieren.

Tränen liefen mir die Wangen hinunter und ich meinte: »Ich kann noch nicht einmal mehr meinen Namen schreiben!« Doch nach einigen Minuten hatte ich mich wieder gefangen und sagte zur Therapeutin: »Machen wir weiter! Machen wir einfach weiter!«

An einem anderen Tag legte die Beschäftigungstherapeutin einen Keks in meinen Schrifthalter und gab mir die Anweisung, ihn zu essen. Während ich mich bemühte, den Keks zum Mund zu führen, stockte ich plötzlich. Diese Szene hatte ich doch irgendwo schon einmal gesehen. War es vielleicht in einem Traum gewesen? Während ich darüber nachdachte, fiel es mir auf einmal wieder ein. Im Alter von dreizehn Jahren hatte ich einen Film gesehen. Ich war nachmittags allein zu Hause gewesen, und es wurde damals der Film »*The Other Side of the Mountain*« (Die andere Seite des Berges) im Fernsehen gezeigt. Dieser Film erzählte die wahre Geschichte von Jill Kinmont, einer Olympia-Skiläuferin, die sich bei einem Skiunfall die Halswirbelsäule gebrochen hatte. Sie saß in ihrem Rollstuhl im Krankenhaus und versuchte Kartoffelchips aus einer Schüssel auf ihrem Schoß zum Mund zu führen. Als sie das Meisterstück endlich vollbracht hatte, schaute sie voller Stolz zu ihrem Verlobten hinüber und wartete darauf, von ihm gelobt zu werden.

Er jedoch schaute sie nur völlig entsetzt an und sagte: »Und ich dachte, du wolltest mir vorführen, dass du wieder laufen kannst.«

»Ich werde nie wieder laufen«, gestand sie ihm und sich selbst in diesem Moment widerwillig ein.

Daraufhin ging ihr Verlobter hinaus und kam nie wieder zurück. Ich konnte mich gut daran erinnern, wie ich an jenem Nachmittag auf dem Sofa gesessen und bittere Tränen vergossen hatte, weil diese Situation so tragisch und aussichtslos gewesen war. Ich weinte für diese Frau, deren viel versprechende Zukunft solch ein jähes Ende genommen hatte. Es schien so ungerecht.

O nein!, dachte ich. *Ich bin ja in derselben Situation wie Jill Kinmont!* Die Erkenntnis traf mich wie ein Backstein, der auf eine Windschutzscheibe kracht. Wie hätte ich damals ahnen können, dass mich einmal dasselbe Schicksal ereilen würde. Ich war fix und fertig.

Die Alltagsroutine an der Klinik ging weiter. Die Therapie bestand aus einer Reihe von Abläufen, die sich monoton wiederholten. Alles, was unterhalb meiner Schultern lag, war gefühl- und bewegungslos. Es gab also nur wenig, was ich machen konnte. Die wenigen Übungen aber, die ich konnte, wiederholte ich immer und immer wieder, zum Beispiel zweihundert Mal hintereinander die Schultern hochzuziehen.

»Gut!«, sagte die Krankengymnastin. »Nun lassen Sie uns noch 25 mehr versuchen.«

Oft hörte ich die Stimme von Dr. Palmer mit seinem französischen Akzent: »*Sie werden nie wieder laufen können, Sie werden nie wieder singen und Sie werden nie wieder Ihre Hände gebrauchen können.*«

Warum also tue ich das alles?, überlegte ich. *Es ändert ja doch nichts. Warum mühe ich mich hier ab, wenn ich am Ende doch nicht das erreiche, worauf es mir wirklich ankommt?* Doch irgendwann besonn ich mich wieder und dachte: *Nein, ich darf mich einfach nicht aufgeben. Wenn die Krankengymnastin sagt, dass es gut für mich ist, die Schultern noch 25mal zu heben, dann wird das so gemacht!* Insgeheim hoffte ich natürlich immer noch, doch irgendwann wieder laufen zu können. Wieder laufen zu können, war für mich gleichbedeutend damit, die volle Kontrolle über meinen Körper zu haben.

Ich hatte immer noch Mühe damit zu begreifen, wie ich aus einem ganz normalen Bett fallen und dann so enden konnte. Wäre ich mit einem 40 Tonnen schweren Sattelschlepper kollidiert, hätte ich das Ausmaß meiner Verletzungen ja noch verstehen können, aber wie war es möglich, aus einem Bett auf den weichen Teppichboden zu fallen und sich dabei eine Querschnittslähmung zuzuziehen? Es passte einfach nicht. Ich verleugnete meine Lage noch immer.

Nach dem Mittagessen stand jeden Tag Freizeitgestaltung auf dem Plan. Anfangs erschien mir dieser Aspekt der Therapie als eine reine Zeitverschwendung. Ich konnte die Notwendigkeit wohl einsehen – wir sollten lernen, Dinge zu tun, um uns wohlzufühlen –, aber ich persönlich hätte lieber volle acht Stunden Krankengymnastik und Beschäftigungstherapie gemacht, denn davon erhoffte ich mir meine Genesung. Aber ich war eine Musterpatientin und tat, was man mir sagte. Schließlich waren meine Therapeuten ja Fachleute, die wissen mussten, was gut für mich ist.

Neben der physischen Therapie hatten wir außerdem psychologische Gruppentherapie, in der sich die Teilnehmer mit ihrer jeweiligen Geschichte kennen lernten: Julie zum Beispiel hatte ihrem Freund gesagt, dass sie ihn nicht heiraten wollte. Ein paar Stunden später war er mit einer Pistole bei ihr zu Hause eingedrungen, hatte zuerst auf sie geschossen und danach versucht, sich selbst zu erschießen. Sie beide hatten es überlebt, er war inzwischen wieder aus dem Gefängnis entlassen, und sie war nun querschnittsgelähmt und dazu verdammt, den Rest ihres Lebens im Rollstuhl zu sitzen. Heute ist Julie Staatsanwältin in Long Beach.

Eldon war ein echtes Original. Als Mike, Denise und Beverly, meine frühere Intensivschwester, auf der Suche nach dem besten Reha-Krankenhaus die Klinik hier in Long Beach besichtigt hatten, hatte Eldon eine Lichterkette um seinen *Heiligenschein* gewickelt gehabt. Die Begegnung mit ihm hatte sich den Dreien sehr nachhaltig eingeprägt. Er hatte sich den Hals bei einem Motorradunfall gebrochen. Obwohl Eldon eine sehr sensible und ernste Seite hatte, konnten wir doch immer auf seine witzigen Ideen zählen, um uns aufzumuntern.

Carl war ein Asiate, der sich diesen Namen erst in den Vereinigten Staaten zugelegt hatte. Es dauerte einige Wochen, bis er endlich mit seiner Geschichte herausrückte. Er war mit seiner Frau zusammen aus Japan immigriert und die beiden hatten in Riverside eine Baumschule aufgemacht. Sie waren beide sehr fleißig und setzten ihre Prioritäten weise. So lebten sie sehr sparsam, um ihren Kindern eine gute Ausbildung zu ermöglichen. Als Carl fünfzig Jahre alt war und seine Kinder das College abgeschlossen hatten, gönnte er sich zum ersten Mal eine kleine Extravaganz und kaufte sich den Sportwagen, von dem er schon sein Leben lang geträumt hatte. Nach einem Jahr gewann jedoch erneut seine praktische Seite die Oberhand und er beschloss, den Wagen zu verkaufen. Er inserierte das Auto in der Zeitung und bekam einen Anruf von einer jungen Frau, die sich als Collegestudentin ausgab und einen Besichtigungstermin mit ihm vereinbarte. Zur verabredeten Zeit klingelte es an der Tür und als Carl öffnete, fielen zwei bewaffnete Männer über ihn her. Sie schleiften ihn und seine Frau ins Schafzimmer, fesselten sie an die Bettpfosten und warfen eine Matratze über sie. Dann eröffneten sie das Feuer auf sie. Seine Frau starb und Carl blieb mit einer Querschnittslähmung zurück. Und das alles nur wegen eines Autos! Die Tränen standen mir in den Augen, nachdem ich seine Geschichte gehört hatte.

Mr. Ho war ein älterer Herr, der am so genannten *Guillain-Barré-Syndrom* litt, einer sehr schmerzhaften Erkrankung des zentralen Nervensystems, die plötzlich und ohne Warnung auftritt. Einmal sah ich Mr. Ho mit schmerzverzerrtem Gesicht in seinem Rollstuhl am Klavier sitzen.

»Sie haben große Schmerzen, nicht wahr?«, fragte ich ihn.

Er brach in Tränen aus. Mr. Ho war Konzertpianist gewesen und so hatten seine Schmerzen nicht nur körperliche sondern auch seelische Gründe. Zusammen saßen wir da und weinten. Die gute Nachricht dabei ist, dass das *Guillain-Barrée-Syndrom* sich irgendwann zurückbildet und die Betroffenen ihre volle Bewegungsfähigkeit wiedererlangen. So wurde auch Mr. Ho nach einiger Zeit wieder ganz gesund.

Einer der traurigsten Fälle war Dr. Richardson, ein Professor an der *University of Southern California*, der seit seiner Jugendzeit an den Beinen gelähmt war. Immerhin war er fähig gewesen, mit dem Auto zu fahren. Eines Tages befand er sich gerade auf dem Lift, der ihn in seinen Kleinbus heben sollte, als dieser kaputt ging. Dadurch fiel Dr. Richardson herunter und zog sich eine schwere Hirnverletzung zu. Da saß nun jener geniale Mann, der schier unüberwindbare Hindernisse bewältigt hatte, und besaß etwa noch die geistigen Fähigkeiten eines Dreijährigen.

In diesem Krankenhaus konnte es einem schon ein wenig anders werden. Direkt neben uns war die Reha-Station für Schlaganfallpatienten. Wo immer man hinschaute, sah man geschundene Körper, Krücken, Rollstühle und alle möglichen anderen Hilfsapparaturen. Ich glaube, dass dieser Anblick besonders Besuchern sehr zu schaffen machte. Wer auch nur eine Spur von Menschlichkeit in sich trug, konnte gar nicht anders empfinden, als Mitleid zu haben. Die Fähigkeit, in der Person dort im Rollstuhl einen Menschen zu sehen, der bis vor gar nicht langer Zeit noch ein ganz normales Leben geführt hat, muss man sich erst im Laufe der Zeit aneignen. Eine kleine Zahl von meinen Freunden konnte es nicht ertragen und blieb weg. Andere kamen zu Besuch, doch sie schauten weder rechts noch links, um die Begegnung mit dem Leid zu vermeiden, das man hier auf Schritt und Tritt sah. Einige jedoch lernten die anderen Patienten nach und nach kennen und schlossen sie ins Herz.

Meine Therapie fand an fünf Tagen in der Woche statt. Am Wochenende hatten wir frei. Eigentlich hatte ich freie Wochenenden immer gemocht, doch nun hasste ich sie, denn in meinen Augen waren sie nur Zeitverschwendung. Ich fürchtete mich davor, dass der Therapieerfolg ausbleiben würde und so hätte ich am liebsten sieben Tag in der Woche geübt, weil mich in meinen Augen jeder Tag Übung dem ersehnten Ziel näher brachte, wieder laufen und zur Normalität zurückkehren zu können. Das Gute war freilich, dass ich an den Wochenenden immer viel Besuch bekam.

Eines der größten Wunder, die Gott inmitten dieser ganzen Situation vollbracht hat, war Mikes Arbeitsstelle. Vor dem Unfall hatte er gerade mal ein paar Monate bei Martin Marietta gearbeitet. Zu jener Zeit befand sich die Rüstungsindustrie gerade in einer Flaute, weshalb die Firma viele Mitarbeiter vorzeitig in Rente schickte und selbst langjährigen Angestellten kündigen musste. Keine guten Aussichten für Mike. Zwei Tage nach meinem Unfall übernahm Mikes Vorgesetzter, Don Petermann, einen Geschäftsbesuch in Los Angeles, den eigentlich Mike hätte machen sollen.

Während er in unserer Nähe war, kam er sogar auf einen kurzen Besuch im Krankenhaus vorbei und dabei versicherte er Mike: »Machen Sie sich keine Gedanken um Ihren Job. Wir halten zu Ihnen.«

Das taten sie wirklich.

Das ist jedoch noch nicht alles. Obwohl die Firma Arbeitsplätze abbaute, schuf sie eine neue Stelle für Mike. Es gab zwei Niederlassungen in Kalifornien, eine im Norden, in Sunnyvale und eine bei uns im Süden, in Long Beach! Hierher wurde Mike versetzt, sodass sein Arbeitsplatz künftig nur wenige Minuten vom Krankenhaus entfernt war. Gott hatte offensichtlich seine Hände im Spiel. Diese Erfahrung führte mir zum ersten Mal vor Augen, dass Gott sich auch um die kleinen praktischen Belange unseres Lebens kümmert.

Durch seine Versetzung war Mike jeden Tag an meiner Seite. Morgens kam er in die Klinik, um mir das Frühstück zu füttern, in der Mittagspause schaute er ebenfalls kurz vorbei und nach der Arbeit kam er wieder. Er lernte, mich zu versorgen und war immer da. Wenn ich niedergeschlagen war, baute er mich auf. Wenn ich einen Wunsch hatte, kümmerte er sich darum. Wenn ich einfach mal meinen Gefühlen Luft machen musste, hatte er Verständnis dafür. Es war nicht immer ein Vergnügen, mich um sich zu haben, und ich war auch keineswegs immer ein schöner Anblick.

Gott wusste, dass wir nahe beieinander sein mussten, wenn wir diese harte Zeit überstehen wollten. Hätte Mike mir von Denver aus am Telefon versichert, dass er mich immer noch liebt, dann hätte ich darauf sicher nicht allzu viel gegeben. Am Telefon sagt sich so manches leicht daher, wenn man nicht wirklich hautnah mit der harten Realität konfrontiert ist. Doch Mike sagte mir nicht nur, dass er mich liebt, er zeigte es mir jeden Tag. Ich konnte an seinen Augen sehen, dass er mich liebte und dass es nicht nur vorgetäuscht war. Er handelte auch nicht nur aus einem Schuldgefühl heraus. Er liebte mich wirklich und ich vertraute seiner Liebe, weil seine Taten mit seinen Worten übereinstimmten.

Auch meine Mutter kam jeden Tag zu mir in die Klinik. Sie musste einfach bei mir sein. Sie goss die Zimmerpflanzen, steckte die Blumensträuße neu, las mir die Post vor, stellte die Grußkarten schön hin und kratzte mir die Nase. Sie war immer da und sorgte für jede Kleinigkeit.

Obwohl Michelle und Denise beide kleine Kinder hatten, wechselten sie sich nachmittags mit Besuchen bei mir ab und in der Regel waren sie die Letzten, die abends nach Hause gingen. Es machte mir nichts aus, wenn andere Besucher sich auf den Heimweg machten, aber Michelle und Denise gehen zu lassen, fiel mir immer schwer. Ich musste jedes Mal weinen, so sehr ich mich auch bemühte, die Tränen zu unterdrücken. Auch ihnen kamen die Tränen, aber sie bemühten sich immer, die Fassung zu wahren, und sich ein Lächeln ins Gesicht zu zaubern, wenn sie mit feuchten Augen zum Abschied winkten. Später gestanden sie mir, wie oft sie den Flur entlanggelaufen waren und gerade noch um die Ecke biegen konnten, bevor sie einfach losgeheult hatten.

»Ich wollte mir das Herz aus der Brust reißen und es auf den Boden werfen!«, gestand mir Michelle eines Abends unter Tränen. In diesen Situationen merkte ich, dass die Tragödie eine unbeschreibliche Belastung für unsere ganze Familie war, nicht nur für mich.

Eines Tages, als ich gerade von der Therapie zurück auf mein Zimmer gefahren wurde, sah ich einen Spiegel.

»Stopp!«, sagte ich zum Krankenhausboten. »Halten Sie mal gerade an. Könnten Sie mich bitte zum Spiegel hin drehen, damit ich mich sehen kann?«

Es war das erste Mal seit dem Unfall, dass ich mich mit dem *Heiligenschein* im Spiegel sah. Wie ich mich so anschaute, fing ich an Grimassen zu schneiden und dachte bei mir: *Das sind meine Augen. Das ist meine Nase. Ich habe abgenommen. Das gefällt mir.*

Aber meine Haare, au weia! Die sind ja einfach nur glatt nach hinten gekämmt. Das sieht schrecklich aus. Das also sehen die Leute, die mich besuchen. Da ist wirklich eine ganze Menge Metall im Weg. Ich lächelte meinem Spiegelbild zu und betrachtete mich noch eine ganze Weile genau. *Ja, das bin noch ich selbst*, dachte ich.

»In Ordnung, wir können weiter«, sagte ich schließlich zu dem Pfleger, als ich mich genügend begutachtet hatte.

Manchmal muss man sich einfach selbst ins Gesicht sehen und Bilanz ziehen – eine Bestandsaufnahme machen, was sich verändert hat und was nicht. Wenn unsere Welt zusammenstürzt, ist es beruhigend zu wissen, dass doch niemals alles wegbricht.

Ich hatte weiterhin regelmäßig Besuch. Die ganzen fünf Monate lang kam jeden Mittwochabend Pater Martin. Dabei war Mittwoch sein einziger freier Tag in der Woche. Er blieb immer von etwa 18:30 Uhr bis 22:00 Uhr und wir sprachen über alle möglichen geistlichen Themen: die Patriarchen und Propheten des Alten Testaments, die Wunder Jesu, die Gleichnisse, über geistliche Kampfführung und die Endzeit, über Heilung und das Leid. Manchmal ergaben sich die Gespräche aus Fragen, die Mike und ich aufbrachten, manchmal nahm unsere Unterhaltung einfach eine völlig ungeplante Richtung. Häufiger kamen wir auch auf ganz nahe liegende Fragen zu sprechen.

Immer wieder stellte ich zum Beispiel Fragen in den Raum, wie: »Warum ist mir das passiert? Warum hat Gott es zugelassen, dass ich mir den Hals breche? Hat er absichtlich dafür gesorgt, dass ich in den Rollstuhl komme? Warum?«

Pater Martin schüttelte den Kopf. »Ich weiß es auch nicht, Renée. Ich stehe selbst fassungslos davor und kann es mir nicht erklären. Es gibt Dinge, die werden wir diesseits des Himmels einfach nie begreifen können. Alles, was wir tun können, ist Gott zu vertrauen, dass er uns liebt, und dass er uns alle Dinge zum Besten dienen lässt. Er wird das Leiden, das du hier durchmachen musst, nicht unnötig vergeuden.«

Das war vermutlich die ehrlichste und zugleich die einzige halbwegs befriedigende Erklärung, die er uns anbieten konnte. Mike und ich schätzten diese Zeiten mit Pater Martin sehr. Seine Treue und Fürsorglichkeit waren Zeichen der Treue Gottes zu uns.

Mein lieber Freund Jim May, der Pianist, der die Stücke für unsere *Young Americans*-Tournee arrangiert hatte, kam nahezu jeden Montag vorbei, um mich zu besuchen. Nach der Tournee waren wir uns immer wieder einmal begegnet.

Über die Jahre hinweg waren wir gute Freunde geworden und nach dem Unfall tat es mir immer gut, Jim zu sehen. Bei einem seiner ersten Besuche kam er zur Tür herein und sang: *»Hi, hon. How are you feeling today?«* (Hallo, Liebling. Wie fühlst du dich heute?)

Ich schaute ihn an, zog eine Augenbraue hoch und sagte: »Das trifft es so in etwa!«

Wir lachten. Im Allgemeinen versuchte ich nicht zu klagen, aber von Zeit zu Zeit tat es einfach gut, und Jim war jemand, der damit umgehen konnte!

»Ich habe im Speiseraum ein Klavier gesehen«, sagte er schließlich. »Lass uns da mal hingehen!«

Wir schwatzten und lachten, als er mich den Gang entlang schob und dann setzte er sich ans Klavier. Er spielte einfach wunderbar und es fühlte sich an wie ein warmes Ölbad. Wie sehr ich das vermisst hatte!

»Lass uns etwas singen!«, schlug er vor.

»Jim, ich kann wirklich nicht singen.«

»Ach komm, lass es uns einfach versuchen.« Er stimmte ein Lied an: *»He will raise you up on eagle's wings, bear you on the breath of dawn ...«,* es war eines der Lieder, die wir einmal für eine Aufnahme mit unserem Gemeindechor geplant hatten.

Ich sang mit, so gut ich eben konnte, aber die Anstrengung des langen Sitzens und das Singen waren einfach zu viel, und mir wurde schwindelig. Mit dem Hinterkopf berührte ich den Hebel, der die Rückenlehne bewegt, lehnte mich ein wenig zurück und versuchte es noch einmal. Mir war noch immer etwas schwummerig und schließlich brachte ich mich in eine liegende Position. Jim spielte weiter, während ich die Rückenlehne bediente.

»Okay«, sagte er mit einem Lächeln. »Versuchen wir's noch einmal.«

So machten wir noch einen Anlauf, doch meine Stimme war schwach und gehaucht. Ich hatte überhaupt kein Lungenvolumen und musste alle paar Noten Luft holen. Die Töne stimmten, aber es klang total dünn. Jim unterbrach sein Klavierspiel und sah mich mit einem Ausdruck von tiefer Trauer an. Dicke Tränen standen ihm in den Augen. Er erhob sich vom Klavier, legte den Arm um mich und begrub sein Gesicht in meinem Kopfkissen neben meiner Wange. Wir beide weinten. Erst jetzt begriff er, dass ich nicht nur die Fähigkeit eingebüßt hatte mich zu bewegen, sondern auch meine Stimme. Vielleicht konnte Jim meinen Schmerz besser verstehen und nachempfinden als jeder andere.

Ein paar Mal kamen Jennifer und Greg Lapp zu Besuch, Freunde, die ich noch vom College her kannte. Sie wohnten immerhin gut 220 Kilometer weit entfernt. Jennifer hatte eine Begabung, Möglichkeiten zu finden, wie sie anderen Menschen praktisch helfen konnte. Einmal zum Beispiel fuhr sie auf dem Weg zur Klinik beim Schreibwarenladen vorbei und kaufte ein paar Postkarten.

Dann kam sie mit gezücktem Stift zu mir herein und sagte: »Bestimmt gibt es jemanden, dem du gerne ein paar Zeilen schreiben möchtest.« Sie hielt mir die Karten vors Gesicht. »Such dir eine Karte aus und sag mir, wem du sie schreiben willst. Und dann diktier mir einfach, was du sagen willst, und ich schreibe. Auf dem Heimweg bringe ich sie zur Post. Vielleicht magst du Mike ja auch eine Karte schreiben und sie hier im Raum verstecken, wo er sie dann irgendwann findet.«

Sie schrieb solange mir Dinge einfielen, die ich schreiben wollte. Was für eine liebe Idee!

Neben meiner Familie und engen Freunden kamen sogar Leute, die ich gar nicht so gut kannte, manche von ihnen sogar regelmäßig. Eines Abends kam Rick Delanty, der Kunstlehrer unserer Schule, vorbei.

»Wenn du hier mal einen Tag raus könntest, wo würdest du gerne hingehen?«, fragte er, wohl wissend, dass ich die Klinik nicht verlassen durfte.

»In eine Kirche«, sagte ich. »Ich würde mich einfach ganz still hinsetzen und beten und Gottes Gegenwart genießen.«

Ich wusste natürlich, dass man nicht in die Kirche gehen musste, um Gott zu begegnen. Trotzdem spürte ich in einer Kirche immer eine besondere Ehrfurcht. Das fehlte mir sehr!

Einige Tage darauf kam Rick wieder vorbei und brachte mir eine wunderbare Tuschezeichnung von unserer Kirche, schon fertig gerahmt. Man sah die Bögen, die Bänke, den Altar und das Kreuz.

»Ich dachte mir, wenn du schon nicht zur Kirche gehen kannst, dann bringe ich eben die Kirche zu dir!«, sagte er.

Ich war einfach überwältigt und ließ das Bild so aufhängen, dass ich es immer sehen konnte. Es war wirklich erstaunlich, wie kreativ die Leute ihre Gaben und Fähigkeiten gebrauchten, um mir das Leben zu erleichtern oder zu verschönern.

Nahezu jeden Morgen kam die Krankenhausseelsorgerin vorbei, um mir das Abendmahl zu bringen. Ich erinnere mich, wie sie mich einmal fragte, ob wir noch miteinander beten wollten. Die Anforderungen des Tages türmten sich vor mir auf und ich antwortete: »Ich schaffe das heute nicht. Ich kann noch nicht einmal beten.«

Sie war erfahren genug, um zu erkennen, dass ich wirklich nicht mehr konnte und völlig am Boden war. »Wissen Sie«, sagte sie sanft, »lassen Sie es uns heute so einfach wie möglich machen. Wenn Sie einatmen, hauchen Sie einfach ›Jesus!‹ und wenn Sie ausatmen, hauchen Sie ›Erbarme Dich!‹«

Sie machte es mir vor und ich machte mit. Beim Einatmen sagte ich »Jesus!«, beim Ausatmen »Erbarme Dich!«

»Jesus! Erbarme Dich!« Dies bewahrte mich davor, in noch tiefere Verzweiflung hineinzurutschen und half mir dabei, mir Gottes Nähe zu vergegenwärtigen. Manchmal, wenn unsere Gedanken und Gefühle sich festgefahren haben, müssen wir unser Gebet auf die einfachste Form der Kommunikation mit Gott reduzieren. Er hört und versteht selbst das. Ich bete dieses Gebet bis heute, wenn ich einen besonders harten Tag durchmache.

Schlaflosigkeit war weiterhin ein Problem, und so bekam ich Halzion als Schlafmittel verschrieben. Einmal hatte ich um 4:00 Uhr morgens eine richtig gehende Panikattacke. Ich fühlte mich eingeengt und eingesperrt und hatte das Gefühl, ich müsste in meinem Zimmer ersticken.

Ich löste mit meinem Kopf den Notrufknopf aus und rief: »Ich muss hier raus! Ich kriege hier keine Luft! Bringt mich raus!«

Das Pflegepersonal kam daraufhin herbeigelaufen und versuchte, besänftigend auf mich einzureden, aber ich war vollkommen durchgedreht und ließ mich einfach nicht beruhigen. Schließlich fuhren sie mich tatsächlich den Flur entlang nach draußen, wo ich den Himmel sehen und die kühle frische Luft atmen und im Gesicht spüren konnte. Das war alles, was ich brauchte. Das Halzion konnte abgesetzt werden.

Die schlaflosen Stunden in der Nacht wären eigentlich hervorragende Zeiten gewesen, um mit Gott zu sprechen, aber ich war so tief unten, dass ich dazu einfach nicht fähig war. Ich hatte nie Zweifel daran, dass Gott da war, aber es gelang mir einfach nicht, mich längere Zeit auf ihn zu konzentrieren. Ich wachte früh morgens auf, aber meine Gedanken schweiften immer wieder ab: »Herr, ich habe keine Ahnung, was das Ganze hier soll. Das ist mir einfach zu hoch. Viel zu hoch. Ich verstehe nicht, warum ich hier in diesem Krankenhaus liege, anstatt meine Schüler zu unterrichten oder in der Kirche die Anbetung zu leiten oder die Hochzeit mit Mike vorzubereiten.«

Und überhaupt, Mike. Wieso sollte er bei mir bleiben? Ich bin nicht mehr die Frau, die er kennen gelernt hat. Ich werde nie eine normale Ehefrau sein. Vermutlich werde ich ihm auch keine Kinder schenken können.

»Vater, kannst du mich bitte einfach wieder gesund machen? Ich weiß, dass du es kannst. Du bist ein Gott, der Wunder tut. Heile mich, Herr. Ich möchte einfach nur wieder laufen können! Ich kann doch nicht den Rest meines Lebens in einem Stuhl sitzen!«

Mom und Dad. O weh! Sie sahen gestern Abend einfach schrecklich aus – so müde und traurig! Das alles lastet so schwer auf ihnen.

»Herr, wenn es nicht dein Wille ist, mich zu heilen, dann nimm bitte die Schmerzen weg. Bitte, nimm doch einfach die Schmerzen weg!«

Und meine Schüler. Meine Jugendlichen. Wer wird sie jetzt wohl unterrichten? Was passiert mit meiner Chorarbeit, die ich so mühsam aufgebaut habe?

»Es tut mir echt Leid, Herr! Ich versuche, irgendwie Zeit mit dir zu verbringen!«

Es ist keine Übertreibung und ich bin auch keineswegs stolz darauf, aber ich konnte in den frühen Morgenstunden nie länger als etwa zehn Sekunden zusammenhängend beten, bevor meine Gedanken anfingen zu wandern. Irgendetwas lenkte mich immer ab – die Infusion, die träge vor sich hin tropfte, die Schritte auf dem Flur, das Pflegepersonal, das irgendwo draußen zu hören war. Einmal, als ich frühmorgens wach lag und versuchte, mich aufs Beten zu konzentrieren, kam mir ein Lied in den Sinn, das ich als Anbetungsleiterin in der Gemeinde oft gesungen hatte:

Hab keine Furcht. Ich gehe dir immer voraus.
Komm, folge mir, und ich gebe dir Ruhe.

Hmmmmmm, dachte ich.

Wenn du durchs tosende Wasser gehst,
wirst du nicht ertrinken.
Wenn du durch sengende Flammen gehst,
wirst du keinen Schaden leiden.
Wenn die Macht der Hölle sich vor dir aufbaut,
und der Tod dich bedrängt,
vergiss nicht, dass ich in alledem mit dir bin.

Wirklich?

Selig sind die Armen
denn ihrer ist das Himmelreich.
Selig seid ihr, die ihr weint und traurig seid, denn eines Tages werdet ihr lachen.

Ganz bestimmt! Ich werde lachen. Ich kann mich ja nicht einmal bewegen!

Hab keine Furcht. Ich gehe dir immer voraus.
Komm, folge mir, und ich gebe dir Ruhe.

Ein paar Tage später, es war wieder in den frühen Morgenstunden, als außer dem Herrn niemand bei mir war, kam mir ein anderes Lied in den Sinn, das ich ebenfalls hunderte von Malen gesungen hatte.

Die ihr im Schutz des Herrn wandelt
und in seinem Schatten bleibt euer Leben lang,
sagt zum Herrn: »Meine Zuflucht,
mein Fels, auf den ich traue!«

Und er wird euch auf Adlers Fittichen emporheben,
euch auf dem Hauch der Morgendämmerung tragen
euch erstrahlen lassen wie die Sonne,
und euch in seiner Hand halten.

Was da in mir aufstieg, waren keine bloßen Erinnerungen an irgendwelche alten Lieder. Es war Musik aus der Tiefe meiner Seele. Es kam mir beinahe so vor, als ob die Musik an meinem Verstand vorbei direkt in mein Herz hinein gesungen wurde. Gott sprach zu mir: »*Hab keine Furcht, Renée. Ich gehe dir immer voraus. Komm, folge mir und ich werde dir Ruhe geben. Ich werde dir Ruhe geben. Ich werde dich erstrahlen lassen, wie die Sonne. Ich bin in allem mit dir. Ich trage dich auf Adlers Fittichen.*«

Nicht auf irgendeinem flatterigen kleinen Vögelchen. Nicht auf einer Schwalbe, wie es sie bei uns zu Hause im Städtchen haufenweise gab. Auf den Flügeln eines Adlers!

In ihrem Buch *Just Give Me Jesus (Gib mir nur Jesus)* schreibt Anne Graham Lotz, worin sich Truthähne und Adler unter anderem voneinander unterscheiden: »Der Truthahn versteckt sich in der Scheune und hofft, dass der Sturm ihn verschont. Der Adler hingegen verlässt das Nest und breitet seine Flügel aus, um sich von den Luftströmungen des nahenden Sturms erfassen zu lassen. Er weiß, dass die Winde ihn hoch hinaus tragen werden, höher als er selbst jemals aus eigener Kraft steigen könnte.«

Mit den Worten dieses Liedes ermutigte mich Gott, mich durch die Stürme meines Lebens – meine Querschnittslähmung – höher hinauf tragen zu lassen, als ich ohne Sturm jemals gekommen wäre. Es schien auf den ersten Blick völlig absurd.

Musik war immer wie eine Art Nabelschnur zwischen mir und Gott gewesen und nun gebrauchte Gott die Musik, um zu mir zu sprechen. Wie weise von ihm, dass er quasi meine Sprache gebrauchte, um zu mir durchzudringen. Ich lernte Gott auf eine Art kennen, wie ich ihn nie zuvor erlebt hatte. Wenn ich die Ereignisse der vergangenen Monate Revue passieren ließ, dann konnte ich Gottes Hand in allem erkennen: die Tatsache, dass Dorothy mich sofort fand und ich nicht stundenlang hilflos daliegen musste, Mikes prompte Versetzung nach Long Beach und nun die Lieder mitten in der Nacht. Gott sah mich und wachte über mir. Zum ersten Mal begann ich ihm zu vertrauen, dass er wirklich für mich sorgen würde – in geistlicher ebenso wie in ganz praktischer Hinsicht. Ich wusste, dass alles gut gehen würde, wenn sich auch meine Definition, was »gut« bedeutet, grundlegend gewandelt hatte.

Ein paar Tage später gab mir Gott ein weiteres Zeichen, als ein Mitglied unserer Gemeinde hereinkam und zwei große Pappkartonbögen mitbrachte. Sie hatte sich daran erinnert, dass ich die Lieder »Fürchte Dich nicht« und »Auf Adlers Fittichen« oft in der Gemeinde gesungen hatte, wusste jedoch nicht, dass Gott gerade in letzter Zeit durch diese beiden Lieder zu mir gesprochen hatte. Sie hatte die Texte mit besonders schöner Schrift auf Karton geschrieben und befestigte sie an der Decke über meinem Bett. In meinen schlaflosen Nächten, wenn ich mit Gott und meinen Gedanken allein war, standen sie mir nun beständig vor Augen, und wenn ich morgens in aller Frühe aufwachte, waren sie das erste, was ich sah. Wer Gott nicht kennt, mag das vielleicht als puren Zufall ansehen. Aber für mich war klar, dass Gott dadurch zu mir sprach und mir eine Botschaft vermittelte: *Schau, Renée, wie sehr du mir am Herzen liegst. Ich habe dir jemanden vorbeigeschickt, der die Lieder direkt über dir anbringt, sodass du sie immer sehen kannst und damit du nicht ängstlich oder entmutigt bist. Meine Liebe und mein Schutz sind mit dir. Vertraue mir.*

Ich wurde mir darüber bewusst, dass Gott in einer weitaus persönlicheren und praktischeren Weise für mich sorgte, als ich mir jemals zu träumen gewagt hätte. Ich wusste, dass ich ihm wichtig genug war, dass er für mich am Kreuz starb. Nun erkannte ich, dass sich seine Fürsorge für mich wirklich auf alle Belange meines Lebens erstreckte.

Rückschläge und Durchbrüche

Etwa drei Monate nach meiner Ankunft in Long Beach bekam ich meinen ersten elektrischen Rollstuhl, das *Saug- und Pustemobil.* Es war ein mächtiges Gefährt, auf dem man hoch erhaben saß, mit einer voluminösen Kopfstütze und soliden Ablagen für Arme und Beine. Es hatte üppige Räder mit dicken Reifen. Hinten saß ein kräftiger Motor und an den Seiten waren Stützen angebracht, die unter meine Arme reichten, damit ich nicht nach der Seite umkippte. Alles am *Saug- und Pustemobil* war klobig und hässlich. Aus dem Motor heraus kam ein Plastikrohr, das an der Rückenlehne entlang nach oben lief und dann in einem Bogen um den Kopf herum geführt wurde, bis es wie ein Strohhalm direkt vor meinem Gesicht endete. Durch pusten und saugen konnte ich das Gefährt beschleunigen beziehungsweise abbremsen. An meinem ersten Tag mit diesem Stuhl nahm mich Therese mit auf einen langen, breiten Flur, wo ich Fahrstunden bekam. Sie hatte eine Fernbedienung in der Hand, die durch ein Kabel mit dem Rollstuhl verbunden war. Ich fühlte mich ein wenig wie ein Spielzeugauto.

Sie zeigte mir, dass sie mit ihrer Fernbedienung jederzeit eingreifen konnte, sodass ich bei meinen Fahrübungen ganz sicher war. *Das wird sicher nicht nötig sein*, dachte ich. *Was soll daran schon so schwierig sein?*

»Wenn Sie in das Röhrchen pusten«, erklärte Therese, »dann bewegen Sie sich vorwärts. Wenn Sie dagegen direkt aus dem Röhrchen Luft einsaugen, dann halten Sie an. Versuchen wir es einfach.«

Wir übten ein paar Mal, aber irgendwie waren mir die Abläufe mit »pusten« und »saugen« noch fremd. Dennoch war ich bereit für einen Probelauf – so dachte ich zumindest.

»Also, los geht's!«, sagte Therese. »Pusten Sie!«

»Pusten?«

»Pusten Sie!«, sagte sie und machte es mir noch einmal vor.

»Ach ja, pusten!« Ich pustete und ab ging die Fahrt! Dummerweise fuhr ich auf eine Wand zu!

»Einatmen, Renée, Sie müssen einatmen!«

»Einatmen?«

»Saugen Sie direkt aus dem Röhrchen Luft an!«

Ich saugte und *siehe da,* ich bremste ab.

»Und jetzt pusten Sie wieder, Renée!« Und ab ging es.

Als ich Fahrt aufnahm, musste ich anfangen, zu kichern. Irgendwie musste ich an die alten Zeichentrickfilme aus dem Fernsehen denken und Speedy Gonzalez war los. Therese hatte vergessen, mich zu warnen, dass mehrmals kurz pusten, was durch mein Kichern geschah, das Gefährt immer schneller werden ließ! Innerhalb von Sekunden sauste ich über den Flur und hatte Tränen in den Augen vor Lachen. Ich hatte längst die Kontrolle über meinen Rollstuhl verloren und sah, wie Ärzte und Pflegepersonal mit schreckensbleichen Gesichtern zur Seite sprangen und Gerätschaften aus der Gefahrenzone zu bringen suchten. Irgendwann schließlich gelang es Therese, meine Höllenfahrt zu stoppen. Ich habe damals einen Krankenhausrekord aufgestellt, der meines Wissens bis heute ungebrochen ist: Ich habe drei Gerätekarren, zwei Krankenhausboten und eine Schwester gerammt.

Sie denken vielleicht, dass ich froh gewesen wäre, diesen Stuhl zu haben und endlich mobil zu sein, aber ich war es nicht. Ich wollte nicht in einem hässlichen, schwerfälligen Rollstuhl sitzen. Ich wollte wieder laufen können. Der Stuhl war ein notwendiges Übel auf dem Weg dahin, aber ich konnte ihn nur als einen vorübergehenden Kompromiss ansehen. Ganz bestimmt würde ich nicht auf Dauer in diesem hässlichen Ding sitzen!

Während meiner Zeit in der Reha besuchte mich Karen Gauen, eine Lehrerkollegin, die ebenfalls Chorunterricht gab. Noch immer war meine Stimme nicht mehr als ein schwaches Flüstern. Während wir sprachen, merkte ich, dass sie immer wieder meinen Bauch beobachtete.

»Was ist denn, Karen?«, fragte ich sie.

»Ich schaue, wie du atmest. Du musst irgendwie wieder singen können, Renée. Irgendwie muss das doch möglich sein.« Als Sängerin wusste sie sehr genau, dass beim Singen die richtige Atmung und ein ausreichender Luftdruck von großer Bedeutung waren.

»Welche Muskeln gebrauchst du denn zum Atmen?«

»Keine Ahnung! Ich merke nichts, aber irgendetwas muss ja noch funktionieren, sonst wäre ich schließlich an einem Beatmungsgerät.«

Am nächsten Tag kam sie mit einem Gewicht wieder. Ihr war der Gedanke gekommen, meinen Zwerchfellmuskel zu stärken, indem er mehr belastet wurde. Deshalb legte sie mir ein 1,5 Kilo schweres Gewicht auf den Bauch. Von diesem Tag an war ich darauf bedacht, dass mir jemand jeden Morgen das Gewicht auflegte. Karen sorgte auch dafür, dass wir die Last allmählich steigerten, bis es am Ende sogar 25 Kilo waren. Da diese Idee nicht von einem Arzt kam oder von irgendeiner bekannten medizinischen Hochschule propagiert wurde, waren wohl die meisten Therapeuten skeptisch, was den Wert der Übung anbelangte, aber ich persönlich habe keinen Zweifel daran, dass Karens Trainingsprogramm ganz wesentlich dazu beigetragen hat, dass ich heute wieder singen kann.

Nachdem ich meinen *Heiligenschein* (welcher Spaßvogel kam nur auf die Idee, dieses schreckliche Ding so zu nennen?) etwa drei Monate lang ertragen hatte, drängte ich darauf, ihn endlich loszuwerden. Immer wieder hatte ich mit Dr. Parsons, meinem behandelnden Arzt, die Möglichkeit erörtert, den Ring abzunehmen. Er hatte auch schon mehrfach einen Termin ins Auge gefasst, ihn dann aber doch immer wieder verschoben. Eines Tages kam er herein und verkündete: »Ich habe gute Neuigkeiten für Sie! Heute ist Ihr Glückstag! Der *Heiligenschein* kommt ab!«

Auf einmal war ich mir gar nicht mehr so sicher, dass ich ihn wirklich loswerden wollte. Zum einen war ich nicht scharf auf die

Prozedur, aber am meisten Angst hatte ich davor, wie es ohne den Stützrahmen sein würde. Ich hatte ihn nun ganze zehn Wochen lang getragen und meine Halsmuskulatur war seitdem nicht mehr belastet worden. Ich stellte mir vor, dass sie wie Gummi sein würde, vollkommen unfähig, das Gewicht meines Kopfes zu tragen. Vor meinem inneren Auge lief ein wahrer Horrorfilm ab, in dem die Ärzte den *Heiligenschein* abnahmen und mein Kopf anschließend einfach zur Seite kippte, von meinen Schultern fiel und über den Boden rollte. Außerdem hatte ich in der Zeit nach meinem Unfall genug heftige Schmerzen erlebt und noch immer war jeder einzelne Eingriff, jede Veränderung, jede Bewegung am Hals für mich überaus qualvoll. Ich konnte einfach nicht mehr.

Als es dann doch so weit war, war es beruhigend, dass Denise bei mir war, um mich zu unterstützen. Dr. Parsons erklärte mir zunächst das Vorgehen und wollte sich anschließend daran machen, den *Heiligenschein* abzunehmen, als ich plötzlich in Panik ausbrach und völlig entsetzt dreinschaute.

Dr. Parsons hielt inne: »Stimmt etwas nicht?«

»Wird es wieder wehtun? Ist mein Hals auch wirklich kräftig genug, um den Kopf zu halten? Ich kann es mir einfach nicht vorstellen. Er fühlt sich so schwach an. Ich weiß, dass ich Ihnen eigentlich vertrauen sollte, aber ich glaube einfach nicht, dass es schon soweit ist. Lassen wir doch das Gestell noch drauf, bis mein Hals kräftiger geworden ist.«

»Ich gebe Ihnen zunächst eine örtliche Betäubung und dann sollte es eigentlich überhaupt nicht wehtun«, versuchte er mich zu beruhigen. »Außerdem werden wir Ihnen eine Halskrause anlegen, um Ihren Hals zu stützen, nachdem wir den *Heiligenschein* abgenommen haben.« Er schien sich seiner Sache ganz sicher zu sein.

Auch Denise und die anderen Krankenschwestern im Raum schienen ganz ruhig. Ich war die einzige, die aus der Fassung geriet. So nahm ich allen Mut zusammen. Offenbar musste ich da einfach durch. Tränen liefen mir übers Gesicht und ich biss die Zähne zusammen. *Ich werde es schaffen. Es muss sein, und ich werde nicht kneifen.*

»In Ordnung, dann los. Ich bin bereit. Es wird schon gehen«, sagte ich schließlich mutig.

Um mich abzulenken begann ich ein Lied zu summen und Denise stimmte gleich mit ein. Während sie die Halterung Stück für Stück abnahmen, redeten sie die ganze Zeit beruhigend auf mich ein.

Schon nach kurzer Zeit trat Dr. Parsons einen Schritt zurück und sagte: »So, das Gestell ist ab und die Halskrause ist dran.«

»Kann ich jetzt meinen Kopf drehen?«, fragte ich.

»Na klar, versuchen Sie's!«, antwortete er.

Ich drehte meinen Kopf ein kleines Stück nach links. Es klappte! Ohne Schmerzen! Ich drehte ihn ein bisschen weiter, so weit, wie es mit der Halskrause möglich war. Es tat immer noch nicht weh. Dann versuchte ich den Kopf nach rechts zu drehen. Auch das klappte, ohne dass es wehtat. Ich hatte solche Angst gehabt und nun erwiesen sich all meine Bedenken als völlig unbegründet, ja fast töricht. Ich musste spontan kichern. Dann legte ich mich auf mein Kissen zurück, voller Erleichterung, wieder eine Hürde überwunden zu haben. Der Tag, an dem ich endlich aus dem Krankenhaus hinausmarschieren konnte, schien ein gutes Stück näher gerückt zu sein.

Am Morgen des Tages, an dem eigentlich unsere Hochzeit hatte stattfinden sollen, kam Mike herein und sprach aus, was wir beide dachten: »Diesen Tag hatten wir uns eigentlich anders vorgestellt, nicht wahr?«

Es war eine jener Situationen, mit denen man sich irgendwie abfinden musste. Mit Mike zusammen durfte ich an diesem Tag zum ersten Mal das Krankenhaus verlassen. Man hatte uns drei Stunden Ausgang gewährt. Die Zeit reichte nicht, um zur Kirche zu fahren, und so gingen wir in einen sehr hübschen botanischen Garten. Mike dachte, dass mir die Sonne gut tun würde und hatte ein Picknick mitgebracht. Er schob mich in einem einfachen Rollstuhl vor sich her, sodass ich die vielen wunderschönen Blumen sehen konnte. Als es Zeit zum Mittagessen war, hob er mich aus dem Rollstuhl und setzte mich auf den Rasen. Er setzte sich direkt hinter mich und fütterte mich, während er selbst sein Picknick aß. Es war still und friedlich. Wir waren zusammen und es tat gut, einmal aus dem bedrückenden Krankenhaus heraus zu sein.

Es war ein unbeschreiblich schönes Gefühl, die Sonne und die frische Brise im Gesicht zu spüren. Wieder einmal merkte ich, dass das Leben hier draußen auch ohne mich weiterging. Wir beide bemühten uns, die Gedanken an das Krankenhaus und daran, was an diesem Tag eigentlich hätte sein sollen, so gut wie möglich aus unserem Bewusstsein zu verbannen. Es tat gut, hier zu sein.

Viel zu bald war es Zeit, uns auf den Rückweg zu machen. Erst da stellte Mike fest, dass wir ein kleines Problem hatten. Das Krankenhauspersonal hatte ihm noch nicht beigebracht, wie er mich vom Boden in den Stuhl zurückhieven konnte. So probierten wir es einfach mit grober Kraft. Haben Sie schon einmal versucht, eine 58 Kilo schwere, träge Masse vom Boden hochzubekommen? Wir lachten und probierten einfach verschiedene Möglichkeiten aus, bis es ihm schließlich gelang, mich mühsam und umständlich wieder in den Rollstuhl zu bugsieren.

Als Mike mich zu guter Letzt auch noch auf den Autositz verfrachtete, wurde mir schwindelig. Also klappte er schnell den Autositz zurück, damit ich mich wieder erholen konnte. Er saß auf der Schwelle des Wagens, die Tür war noch offen, und wir plauderten über dies und das und genossen unsere Zeit miteinander. Dann wurde Mike zärtlich und küsste mich. Doch plötzlich überkam mich eine unangenehme Übelkeit und ich fing an zu würgen. Mike zog sich zurück und schaute mich mit großen Augen verwundert an.

»Mike, hilf mir hoch! Schnell! Setz mich auf!«, rief ich aufgebracht.

Er hatte mich gerade aufgerichtet, da kippte ich auch schon zur Seite und erbrach mich durch die geöffnete Autotür auf den Rasen.

»Immerhin nett, zu wissen, dass meine Küsse dich immer noch anmachen!«, meinte er augenzwinkernd, nachdem ich mich ein paar Mal übergeben hatte.

Ein neuer Tiefpunkt in meiner Krankenhauskarriere kam Ende Juli, als sich in meinem Bein ein Blutgerinnsel bildete. Da dies eine sehr ernste Komplikation war, musste ich von der Wirbelsäulenstation auf die Wachstation verlegt werden. Denn hätte sich dieses Gerinnsel gelöst und wäre es anschließend in mein Herz, meine Lunge oder ins Gehirn gelangt, wäre ich gestorben. Die drei Wochen auf der Wachstation kamen mir vor wie eine Ewigkeit. Ich verlor wertvolle Zeit, in der ich mit meinem Training nicht weiterkam, und was noch schlimmer war, das Personal dort war zwar nett und hilfsbereit, aber sie waren für den Umgang mit Querschnittsgelähmten nicht entsprechend ausgebildet. So gingen sie oft ziemlich ungeschickt mit mir um. Das Leben wurde zur Qual und ich wurde sehr depressiv.

An einem dieser Tage war ich besonders unleidlich. Und während eine Schwester mich versorgte, gingen Denise und Mike kurz hinaus auf den Flur.

Als sie dort warteten, bis sie wieder zu mir rein konnten, sagte Denise zu Mike: »Du brauchst das wirklich nicht mitzumachen. Wir alle hätten vollstes Verständnis, wenn du mit Renée Schluss machen würdest. Sie hat ja noch uns. Mach dir keine Gedanken, wir kümmern uns um sie. Keiner von uns wird es dir übel nehmen, wenn du es nicht mehr schaffst. Wir hätten wirklich vollstes Verständnis dafür, wenn du von der ganzen Situation genug hättest.«

»Aber nein!«, erwiderte Mike. »Jetzt fang du nicht auch noch so an! Versteht ihr denn nicht? Ich bin nicht hier, weil ich mich irgendwie verpflichtet fühle. Ich bin hier, weil ich es will. Ich liebe Renée, daran hat sich nichts geändert und daran wird sich auch nichts ändern!«

Denise wusste nicht, dass Michelle und mein Vater gerade am Abend zuvor mit Mike gesprochen und ihm genau dasselbe gesagt hatten. Als ich davon erfuhr, war ich sehr froh, dass meine Familie sich bereit fand, Mike gehen zu lassen. Ihre Uneigennützigkeit war wirklich beispielhaft. Ebenso beispielhaft war aber auch Mikes selbstlose Bereitschaft, trotz aller Widrigkeiten zu mir zu stehen.

In jener Zeit kamen Michelle, Denise und Mom eines Sonntagmorgens herein und waren bester Stimmung. Wenn ich in diesen Wochen etwas überhaupt nicht gebrauchen konnte, dann waren es frohe Mienen.

Sie aber schwirrten um mich herum und machten sich an mir zu schaffen: »Schnell die Haare kämmen und dann noch etwas Make-up und Lippenstift. Und jetzt den schönen Morgenrock umgelegt. Du wirst sehen, gleich fühlst du dich viel besser, wenn du uns nur ein wenig machen lässt.«

»Ich will aber nicht, dass ihr meine Haare kämmt, und ich will auch kein Make-up und den blöden Morgenrock schon gar nicht.

Alles, was ich will, ist meine Ruhe! Ich weiß, dass ihr mir helfen wollt, aber könnt ihr euch nicht einfach hinsetzen und die Finger von mir lassen?«, antwortete ich ziemlich mürrisch.

Sie aber ignorierten meine Proteste einfach und machten sich eifrig an mir zu schaffen, um mich zu verschönern. Dabei machten sie die ganze Zeit über Scherze und lachten. Es ging mir einfach auf den Wecker.

Dann kam ein Pfleger herein und brachte schlechte Neuigkeiten. »Wir müssen ein Röntgenbild machen.« Ich hasste Röntgenbilder, weil sie immer mit Schmerzen verbunden waren. Aus dem Bett in den Transportstuhl verfrachtet zu werden, dann vom Transportstuhl auf den Röntgentisch, dann wieder zurück vom Röntgentisch in den Transportstuhl und schließlich vom Stuhl ins Bett – es war immer eine enorme Belastung für meinen Hals und tat schrecklich weh. Ein Röntgenbild war in meinem emotionalen Zustand gerade das, was mir noch gefehlt hatte.

»Heute ist doch Sonntag!«, beschwerte ich mich. »Seit wann werden am Sonntag Röntgenbilder gemacht?«

»Ich treffe nicht die Anordnungen, ich führe sie nur aus. Gehen wir!«

Sie setzten mich also in den Transportstuhl und dann fuhren wir los. Wir waren gerade zur Tür heraus, als Mike dazu kam.

»Wo geht Ihr hin?«, fragte er.

»Zum Röntgen. Stell dir mal vor – und das am Sonntag!«

»Da komme ich mit«, sagte er, griff nach dem Infusionsständer und folgte uns. Mom, Michelle und Denise gingen neben mir her den Flur entlang.

Plötzlich hörte ich Musik: *The sun is bright and bells are ringing …* (Die Sonne scheint hell und die Glocken läuten …)

»Hör mal!«, flüsterte ich Michelle zu, die direkt neben mir lief. »Die spielen *Russian Picnic* von Muzak. Das ist ja verrückt. Das habe ich vor einiger Zeit meinen Schülern beigebracht!«

Während wir den Flur weiter entlangfuhren, wurde die Musik immer lauter; und statt in die Röntgenabteilung wurde ich in die Empfangshalle gefahren. Als wir dort um die Ecke bogen, waren da alle 150 Jugendlichen aus meinem Chor und sangen und lächelten mir zu. Ich war völlig geplättet. Und als ich ihre Gesichter sah, brach ich in Tränen aus. Überall waren meine Schüler. Sie saßen auf den Sofalehnen, auf den Fenstersimsen und auf dem Boden. Einige lächelten breit, anderen standen Tränen in den Augen, manche schauten ein wenig unsicher drein. Vor lauter Aufregung schnappte ich nach Luft und Denise zog mir eine Sauerstoffmaske vor Mund und Nase. Bob Perry, der Jugendleiter der Presbyterianischen Gemeinde, der mir beim Aufbau meines Jugendchors geholfen hatte, dirigierte. Er schaute zu Denise herüber und erkundigte sich: »Geht's noch oder sollen wir lieber aufhören?«

Denise machte ihm Handzeichen und gestikulierte: »Ja, es geht schon! Macht nur weiter!«

Der Chor gab ein richtig ausgedehntes Konzert mit all den Liedern, die wir zusammen einstudiert hatten, selbst das Stück von Brahms! Es war eine ganz besondere Freude für mich, all meine Schüler wieder zu sehen, sie singen zu hören und zu erleben, dass ich ihnen offenbar wichtig genug war, sodass sie sich diese Zeit für mich nahmen. Es war schön zu sehen, wie sehr sie sich darüber freuten, mir ihre Musik schenken zu können. Dies war wirklich einer der bewegendsten Momente meines Lebens.

Sie hatten das Ganze über Wochen hin vorbereitet. Irgendjemand hatte die Idee gehabt und Bob Perry hatte sich bereitgefunden, mit den Jugendlichen zu proben und sie zu dirigieren. Dann war meine Thrombose dazwischengekommen und die ganze Sache wäre beinahe ins Wasser gefallen. Ich selbst hatte natürlich keine Ahnung gehabt, aber alle anderen waren sich unsicher gewesen, ob der behandelnde Arzt dem Konzert zustimmen würde. Mein Zustand war zu diesem Zeitpunkt ziemlich auf Messers Schneide gewesen und er hatte befürchtet, dass ich eine solche Aufregung nicht durchstehen könnte.

Doch Denise hatte sich dafür eingesetzt: »Wir müssen neben ihrem körperlichen Zustand auch ihre seelische Verfassung im Auge behalten und gerade jetzt könnte sie so etwas gut gebrauchen. Außerdem kommt ein anderer Tag für diese Aufführung nicht in Frage. Es gibt Eltern, die ihre Ferien extra dafür verschoben haben und viele Jugendliche haben sich von der Arbeit freigenommen. Es ist auf absehbare Zeit unmöglich, alle Beteiligten noch einmal unter einen Hut zu bekommen. Dies ist einfach der einzig mögliche Termin! Ich werde die ganze Zeit direkt neben ihr stehen und beim geringsten Anzeichen, dass es ihr zu viel wird, bringe ich sie sofort zurück auf ihr Zimmer.«

Weil Denise Krankenschwester war, hatte der Arzt dann schließlich zugestimmt.

Dieses wunderschöne Konzert war Teil einer Initiative, die sich *Rally 'round Renée* (Alles dreht sich um Renée) nannte. Sie war von einigen weisen Eltern gegründet worden, die die Bestürzung ihrer Kinder, meiner Schüler, auffangen und in eine positive Richtung lenken wollten. Denn die Nachricht von meinem Unfall hatte meine Schüler sehr mitgenommen. Für sie war es überaus bedrohlich, zu erleben, dass ein so junger Mensch wie ich, plötzlich gelähmt sein konnte. Wenn man jung ist, dann hält man sich selbst und alle Menschen, die man liebt, für unangreifbar und gegen jedwede Form von Bedrohung für immun. Trifft es dann doch einen Menschen in ihrem Umfeld, so ist das ein Schlag, der nur schwer zu verkraften ist.

Ziel von *Rally 'round Renée*, die von einem Kommitee aus Eltern und Schülern geleitet wurde, war es, mir im Alltag zur Seite zu stehen. Sie schickten mir zum Beispiel jede Woche einen frischen Strauß herrlicher Blumen ins Krankenhauszimmer. Oft besuchten sie mich in der Reha-Klinik. Auch als ich schließlich entlassen wurde, war mir ihre liebevolle Unterstützung immer wieder von großem Nutzen. Diese Initiative war für meine Genesung von enormer Bedeutung.

Wenige Tage nach dem Konzert kam Jim Krembas, mein Schulleiter zusammen mit einer jungen Frau zu Besuch.

»Renée«, sagte er, »ich wollte Ihnen gerne Julie Barron vorstellen. Da Sie nicht so bald wiederkommen können, wie wir alle gehofft hatten, haben wir Julie eingestellt, um den Chor in San Clemente zu übernehmen.«

Es war eine beinahe groteske Situation. Normalerweise hätte ich ihr höflich die Hand gegeben, aber das ging natürlich nicht.

»Ich dachte mir, es wäre gut, wenn Sie die Person kennen lernen, die im kommenden Schuljahr in Ihre großen Fußstapfen treten wird. Ich habe ihr erzählt, was für eine hervorragende Arbeit Sie geleistet haben«, fuhr er fort.

Ich bemühte mich nach Kräften, um eine positive innere Haltung. Wenn ich sie so anschaute, war sie fast ein Spiegelbild von mir. Sie hatte dunkles Haar, etwa mein Alter und war voller Energie. Die beiden setzten sich neben mein Bett und wir sprachen eine dreiviertel Stunde lang über die Chorarbeit an der Schule. Ich wusste natürlich, dass Jim mir das Gefühl geben wollte, beteiligt zu sein und Julie war wirklich eine sehr angenehme Person. Sie nahm interessiert auf, was ich ihr zu sagen hatte. Dennoch wäre es mir lieber gewesen, wenn mir die Begegnung mit meiner Nachfolgerin erspart geblieben wäre. Es war ein wenig so, als würde ich der frisch Verlobten meines geschiedenen Mannes begegnen. Das Urteil war verkündet und die Scheidung rechtsgültig geworden. Das Bewusstsein des Verlustes traf mich mit ungeheurer Wucht.

Als die beiden endlich gingen, brach bei mir der Damm, und ich ließ meinen Tränen freien Lauf. Warum drängt das Leben nur so unbarmherzig voran, ohne Rücksicht darauf, wie weh es einem tut? Warum kann es nicht einfach einen Moment innehalten, bis man selbst innerlich nachkommt?

Wie erleichtert war ich, als ich nach den vielen Tagen erzwungener Passivität, bedingt durch meine Thrombose, endlich wieder auf meine alte Station zurückverlegt wurde. Nun konnte ich erneut an die Arbeit gehen, um zu Kräften zu kommen.

Eines Morgens jedoch kam eine Schwester herein und brachte mir die nächste Hiobsbotschaft: »Sie gehen heute nicht zur Therapie. Sie haben einen beginnenden Dekubitus am Gesäß, weshalb Sie nicht sitzen dürfen. Der Doktor kommt nachher vorbei, um Ihnen die Einzelheiten zu erklären.«

Ich denke, sie wollte einfach nicht diejenige sein, die mir die traurige Botschaft überbringt, was für eine lange Zwangspause ich erneut einlegen musste.

Als Dr. Parsons später vorbeikam, eröffnete er mir, dass ich voraussichtlich drei Wochen lang nicht im Rollstuhl sitzen durfte.

»Drei Wochen!« Ich war zutiefst erschüttert. »Warum so lange?«

»Solche Druckstellen sind eine gefährliche Sache und wenn sie einmal entstanden sind, dann muss man sie mit aller Entschlossenheit behandeln. Leider gibt es nur eine Möglichkeit, eine solche Wunde abheilen zu lassen, Sie dürfen für einige Wochen nicht darauf sitzen.«

Ich hatte mir alle Mühe gegeben, eine Musterpatientin zu sein. Ich hatte alles getan, was man mir sagte, und trotzdem bekam ich diese Thrombose und musste scheinbar endlos lange stillliegen. Nun türmte sich bereits das nächste Hindernis vor mir auf und ich war zutiefst verzweifelt. Zum einen konnte ich mir nicht vorstellen, dass eine solche Wunde ganze drei Wochen brauchen sollte, um zu verheilen, zum anderen war ich entschlossen, irgendeinen Kompromiss auszuhandeln.

»Wie wäre es, wenn ich nur morgens für kurze Zeit zur Krankengymnastik gehe?«, schlug ich vor. »Danach verschwinde ich wieder ins Bett und bleibe den ganzen Nachmittag liegen. Das kann doch nicht so schlimm sein, oder?«

»Nein, Sie dürfen Ihr Gesäß nicht belasten.«

»Wie wäre es, wenn ich nur für eine Stunde ginge? Dann bekomme ich jeden Tag wenigstens ein bisschen Training. Da sitze ich auf einem weichen Luftkissen. Das kann doch nicht schaden!«

»Nein, es geht nicht!«

Ich hätte ebenso gut mit einer Betonwand reden können. Noch ein solcher Rückschlag war einfach zu viel für mich, vor allem, weil ich nun wieder mehrere Wochen lang bewegungslos herumliegen musste! Meine Geduld war am Ende und ich rastete aus.

»Na klar! Sie können einfach dasitzen und mir so etwas an den Kopf werfen, nicht wahr? Sie können ja gleich aufstehen und sich wieder davonmachen. Gerade eben haben Sie mich dazu verurteilt, ganze drei Wochen lang nichts zu tun, als in diesem Bett zu liegen. Aber Ihnen ist das ja alles völlig gleichgültig! Sie sollten nur mal einen Tag lang hier liegen. Ich möchte, dass man Sie mal so festbindet, dass Sie nicht mal mehr einen Zeh rühren können. Ich möchte, dass Sie mal erleben, wie das ist, wenn jemand anderer Ihnen den Hintern abwischt und Sie füttert, weil Sie sich nicht rühren können. Versuchen Sie es nur mal für einen Tag, wenn Sie sich trauen. Dann würden Sie endlich verstehen, wie schwer das ist. Dann würden Sie hier bestimmt nicht mehr einfach so auftauchen und mir ungerührt um die Ohren hauen, dass ich noch einmal *drei Wochen lang* herumliegen muss!«

Es war eines der wenigen Male, wo ich meine Enttäuschung am Krankenhauspersonal ausließ. Dr. Parsons saß einfach da und hörte mir zu, wie ich ihn in der Luft zerriss. Dann sagte er mit ruhiger Stimme: »Oh doch, es macht mir sehr viel aus und es tut mir unendlich Leid für Sie, aber es führt nun mal kein Weg daran vorbei!« Und in seinem üblichen freundlichen Ton fügte er hinzu: »Also, ich muss dann weiter meine Runde machen. Ich sehe Sie morgen früh wieder.«

Danach erhob er sich und ging hinaus.

Ich war über die Maßen aufgebracht. Heiße Tränen von Wut und Enttäuschung liefen mir die Wangen hinunter und ich konnte sie mir noch nicht einmal selbst abwischen. Ich fühlte mich völlig ohnmächtig und ausgeliefert. Am liebsten hätte ich ihm irgendetwas hinterher geworfen – irgendetwas, dass an der Tür in tausend Fetzen zerspringt. Aber auch das konnte ich nicht! Ich war einfach völlig hilflos. Oh, wie ich das hasste!

Ganze drei Wochen lang lag ich da, während das Pflegepersonal mich von einer Seite auf die andere drehte, damit die wund gesessene Stelle abheilen konnte und sich keine weiteren bilden würden. Ich musste die Lektion lernen, dass mich Kämpfen in dieser Situation kein Stück weiter brachte, und dass ich meine Beschränkung einfach akzeptieren musste. Trotzdem war ich wild entschlossen, den Krieg zu gewinnen, wenn ich auch diese Schlacht verloren hatte. Ich würde das Krankenhaus auf eigenen Beinen verlassen!

Eines Samstagnachmittags kam eine Krankenschwester herein und warnte mich: »Renée, da kommt gerade eine riesige Gruppe von Jugendlichen auf dem Parkplatz an. Soll ich sie alle auf einmal hereinlassen?«

Bei dem Gedanken, dass gleich eine größere Zahl von Leuten zu mir kommt, wurde mir auf einmal bewusst, wie ich aussah.

»Halten Sie sie gerade noch einen Augenblick zurück«, sagte ich. »Ich möchte mich gerne erst noch etwas zurechtmachen!«

Ich sagte zu Mike: »Du, Schatz, hol doch gerade mal mein Rouge aus dem Schminktäschchen dort drüben auf der Arbeitsplatte.« Auch Mike wirkte nervös. »Bitte, Mike, beeil dich. Geh mir nur gerade ein bisschen mit dem Rougepinsel übers Gesicht! Gleich sind sie da, und ich will nicht so blass aussehen!«

Mike ging zwar hektisch zum Schrank hinüber, aber er wusste mit meinen Anweisungen offenbar nicht viel anzufangen. Er hatte gelernt, mich zu pflegen, er war dabei gewesen, als sie mir Löcher in die Schädeldecke bohrten, er hatte immer wieder erlebt, wie ich ohnmächtig wurde oder erbrach – in jeder nur erdenklichen Situation hatte er Nerven wie Drahtseile an den Tag gelegt. Und nun brachte ihn die Suche nach dem Schminkpinsel aus der Fassung? Mit zittriger Hand öffnete er das Täschchen und zog einen Eyeliner heraus.

»Meinst Du das hier?«, fragte er unsicher.

Ich musste lachen. Dann realisierte ich, dass jetzt einfach nichts mehr zu retten war. Ich hätte mich gerne für meine Schüler ein wenig hübscher gemacht – teils aus Eitelkeit, teils weil ich sie nicht verunsichern wollte. Aber es ging einfach nicht. Ich konnte mich nicht verstecken, nicht einmal hinter einer dünnen Schicht Rouge. Ich fühlte mich völlig ausgeliefert. Ich seufzte und fügte mich in mein Schicksal. Ich sagte der Schwester, sie solle meinen Besuch hereinlassen. Sie würden mich eben einfach so nehmen müssen, wie ich war. Diese Schlacht war nicht ein für allemal geschlagen, ich musste immer und immer wieder mit diesem Problem kämpfen.

Mike wusste, wie sehr ich mich danach sehnte, einmal wieder zur Kirche zu gehen, und irgendwann gelang es ihm schließlich, am Sonntagnachmittag ein paar Stunden Ausgang für mich herauszuschlagen. Als wir auf der Autobahn in Richtung San Juan Capistrano fuhren, konnte ich es kaum noch erwarten. Es war so, als würde ich nach Jahren eine alte Freundin zum ersten Mal wieder sehen. Und weil ich nahe am Wasser gebaut habe, kamen mir gleich die Tränen, als ich unsere Kirche erblickte. Wie sehr hatte ich mich danach gesehnt, wieder einmal Zeit mit dem Herrn allein am Altar zu verbringen! Natürlich war Gott auch im Krankenzimmer bei mir, aber irgendwie war es doch nicht ganz dasselbe. Jeder von uns hat seine heiligen Orte und meiner war unsere Kirche. Hier war ich zur Schule gegangen, hier hatte ich wunderbare Zeiten mit Gott erlebt, hier hatte ich als Lehrerin gearbeitet und den Lobpreis geleitet. In jeder Phase meines Lebens hatte unsere Kirche eine zentrale Rolle gespielt. Es war für mich ein richtiges Fest, wieder hier zu sein. *Herr, es tut einfach gut, nach Hause zu kommen.*

Etwa vier Wochen vor meiner Entlassung aus der Klinik stellte sich die Frage, wo ich hin sollte. Das Haus meiner Eltern, ebenso wie die Häuser meiner Geschwister waren überhaupt nicht rollstuhlgängig und so erklärten sich meine Eltern großzügigerweise bereit, eine Eigentumswohnung für mich zu kaufen. Zusammen mit Mike und meinen Geschwistern machten sie sich auf die Suche. Es stellte sich jedoch schnell heraus, dass es ziemlich schwierig war, etwas zu finden, was meinen speziellen Bedürfnissen entgegenkam! Gute Angebote waren schnell verkauft, und die Zeit war knapp. Da es zunächst wenig hoffnungsvoll aussah, begannen sie allmählich den Mut zu verlieren.

Die Maklerin, die sie eingeschaltet hatten, war eine gute Bekannte unserer Familie. Sie fand schließlich etwas Geeignetes in San Clemente. Als meine Eltern sich die Wohnung anschauten, wussten sie sofort, dass sie das Richtige für mich war. So schnell sie konnten, trommelten sie den Rest der Familie zusammen, um zu sehen, ob alle einverstanden waren. Dann riefen sie bei mir an. Mike, der gerade bei mir war, nahm das Gespräch entgegen und stellte den Lautsprecher an, sodass wir beide mithören konnten.

Denise war dran. Sie sagte nicht einmal Hallo: »Also Renée, wir sind hier in einer Wohnung in San Clemente. Ich werde versuchen, sie dir zu beschreiben. Also, du kommst zur Eingangstür herein. Der Eingangsbereich ist sehr großzügig und es gibt nach vorne raus viele Fenster, sodass du immer sehen kannst, wer gerade kommt. Geradeaus geht es ins Wohnzimmer. Rechts ist ein kleines Büro, das sich als Musikzimmer eignen würde. Diese Wohnung hier ist wirklich mit Abstand die Beste von allen, die wir bisher besichtigt haben.« Ich konnte an ihrer Stimme hören, dass sie drauf und dran waren, zuzugreifen.

»Okay, Denise, vielen Dank. Jetzt gib mir doch bitte noch mal Michelle! Michelle, wie siehst du die Sache?«

»Also, es gibt hier ein Holzdeck, auf das du hinausfahren und in der Sonne sitzen kannst. Nach hinten raus gibt es außerdem einen sehr schönen Garten. Darüber hinaus«, so berichtete Michelle weiter, »hat die Wohnung zwei Schlafräume – einen großen mit einer breiten Flügeltür für dich und einen kleineren für deine Betreuerin.«

»Klingt toll, jetzt gib mir mal Mom. Mom, was denkst du?«

»Vorne ist ein kleiner Hof, in den man Rosen pflanzen kann. Und es ist alles sehr sauber, fast wie neu. Wir haben auch schon die Nachbarn kennen gelernt. Connie, auf der rechten Seite ist eine Sängerin. Sie singt in einem Musicaltheater. Die Nachbarn auf der anderen Seite sind auch sehr nett. Sie kamen gleich herüber, um uns zu begrüßen.«

»Wow! Okay, Mom, und jetzt gib mir noch mal Dad ans Telefon.«

Als ich Dads Stimme am Telefon hörte, merkte ich sofort, dass er mit aller Macht versuchte, seine Tränen zurückzudrängen.

»Renée?«

»Hallo, Dad!« Als Mike und ich hörten, wie sehr mein Vater gerührt war, kamen auch uns die Tränen.

»Renée ... es ist einfach perfekt für dich«, schluchzte er.

Ich wusste, dass er nicht mehr sagen konnte. Dad war ein typischer Vertreter seiner Generation, ein knorriger Ranchbesitzer und Weltkriegsveteran, ein Prototyp der John Wayne-Ära, ein Mann, der nicht weinte. Ich konnte mich nicht daran erinnern, bei meinem Vater jemals eine Träne gesehen zu haben. Nur als ich auf der Intensivstation lag und wir gerade die Nachricht bekommen hatten, wie ernst es um mich bestellt war, da war selbst er den Tränen nahe gewesen. Als er nun am Telefon zusammenbrach, wurde mir bewusst, was für einen tiefen Schmerz er empfand und welch eine Last auf ihm gelegen haben musste, als er versuchte, eine geeignete Bleibe für mich zu finden. Er hatte den Unfall nicht verhindern können und auch was meine Heilungsaussichten anbelangte, war er ziemlich machtlos, doch nun wollte er mir wenigstens ein Zuhause geben, einen Ort, an dem ich bleiben konnte, und es mir dort so schön machen, wie es eben ging. Als nun die Zeit bis zu meiner Entlassung immer knapper wurde, dachte er wohl, dass er nicht einmal in diesem Bereich für mein Wohl sorgen konnte. Aber nun hatten sie ein Zuhause für mich gefunden und die ganze Spannung fiel von ihm ab. Er musste weinen.

»Dann mach die Sache fest, Dad!«

»Mike, möchtest du auch noch herüberkommen und einen Blick darauf werfen, bevor wir uns endgültig entscheiden?«

»Nein, nein«, sagte Mike. »Ich denke das ist nicht nötig. Wenn ihr die Wohnung toll findet, dann habe ich keinen Zweifel daran, dass sie Renée auch gefallen wird.«

Als der Tag meiner Entlassung nahte, begannen die Mitarbeiter im Krankenhaus damit, Michelle, Denise und Mike darin zu unterweisen, wie sie mich versorgen mussten, wie sie meine Blase und meinen Enddarm entleerten und wie sie mich vom Bett in den Rollstuhl und zurück befördern konnten. Selbst Michelle musste feststellen, dass die Sache nicht ganz einfach war, als wir es zum ersten Mal versuchten. Therese stand dabei hinter ihr, um ihr Anweisungen zu geben und sie aufzufangen, für den Fall, dass sie umkippen sollte. Michelle platzierte sich in halb gebückter Stellung vor mich und klemmte meine Beine zwischen ihren Schenkeln ein, sodass sie die Arme frei hatte. Dann beugte sie sich über mich, legte meine Arme über ihre Schultern und umschlang mich an der Hüfte.

Sie war immer ein wenig auf ihre Figur bedacht und so feixte sie: »Hey, Therese! Was meinen Sie – könnte mein Hinterteil überhaupt noch dicker aussehen?«

Wir brachen in helles Gelächter aus. Michelle verschränkte ihre Hände hinter meinem Rücken und wir begannen zu wippen: eins, zwei, auf drei verlagerte sich das Gewicht meines Körpers auf ihre Knie. Sie schwenkte mich nach der Seite zur Bettkante zu, und dabei gab sie ein tiefes Stöhnen von sich, so als würde sie einen schweren Eichenbalken stemmen!

Wir landeten mit einem Schwung auf dem Bett, ich mit dem Gesicht nach unten und sie neben mir. Wir beide konnten uns kaum halten vor Lachen.

»Houston, wir haben ein Problem!«, rief sie. In diesen Situationen half es uns, einfach unseren Humor zu bewahren und uns selbst nicht so ernst zu nehmen.

Doch Trauer und Verzweiflung mussten sich irgendwann Bahn brechen. Der Tag, an dem ich die Reha-Klinik verließ, war für uns alle einer der traurigsten Tage unseres Lebens. Mike und ich hatten beide gehofft, dass ich das *Long Beach Memorial Hospital* auf meinen Beinen verlassen würde. Stattdessen fuhr ich mit dem *Saug- und Pustemobil* hinaus. Die harte Wirklichkeit traf uns wie ein Donnerschlag. Das war's dann! Selbst ich wusste nun, dass ich nie wieder laufen würde, wenn nicht gerade ein Wunder geschah. Ich würde für den Rest meiner Tage an den Rollstuhl gefesselt sein. Ich würde immer auf die Hilfe anderer angewiesen bleiben. Ich würde nie wieder Auto fahren oder auf einem Pferd sitzen, einen Scheck unterschreiben oder am Strand joggen. Nie wieder singen. Nie wieder unterrichten. Nie wieder einen Chor dirigieren. Alle Hoffnung für die Zukunft war dahin. Was sollte ich nur mit dem Rest meines Lebens anfangen? Wir saßen im Auto, jeder in seine eigenen Gedanken versunken. Mike hatte mir den Arm um die Schulter gelegt und ich weinte die ganze Zeit über, bis wir bei meinem neuen Zuhause ankamen.

Entlassung ins Gefängnis

Irgendwann zum Ende unserer etwa einstündigen Fahrt hatte sich mein Vorrat an Tränen erschöpft. Ich fühlte mich wie ein Vögelchen, das soeben aus dem Nest geworfen wurde, ohne fliegen zu können, und die Zukunft erschien mir wie ein einziger Horror. Ich war zwar aus dem Krankenhaus entlassen worden, aber ich lebte im Gefängnis meines reglosen Körpers. Der Gedanke daran, quasi ohne einen Körper weiterleben zu müssen, war einfach unvorstellbar. Doch als wir uns San Clemente näherten, überkam mich die Neugier und ich schaffte es, mich von meiner Angst abzulenken. Ich war gespannt darauf, meine neue Wohnung zu sehen.

Als wir in die Siedlung einbogen, in der ich wohnen würde, fiel mir auf, wie sauber und neu alles aussah. Obwohl es um diese Zeit schon dunkel wurde, konnte ich die weißen Gebäude mit den blaugrauen Fensterrahmen erkennen. Es gab viele Bäume und Grünflächen und überall blühten Blumen. Der ganze Komplex wirkte angenehm einladend.

Mike stellte das Auto ab und setzte mich in meinen neuen Rollstuhl. Er wollte, dass ich durch die Haustür mein neues Zuhause in Besitz nahm (auch wenn es durch die Garage bequemer gewesen wäre). Danach schob er mich den Gehweg hinauf in ein kleines Höfchen und dann zur Eingangstür.

Denise hatte uns erwartet und sang vergnügt, während sie uns öffnete: »Willkommen daheim!«

Alles war bereits fertig eingerichtet. Meine Familie hatte all meine Sachen hergebracht. Meine Möbel waren da, das Geschirr stand im Schrank, meine Bilder hingen an der Wand, vor den Fenstern waren Vorhänge und alle möglichen kleinen Accessoirs und Dekoartikel, die ich so besaß, waren geschmackvoll aufgestellt. Selbst die Blumen aus meinem Krankenhauszimmer waren schon da. Außerdem hatten mir viele liebe Leute Blumensträuße und Pflanzen zum Einzug geschickt, sodass es hier nicht nur wie in einem Musterhaus aussah, sondern auch duftete wie in einem Blumenladen. Die Tatsache, dass meine ganze Familie hier war, dass ich all meine vertrauten Gegenstände vorfand und dass so viele Menschen mir ihre Zuneigung bekundeten, half mir etwas über den Schmerz hinweg und trug dazu bei, dass ich mich gleich zu Hause fühlte.

Es war auch gut, dass meine Familie nach reiflichen Überlegungen entschieden hatte, dass es an diesem Tag keine große Einweihungsparty geben würde und dass sie auch sonst niemanden mehr einladen wollten. Mir war es lieber, diesen Beginn eines neuen Lebensabschnittes nur mit meiner Familie zu teilen.

Es war trotzdem ein geräuschvoller Abend. Alle waren bemüht, es mir so schön wie möglich zu machen. Niemand sprach mit gedämpfter Stimme, schließlich war es keine Beerdigung. Doch bei aller Ausgelassenheit war doch unterschwellig eine gewisse Unsicherheit im Raum. Waren wir der Situation wirklich gewachsen? Konnten wir das alleine bewältigen?

Im Krankenhaus war ich sicher gewesen. Es war zwar kein Vergnügen, dort zu sein, aber mir konnte immerhin nichts passieren. Ich kannte meinen Tagesablauf und es gab ausgebildete Fachkräfte, die sich um meine Bedürfnisse kümmerten. Sie wurden dafür bezahlt, Probleme vorherzusehen und nach Möglichkeit zu verhindern. Wann immer es einen Notfall gab, war ich in wenigen Sekunden von Krankenhauspersonal umgeben, wusste, was zu tun war. Außerdem war ich im Krankenhaus von der »normalen« Welt abgeschirmt. Hier teilten andere mein Schicksal, die ebenfalls querschnittsgelähmt waren. Es vermittelt ein gewisses Maß an Sicherheit, wenn man von seinesgleichen umgeben ist. Nun jedoch war ich wieder draußen und musste mich mit der Welt der Gesunden auseinander setzen.

Mike und meine Familie waren ebenso unsicher. Wie sollten sie diese Herausforderung bewältigen? Außer Denise war keiner von ihnen für meine Pflege ausgebildet. Alles, was sie konnten, war das wenige, was sie in der Klinik gelernt hatten. Was, wenn es einen Notfall gäbe? Wussten sie, was zu tun war, wenn ich mich erkältete und nicht fest genug husten konnte, um meine Atemwege von Schleim zu befreien? Was, wenn sie die Anzeichen einer Dysreflexie verkannten? (Schwerwiegende Folgeerscheinung einer Aufblähung von inneren Organen, zum Beispiel der Blase oder des Enddarms, die unter Umständen tödlich sein kann.)

Ebenso bedeutsam war die Tatsache, dass ich nun wirklich jeden Tag versorgt werden musste, denn ich konnte mir ja allein nicht helfen. Ich musste ins Bett gebracht und aus dem Bett geholt werden. Ich musste gebadet und angezogen werden. Meine Zähne mussten geputzt und meine Haare gebürstet werden. Jemand musste mir Essen machen und mich füttern. Wenn ich etwas brauchte, musste man es mir bringen. Ich konnte nirgends allein hingehen, überall musste ich hingefahren werden, und dreimal in der Woche hatte ich Krankengymnastik. Es war so, als ob man ein dreißig Jahre altes Baby versorgt. Ich war eine gewaltige Verpflichtung, die Unmengen an Zeit verschlang.

Meine Familie wollte zwar alles tun, um für mich da zu sein, aber jeder von ihnen hatte auch noch sein eigenes Leben, mit Haushalt, Familie und Arbeit. Denise hatte gerade vor kurzem verkündet, dass sie ihr zweites Kind erwartete, sie würde also schon bald nicht mehr schwer heben können. Wie viel konnte ich von meiner Familie realistischerweise erwarten und inwieweit würden sie für mich da sein können? Und Mike? Er war da, wann immer er konnte, aber wie lange würde er bereit sein, seine Zeit und Energie auf Dinge zu verwenden, die jede normale Frau ohne Hilfe allein verrichten konnte?

Bis wir eine Betreuerin fanden, übernahmen Denise, Michelle und Mike mit vereinten Kräften meine Pflege. Nach einer Weile aber fanden wir Yvette. Sie war genau das, was ich brauchte, ein richtiger Sonnenschein und mit ihren 21 Jahren ein hübsches, dunkelhaariges Mädchen voller Witz und Optimismus. Ich mochte sie sofort. Sie hatte bereits im Umgang mit querschnittsgelähmten Patienten eine Ausbildung erhalten, doch ein solches Training ist normalerweise sehr allgemein gehalten. Jede Hauspflegekraft muss die spezifischen Dinge erst lernen, die ihr Patient braucht. Yvette hatte offenbar ein gutes Gespür für meine Bedürfnisse und Stimmungslagen und ging darauf in einer Weise ein, die ich als sehr wohltuend und angenehm empfand.

Eines der Dinge, die uns am meisten entmutigten, war die Feststellung, dass es morgens mindestens drei Stunden dauerte, um mich fertig zu machen. Das war das absolute Minimum. Oft dauerte es sogar vier Stunden und manchmal sogar noch länger! Zunächst musste ich gleich nach dem Aufwachen etwa eine halbe Stunde lang Gymnastik machen – eine Serie von Streck- und Beugeübungen, die dazu dienten, meine Gliedmaßen gelenkig zu erhalten und Versteifungen vorzubeugen. Damals hatte ich einen Blasenkatheter mit einem Beutel, der an meinem Bein befestigt war. Dieser Beutel musste morgens und abends gewechselt werden.

Als Nächstes verfrachtete mich die Betreuerin aus dem Bett in den Duschstuhl. Im Bad angekommen wurde zunächst mein Enddarm entleert. Ohne zu sehr ins Detail gehen zu wollen, kann ich doch sagen, dass die ganze Prozedur zutiefst erniedrigend war. Wer möchte schon sein Geschäft in Gegenwart anderer verrichten müssen? Und dann die Zeit, die das Ganze in Anspruch nahm.

Danach war es Zeit zum Duschen. Da saß ich nun, splitternackt, mit vorstehendem Bauch und herabhängendem Busen, meine Arme baumelten leblos an der Seite herunter, während Yvette meine Haare und meinen Körper abseifte – überall, selbst an den intimsten Stellen. Nicht das geringste bisschen Intimsphäre war mir noch vergönnt. Eine der unangenehmen Folgeerscheinungen meiner Querschnittslähmung besteht darin, dass die Temperaturregulation meines Körpers gestört ist und ich praktisch immer friere. Wenn also das warme Wasser nur über einen Teil meines Körpers läuft, habe ich immer das Gefühl, nass in der Kälte zu stehen.

Meine Helferinnen duschten mich zumeist sehr hingebungsvoll und ausgiebig. Sie wuschen mich zwischen jeder Zehe, rasierten mir Beine und Achselhöhlen. Außerdem verbrachten sie oft einige Minuten damit, mir den Rücken einzuseifen, obwohl ich davon nicht das mindeste spürte. Diese Liebe zum Detail erschien mir so unnötig, eine reine Zeitverschwendung!

Manchmal wurde ich deshalb ein wenig ungeduldig und sagte ihnen: »Sie brauchen mich nicht so zu duschen, als ob ich zum Ball ginge. Brausen Sie mich einfach so ab, wie Sie es bei sich selbst machen würden, wenn Sie morgens verschlafen hätten!«

Meine Betreuerinnen versuchten natürlich immer, auf meine Bedürfnisse einzugehen, aber ich saß oft eine halbe Stunde da und machte mir Vorwürfe, weil ich vielleicht zu hart und undankbar gewesen war. Was, wenn sie einfach aufhörten und ich am Ende ohne Hilfe dastünde?

Wenn sie mich schließlich aus der Dusche herausrollten, deckten sie mich mit Badetüchern zu und brachten mich zum Bett hinüber. Dort trockneten sie mich ab und legten mir meine Windel an.

Einmal, als Denise mich morgens versorgte, lief sie noch einmal kurz ins Bad zurück und meinte dabei: »Hoppla, ich hab die Windel liegenlassen.«

Als sie zurückkam, hatte ich Tränen in den Augen.

»Was ist denn?«, fragte sie.

»Wie ich dieses Wort hasse! Ich hasse es!«

»Du meinst Windel?«

»Ja!«

»Das kann ich gut verstehen«, sagte sie. Sie schaute auf die Verpackung, dachte einen Moment lang nach und sagte: »*Attends* heißt die Marke. Von heute an sagen wir nur noch *Attends* dazu!«

Die nächste Aufgabe bestand darin, mich anzuziehen. Zuerst musste meine Helferin mir die Hose anziehen. Ich lag auf dem Bett wie ein Mehlsack. Vielleicht fragen Sie sich, wie das überhaupt gehen soll. Nun, da gibt es absolut keine geheimen Kniffe. Da hilft nur schieben und zerren. Michelle oder Denise oder Yvette – wer auch immer es gerade war – drehte mich erst auf die eine Seite und schob und zerrte und dann auf die andere und schob und zerrte wieder. Dann knieten sie sich aufs Bett, spreizten mir die Beine und zupften und ruckelten und schoben, bis die Hose saß. Wenn ich die Hose endlich anhatte, war es an der Zeit, mich ins *Saug- und Pustemobil* zu verfrachten. Sobald ich endlich saß, wurde mir zu guter Letzt ein BH und eine Bluse angezogen.

Eine Sache, die ich sehr vermisste, so lächerlich es vielleicht klingen mag, war die Möglichkeit, am Morgen verschiedene Kleidungsstücke auszuprobieren. Normalerweise zieht man sich als Frau eine Kombination an, betrachtet sich im Spiegel, zieht eine Grimasse und ruft: »Das sieht ja völlig bescheuert aus!« Und dann fliegen die Klamotten im hohen Bogen wieder in den Schrank. Diese Zeiten waren bei mir vorbei – ein für alle Mal. Was ich anhatte, behielt ich an, egal wie hässlich oder dick ich darin aussah. Es war einfach viel zu aufwändig, mich noch einmal umzuziehen.

Als Nächstes kamen die Tennisschuhe mit einem hohen Schaft, damit meine Füße und Fußgelenke nicht zu sehr anschwollen. Auch dies war wieder eine Hürde für sich. Es ist ganz schön schwierig, jemandem die Schuhe anzuziehen, der überhaupt keine Spannung in den Füßen hat. Wie sehr ich es vermisste, einmal wieder schöne Schuhe zu tragen. Für Renée gab es einfach keine hübschen Sandälchen mehr.

Wenn ich *endlich* fertig angezogen war, war es an der Zeit, mir die Haare zu fönen und mich zu frisieren. Mein Haar war natürlich inzwischen fast trocken, weil es so lange gedauert hatte, mich anzuziehen. Der Wirbel in meinem Pony war also kaum noch zu bändigen. Meine Helferinnen versuchten es natürlich, aber sie waren eben keine Kosmetikerinnen. Selbst ein professioneller Friseur bekommt das Haar ja nicht immer genau so hin, wie wir es möchten! Wie oft hätte ich gerne selbst zur Bürste gegriffen, um mir die Haare zu richten, aber auch damit war es nun vorbei. So musste ich mich wohl oder übel daran gewöhnen, dass mein Haar fast nie so aussah, wie ich es mir selbst gemacht hätte. Zum Abschluss bekam ich noch das Gesicht eingekremt und wurde geschminkt.

Inzwischen waren gut vier Stunden vergangen und es war gegen 13:00 Uhr und ich hatte noch nicht einmal gefrühstückt!

Auch das Essen war wieder ein Hindernislauf. Meine Helfer schnallten mir eine Spange ans Handgelenk und steckten einen gebogenen Löffel in diese Konstruktion hinein. Wenn sie die Mahlzeit in einer Schale vor mich hinstellten, dann konnte ich mir die Nahrung selbst zuführen – so ziemlich jedenfalls. Da ich häufig meinen Mund verfehlte, musste ich beim Essen eine Schürze tragen. Leider klebten nach dem Essen die Reste überall, selbst auf dem Rollstuhl, sodass anschließend erst mal eine ausgedehnte Reinigungsaktion nötig war. Ich schämte mich und fühlte mich dumm und hässlich. Als Dreißigjährige musste ich wie ein kleines Baby versorgt werden.

Dabei war die ganze Pflege keineswegs kostenlos. Die finanzielle Belastung durch meine Dauerpflege war eine unserer Hauptsorgen. Die Versicherung übernahm lediglich die Kosten für zehn Tage pro Jahr. Ich konnte jedoch keinen Tag ohne Hilfe auskommen. Deshalb schwebte die Frage, wie wir die restlichen 355 Tage im Jahr bezahlen sollten und zwar für den Rest meines Lebens, bedrückend über uns. Außerdem verdiente ich ja nichts. Über meinen Arbeitgeber hatte ich zwar im Prinzip eine Berufsunfähigkeitsversicherung, doch diese wäre erst nach einer mindestens vierjährigen Beschäftigungsdauer eingetreten. Da ich mir meine Verletzung jedoch zum Ende meines dritten Jahres im Schuldienst zugezogen hatte, bestanden keinerlei Ansprüche. In dieser Situation war mir Mike eine große Hilfe, der mich mit seinem Optimismus ermutigte, dem Herrn zu vertrauen und jede Woche einzeln anzugehen.

Zwar war ich es irgendwann Leid, immer in meiner Wohnung zu sitzen, aber es war gar nicht so einfach, irgendwo anders hinzukommen. Zum einen war der halbe Tag um, bevor ich überhaupt mit der Morgentoilette fertig war, zum anderen war es immer mit einem riesigen Aufwand verbunden. Wann immer wir irgendwo hinfuhren, mussten wir zur reinen Fahrzeit eine halbe Stunde dazurechnen, weil ich ja noch ein- und ausgeladen werden musste.

Um mir doch ein wenig Mobilität zu ermöglichen, kauften wir einen alten blauen Van mit einem Rollstuhllift – eine richtige alte Gurke. Es war mit einem riesigen Aufwand verbunden, mich in dieses Auto hinein und wieder heraus zu bugsieren. Zunächst musste man mich auf den Lift schieben und den Rollstuhl sichern. Im Auto wurde mein Rollstuhl mit Klammern in der Mitte verankert. Wenn Mike fuhr, saß ich nicht etwa neben ihm, sondern ganz allein ziemlich weit hinter ihm. Neben mir war der zusammengeklappte Lift, der wie eine Art Käfig aussah. Ich kam mir vor wie ein Stück Vieh, das durch die Gegend gekarrt wurde. Wenn ich so in meinem Verschlag in der Mitte des Wagens saß, machte ich mir manchmal einen Spaß und machte: »Muh! Muh!

Muuuuh!« Dann lachten wir, aber ehrlich gesagt war mir manchmal überhaupt nicht lustig zumute.

Früher ging ich zu Fuß oder rannte, jetzt musste ich mir dieselben Orte träge in einem Rollstuhl sitzend erschließen. Dabei erregte ich zwangsläufig die Aufmerksamkeit der Leute. Ich fühlte mich wie auf dem Präsentierteller. Mit meinem *Saug- und Pustemobil* war ich ein Kuriosum, etwas, das einfach nicht in die normale Landschaft gehörte. Manche wohlmeinende Schaulustige blickten zu mir herüber, so als wollten sie sagen: »Ach Du Ärmste!« Wie ich das hasste! Die meisten Erwachsenen jedoch schauten nur kurz zu mir hin und wandten den Blick gleich wieder ab.

Die Kinder taten dies freilich nicht. Die Frau in dem hässlichen Gefährt erregte ihre Neugier und sie fragten sich, wie das Ding wohl funktioniert. Ich fühlte mich zwar nicht wohl in meiner Haut, aber ich wollte möglichst vermeiden, dass es den Kindern genauso erging. So beantwortete ich alle ihre Fragen und führte bereitwillig mein *Saug- und Pustemobil* vor. Der einzige Ort, wo es mich wirklich hinzog, war die Kirche, aber bis ich meine Morgenroutine abgeschlossen hatte, war der Gottesdienst längst vorbei.

Die meiste Zeit verbrachte ich deshalb in meiner Wohnung, doch ab und an gingen wir auch mal essen oder bummelten ein wenig durch ein Einkaufszentrum.

Eines Samstagmittags nahm mich Mike auf eine kleine Tour in seinem Auto mit. Plötzlich hatte ich eine große Lust auf ein Eis und bat Mike bei einer Eisdiele anzuhalten.

»Na klar!«, sagte er und bog auf den Parkplatz ein. Es lohnte sich natürlich nicht, mich für diesen kurzen Abstecher in den Eissalon aus dem Auto zu holen und in den Rollstuhl zu setzen.

»Ich bin gleich wieder da«, sagte er und verschwand.

Es war das erste Mal seit meinem Unfall, dass ich auf einem öffentlichen Parkplatz alleine im Auto saß. Auf einmal wurde ich mir darüber bewusst, wie wehrlos ich war, und meine Phantasie ging mit mir durch. Ich begann mir alle möglichen Szenarien auszumalen: *Was, wenn jemand einfach die Tür aufreißt und mich entführt oder vergewaltigt? Oder was, wenn jemand einsteigt und einfach mit mir davonfährt? Was, wenn mich jemand aus dem Auto wirft und das Auto stiehlt?* Jeder Passant wurde zu einem potenziellen Angreifer. Ein Gefühl von totaler Ohnmacht und Hilflosigkeit überflutete mich und nach kurzer Zeit war ich in heller Panik.

Nach sieben oder acht Minuten kam Mike vergnügt zum Auto zurück und brachte eine doppelte Portion von meinem Lieblingseis. Als er die Autotür öffnete, sah er mich voller Entsetzen an und fragte: »Was ist denn mit dir passiert?«

Ich war einfach völlig außer mir. Tränen strömten mir übers Gesicht und ich zitterte vor Angst. Ich versuchte, die Fassung wieder zu gewinnen, um ihm zu erklären, was los war: »Ich hatte einfach solche Angst, allein hier im Auto! Wenn irgendjemand versucht hätte, hier einzudringen, wäre ich völlig wehrlos gewesen!«

Er nahm mich in den Arm, bis ich mich wieder beruhigt hatte, und dann überlegten wir, wie wir das nächste Mal dafür sorgen konnten, dass ich mich sicher fühlte. So parkte er künftig nur noch direkt vor dem Gebäude und verschloss das Auto. Und ich würde mich das nächste Mal innerlich wappnen und meinen irrationalen Ängsten entgegentreten, bevor sie außer Kontrolle gerieten.

Wenn sich irgendwo eine Tragödie ereignet, bekommen die Betroffenen normalerweise am Anfang jede Menge Unterstützung, doch mit der Zeit kehrt bei allen wieder der Alltag ein, und man steht alleine da. Ich bin immer noch völlig perplex, dass dies bei mir nicht der Fall war. Die Leute kamen weiterhin und fanden immer wieder neue Wege, um mir zu helfen. Die Schulinitiative *Rally 'round Renée* versorgte mich fast ein ganzes Jahr lang mit Essen – wirklich jeden Tag! Ich bekam so viel Essen gebracht, dass wir mehr hatten, als ich verbrauchen konnte. Irgendwann beschränkten wir die Essenslieferungen auf drei bis vier Tage in der Woche. Durch diese wunderbare Fürsorge brauchten wir uns nie Gedanken darüber zu machen, was ich essen sollte oder wer es mir zubereiten würde.

Eines Nachmittags, so gegen 16:00 Uhr, saß ich alleine auf der Terrasse und war zutiefst traurig. Was ich da empfand, lässt sich vielleicht am ehesten mit dem Gefühl vergleichen, das einen zurückgebliebenen Ehepartner befällt, wenn die Trauerfeierlichkeiten abgeschlossen sind und alle Angehörigen und Freunde wieder zu ihrem normalen Alltag zurückgekehrt sind. Alles, was nun bleibt, ist ein leeres Haus voller Erinnerungen an den geliebten Verstorbenen. Wie ich so dasaß, hörte ich in der Ferne ein Lachen und sah zwei Mädchen aus der San Clemente Highschool in ihrem typischen Chorkostüm. Sie stiegen ins Auto und fuhren davon, offensichtlich waren sie auf dem Weg zu einem Chorkonzert – ein Konzert, bei dem ich normalerweise dirigiert hätte. *Tja,* dachte ich, *das Leben geht eben ohne mich weiter.*

In diesem Moment wurde ich von einer unsäglichen Einsamkeit und einem Gefühl absoluter Ohnmacht überwältigt. Seit Monaten hatte ich immer versucht, mich zusammenzureißen, mir ein Lächeln zu bewahren und irgendwie mit der Situation zurechtzukommen. Dabei hatte sich in mir ein Meer von Verzweiflung aufgestaut. Etwas in mir war gestorben. Das Leben, so wie ich es einmal gekannt hatte, war nicht mehr. Meine Berufsabsichten, meine Hochzeit, meine Möglichkeiten, meine Zukunftsträume und Pläne, mein Körper – all das war tot. In diesem Augenblick begann ich zu trauern. Ich weinte so tief und bitterlich, wie noch nie zuvor. Ich wehklagte.

Meine Nachbarin Rosemary war gerade in ihrem Garten und rief über den Zaun: »Renée? Renée? Ist was nicht in Ordnung, mein Liebes?«

»Es ist schon gut, Rosemary. Ich muss einfach weinen.«

»Das hört sich einfach ganz schrecklich an. Bist du sicher, dass ich nichts für dich tun kann?«

»Nein, Rosemary, du kannst mir gar nicht helfen. Es muss einfach raus!«

Mein Ausbruch dauerte einige Minuten. Ich hatte das Gefühl, am Grund einer tiefen Schlucht zu sein, so tief unten, dass nie wieder ein Sonnenstrahl zu mir durchdringen würde. Später wurde mir klar, dass es nötig war, diese Verzweiflung zu durchleben, damit die Trauer hochkam und der Heilungsprozess in Gang kommen konnte.

Nicht lange danach fragten mich ein paar Schüler aus dem Chor, die regelmäßig zu Besuch kamen, ob ich nicht zum Herbstkonzert kommen wollte. Da es ihnen so wichtig zu sein schien, ließ ich mich schließlich überreden. Das war ein großer Fehler.

Ich versuchte zwar, mich ganz bewusst für das zu wappnen, was da auf mich zukam, aber es gelang mir nicht.

Mike und ich schlüpften durch die Hintertüre hinein, gerade als die Musik begann. Nach ein paar Minuten blätterte Mike das Programm für mich um, sodass ich lesen konnte, was auf der Rückseite stand. Julie hatte ein paar Worte an die Chormitglieder geschrieben.

»An meine Schüler«, stand da. *An ihre Schüler? Das sind nicht ihre Schüler! Es sind meine Schüler! Das ist der Chor, den ich aufgebaut habe und ich habe diese Schüler ausgewählt. Was fällt ihr eigentlich ein, von ihren Schülern zu sprechen?!* Ich war wutentbrannt und zutiefst verletzt. Es war verdammt schwer, etwas abzutreten, das man selbst aufgebaut hatte.

Heute sehe ich, dass ich meine Wut an die falsche Adresse richtete. Sie galt eigentlich gar nicht Julie, sondern meiner Querschnittslähmung. Wenn es nicht gerade Julie getroffen hätte, dann wäre es jemand anderer gewesen. In diesem Moment hatte sie das, wonach ich mich voller Verzweiflung sehnte – meine Arbeitsstelle und meine Schüler. Und ich konnte das in diesem Moment kaum ertragen.

Dreimal in der Woche fuhr ich zur Krankengymnastik und Therapie nach Casa Colina. Als ich zum ersten Mal dort hinkam, erfuhr ich, dass ich einer Gesprächstherapeutin namens Bonnie zugeteilt war. Da sie selbst querschnittsgelähmt war, war ich sehr gespannt auf sie und freute mich darauf, mit ihr zu arbeiten. Wer konnte sich besser in mich hineinversetzen, als jemand, der genau in derselben Situation war wie ich?

In unserer ersten Sitzung fragte sie mich, wie ich in den Rollstuhl gekommen sei. Als ich ihr die Geschichte erzählte, erwähnte ich, wie Gott immer wieder genau zum richtigen Zeitpunkt eingegriffen hatte, um für meine Bedürfnisse zu sorgen.

Ihre Reaktion darauf war: »Ja, wir alle klammern uns an irgendetwas, um schwierige Zeiten zu überstehen.«

Ihre Bemerkung empfand ich wie einen Stich, aber ich schenkte ihr keine weitere Beachtung. Bei unserer nächsten Begegnung sprach ich wieder davon, wie Gottes Treue mich versorgt hatte, und wieder war ihre Reaktion dieselbe: »Wir brauchen alle etwas, woran wir uns festhalten, wenn wir durch schwierige Zeiten gehen.«

Diesmal war es nicht mehr nur ein kleiner Nadelstich, sondern ein richtiger Ellenbogenhieb. Offensichtlich hatte sie ein fixes Antwortschema, wann immer von Gott die Rede war.

Die dritte Sitzung kam und ich erzählte ihr davon, dass Mike mich heiraten wollte. Ich sagte ihr auch, dass ich mir selbst noch unsicher war, und dass ich deshalb um Klarheit betete.

Dieses Mal sagte sie: »Ja, wir brauchen doch immer wieder solche Krücken!«

Das war nun nicht mehr nur ein Ellenbogenhieb, sondern ein ganz unverhohlener Messerstich. Etwas in mir rastete aus. Ich fing an, mich über diese Frau zu ärgern. Was dachte sie sich eigentlich dabei, meinen Gott eine Krücke zu nennen?

Ich unterbrach das Gespräch sofort, wobei ich mich bemühte, meinen Ärger zu verbergen: »Bonnie, würde es Ihnen etwas ausmachen, mir zu erzählen, wie es dazu kam, dass Sie im Rollstuhl sitzen?«

»Ich studierte Ballett an einem Community College in New York«, berichtete sie ganz freimütig. »Eines Tages hatten wir eine Übung auf dem Trampolin. Dabei bin ich zu hoch gesprungen und habe im Flug die Balance verloren. Ich verfehlte das Trampolin und landete kopfüber auf dem Boden.« Plötzlich veränderte sich ihr Tonfall. Sie erzählte weiter: »Und als ich im Krankenhaus lag, kamen haufenweise Leute und beteten für mich. Sie redeten von Gott und von Wundern und Glaubensheilungen. Sie kippten literweise Weihwasser und Salböl über mich und beteten. Und was hat es mir gebracht?« Ihr Gesichtsausdruck sprühte förmlich von Zorn und Ablehnung und ihre Worte waren voller Bitterkeit.

»Wissen Sie, Bonnie«, sagte ich, »ich fürchte, wir können nicht miteinander arbeiten.«

»Wieso? Wie kommen Sie denn darauf?«

»Weil Sie ganz offensichtlich mit Gott noch eine Rechnung offen haben, die noch geklärt werden muss. Ich merke, dass wir immer wieder Probleme haben werden, wenn ich auf meine Gottesbeziehung zu sprechen komme, und die ist, offen gesagt, alles, was mir im Moment noch geblieben ist. Ich kann es einfach nicht zulassen, dass jemand mein Vertrauen auf Gott unterminiert.«

»Aber das hat doch nichts damit zu tun, was wir hier miteinander besprechen!«

»Oh doch, das hat sehr viel damit zu tun. Ich glaube, Sie müssen erst einmal Ihre eigene Wut auf Gott wegen Ihres Unfalls und der Querschnittslähmung bearbeiten. Ich bin emotional sehr angeschlagen und muss selbst damit klarkommen, was mir passiert ist, und ich kann einfach keine negativen Kommentare über Gott vertragen. Es geht einfach nicht!«

Sie versuchte noch einmal, mich zum Bleiben zu überreden, aber ich blieb hart: »Nein, es ist mir sehr ernst. Ich habe wirklich nichts gegen Sie persönlich. Ich wünsche Ihnen nur das Beste, aber Sie können nicht meine Therapeutin sein.«

Danach verließ ich den Raum, ich ergriff quasi die Flucht.

Das war eine gute Entscheidung, denn Bonnie hatte mich tatsächlich verunsichert. Sie war eine Therapeutin und somit eine Person, die Einfluss auf mich hatte. Ich sollte mich ihr anvertrauen und es war Teil ihrer Aufgabe, mir Rat zu geben und mir zu einer ausgewogenen Sicht der Dinge zu verhelfen. Ich habe an diesem Tag eine wichtige Lektion gelernt. Ich muss aufpassen, wem ich mich anvertraue und hier besagt der Titel auf dem Türschild oft sehr wenig. Deshalb müssen wir den Rat, den uns jemand gibt, sehr genau abwägen.

Viele Freunde und ehemalige Schülerinnen besuchten mich regelmäßig zu Hause. Eine von ihnen war Shannon Bason. Sie und ihre Eltern lebten ganz in der Nähe und waren sehr aktiv an *Rally 'round Renée* beteiligt. Einige Monate nach meiner Entlassung aus dem Krankenhaus kam Shannon einmal direkt nach der Schule bei mir vorbei. Sie setzte sich vor mich hin und sagte: »Renée, ich möchte dich gerne etwas fragen.«

»Na klar, Shannon, was gibt's?«

»Ich habe gehört, dass du nach einer Wochenendbetreuerin suchst. Ich würde mich freuen, wenn ich das machen könnte. Bitte sag nicht gleich Nein, ich meine es wirklich ernst.«

Mir kamen die Tränen. »Ach, Shan, ich kann das einfach nicht annehmen. Es ist wirklich eine grauenhafte Arbeit. Du müsstest mir dabei helfen, auf die Toilette zu gehen und meine Blase und meinen Enddarm entleeren. Es ist überhaupt nicht schön und kein sehr aufregender Job. Eher ist es abstoßend und harte Knochenarbeit. Ich kann mir kaum vorstellen, dass dir das gefallen würde.«

Sie legte mir ihre Hand aufs Knie und sagte: »Ich weiß, dass das für dich etwas sehr Persönliches ist und es wäre auch bestimmt nicht leicht, diese Lehrer-Schüler Barriere zu überwinden.«

»Genau so ist es! Du bist immer meine Schülerin gewesen. Da kannst du mir nicht auf einmal den Hintern abwischen!«

Daraufhin schwenkte sie um und versuchte die Sache von der humorvollen Seite anzugehen: »Komm, Renée, ich glaube, wir könnten viel Spaß miteinander haben. Wir drehen einfach die Musik auf und singen dabei. Ich offenbare dir auch die Geheimnisse aus meinem Liebesleben und wir lenken uns irgendwie von den unangenehmen Seiten ab.«

»Ich weiß nicht so recht.«

»Ich bin mir sicher, dass es die ersten paar Male sehr komisch sein wird, aber wir werden uns schon daran gewöhnen. Außerdem möchte ich gerne Krankenschwester werden. Ich könnte mir keine bessere Möglichkeit vorstellen, um Erfahrungen zu sammeln. Ich könnte so viel von dir lernen!«

Mir war klar, dass sie ganz bewusst die Lehrerin in mir ansprach, um mir die Sache schmackhaft zu machen. Es funktionierte. Ich gab nach: »Na gut, ich werde es mir überlegen.«

»Natürlich. Überleg es dir einfach und dann sag mir Bescheid!«

Ich besprach die Sache mit Mike und mit meinen Schwestern. »Ist es nicht töricht, so etwas überhaupt in Erwägung zu ziehen?«, fragte ich sie.

Sie halfen mir dabei, die Vor- und Nachteile gegeneinander abzuwägen. Am Ende überwogen die Vorteile. Shannon war für ihr Alter sehr reif, sie war absolut zuverlässig, überaus flexibel und sie wohnte ganz in der Nähe. Ich mochte sie wirklich gut leiden und hatte sie gerne um mich. Außerdem kannte sie bereits Mike und meine Familie. Ich erkannte, dass Shannon die Richtige war. Die ersten paar Male würden sicher sehr unangenehm sein, aber danach würden wir uns alle daran gewöhnen.

»Okay Shannon«, sagte ich ihr ein paar Tage später. »Ich habe es mir überlegt und ich glaube, wir können es miteinander versuchen.«

Sie war begeistert und juchzte: »Das wird *richtig* peinlich!«

Ich fügte hinzu: »Ja, es wird eine echte Tortur für mich! Ich möchte nur sicher gehen, dass du eines gleich von vornherein weißt. Ich will, dass du die Musik voll aufdrehst. Ich ziehe mir dann eine Papiertüte über den Kopf und fliehe in Gedanken nach

Hawaii oder nach Frankreich, während Denise dir zeigt, wie's gemacht wird.«

Und genauso haben wir es dann auch gemacht.

Die ersten paar Male war es so, wie wir es erwartet hatten – eine demütigende Tortur. Doch Shannon hatte einen absolut entwaffnenden Humor und schaffte es in wunderbarer Weise, mir die Situation leicht zu machen. Sie arbeitete zwei Jahre lang für mich und wurde zu einem Teil der Familie.

Shannon war die erste von drei ehemaligen Schülerinnen, die mich betreuten. Später folgten ihr Dana Hinton und Andrea Imlay. Auch sie strebten Ausbildungen im medizinischen Bereich an. Als sie mit ihrer Arbeit begannen, hatte ich bereits eine Reihe von Betreuerinnen gehabt und war mit den Hindernissen der Einarbeitsphase vertraut. Doch da Shannon den Weg gebahnt hatte, war es mit den anderen beiden nicht mehr ganz so schwer. Trotzdem war es jedes Mal am Anfang schrecklich peinlich. Ich verwendete jedes Mal die gleiche Methode wie mit Shannon und zog mir einen Beutel über den Kopf, drehte laute Musik auf und überließ die Einweisung Denise, die ihre Sache übrigens wirklich fabelhaft machte!

Als Weihnachten nahte, gingen Michelle und Denise mit mir auf Einkaufstour, damit ich meine Geschenke kaufen konnte. In einer der Geschenkboutiquen sah ich einen süßen kleinen Plüschhasen mit Hängeohren, der mich mit großen Augen anschaute. Er hatte es mir irgendwie angetan, denn er schaute so schelmisch drein, dass ich hingerissen war. Ich schaute ihn mir immer wieder an, kaufte ihn jedoch nicht.

Die Vorweihnachtszeit in diesem ersten Jahr war für mich extrem schwierig. Ich konnte keine Weihnachtslieder singen, ich konnte meine Geschenke nicht selbst verpacken. Alles, was ich tun konnte, war dasitzen und zuschauen, wie die anderen den Baum schmückten. Es war so, als ob Weihnachten ein großes Bühnenstück wäre, bei dem ich nicht aus meiner Zuschauerrolle heraus konnte. Dabei hätte ich nichts lieber getan, als einfach aufzustehen und mitzuspielen, so wie alle anderen auch! Oft kämpfte ich in meinen Gedanken gegen die sich mir aufdrängenden Erinnerungen an, daran, wie es früher einmal gewesen war. Ich musste mich immer wieder ganz bewusst dazu durchringen, mich mit dem aktuellen Stand der Dinge abzufinden. An

Feiertagen und zu besonderen Gelegenheiten ist und bleibt dies ein ganz besonderer Kampf.

Aber nicht nur beim Singen und Schmücken war ich Zuschauerin, auch wenn alle Frauen in der Küche fleißig waren und unser Festtagsessen vorbereiteten, konnte ich einfach nur dasitzen und zuschauen. Beim Essen musste ich gefüttert werden und danach, als alle zupackten, um abzuspülen und sauber zu machen, saß ich wieder untätig herum. Ich fühlte mich vollkommen nutzlos. Jeder versuchte, die Stimmung hochzuhalten und möglichst entspannt zu sein, aber die ganze Situation war für uns alle unheimlich schwer.

Als es schließlich Zeit war, die Geschenke auszupacken, stand mein Vater auf und ging ins Nachbarzimmer. Kurz darauf kam er mit einem viel sagenden Lächeln und stolz geschwellter Brust wieder herein und sagte mit freudiger Erregung in der Stimme: »Renée, ich habe dir etwas gebastelt, damit du deine Geschenke selbst auspacken kannst.«

Er hatte eigens ein Werkzeug für mich entworfen und geschweißt, mit dem ich die Pakete aufreißen konnte. Es sah aus wie eine Spitzhacke im Miniaturformat und es funktionierte wie ein kleines Schwert. Er konnte es kaum erwarten, mir seine Erfindung zu demonstrieren. Er befestigte die Konstruktion an der Spange, die ich zum Essen immer am Handgelenk trug.

»Du kannst die Spitze unter den Papiersaum schieben und es dann mit dem Schultermuskel so bewegen, dass sie das Papier aufreißt«, erklärte er mir.

Es funktionierte wirklich! Ich werde niemals vergessen, wie liebevoll und umsichtig meine Eltern darum bemüht waren, die Dinge für mich so normal wie möglich zu gestalten.

Die Weihnachtszeit ist ohnehin sehr emotionsgeladen und bei mir kam noch der Umstand hinzu, dass meine Querschnittslähmung jede kleine Gefühlsschwankung in mir verstärkte. So war ich seelisch völlig erschöpft. Meine Nerven lagen blank und ich konnte nicht mehr.

Nachdem ich einen Großteil des Weihnachtsfeiertages mit meiner Familie verbracht hatte, verabschiedeten wir uns und machten uns auf den Weg zu Mikes Eltern nach Huntington Beach, etwa eine dreiviertel Stunde von meinen Eltern entfernt. Dort waren wir zum Abendessen eingeladen. Sobald wir auf der

*Ich wurde
am 21. Juni 1958
geboren.*

*Ich bin das Baby
in dieser glücklichen
Kinderschar.
Die anderen sind Danny,
Denise und Michelle
(von links nach rechts).*

*Im dritten Schuljahr
und eine stolze Schülerin.*

*1976 und endlich habe ich
die Schule hinter mir.*

Im Studio bei den Aufnahmen von »Let it Rain« (2001).

Wir Schwestern lassen unseren Mut nicht sinken: Michelle, Denise und ich (von rechts nach links).

Unsere kleine Familie (2002).

Autobahn waren, dachte ich an Mikes Familie und kam ins Grübeln. Seit meinem Unfall war nicht ein einziger Tag vergangen, an dem ich mich nicht gefragt hatte, wie Mike überhaupt auf die Idee kommen konnte, mit mir zusammen zu bleiben. Schließlich war ich eine so untragbare Last geworden, so erschien es mir jedenfalls. Ich fing an, mir Gedanken darüber zu machen, wie seine Familie mich aufnehmen würde, und wie sie über mich als potenzielle Ehefrau für ihren wunderbaren Sohn denken mussten. Angst machte sich breit. *Es ist völlig ausgeschlossen, dass sie unsere Beziehung wirklich befürworten. Ich bin nicht mehr die Frau, die ich einmal war. Ich bin wie eine Kette mit einer riesigen Eisenkugel. Wenn Mike bei mir bleibt, sitzt er mit mir im Gefängnis fest. Niemals können Eltern es befürworten, dass ihr Sohn einen Menschen mit einer solch umfassenden Behinderung heiratet.*

Als wir bei Mikes Eltern ankamen, war ich insgeheim zutiefst davon überzeugt, dass ich nichts taugte und ihren Sohn überhaupt nicht verdiente. Mein Selbstwertgefühl war völlig dahin.

Die Bondis begrüßten uns jedoch mit einem breiten Lächeln und wünschten uns frohe Weihnachten.

Nach außen hin lächelte ich ebenfalls, doch in mir klaffte ein einziges bodenloses Loch. Das Haus von Mikes Eltern, in dem ich mich vor meinem Unfall immer so wohl gefühlt hatte, war plötzlich zu einem Hindernisparcours für meinen Rollstuhl geworden. Es hatte drei Ebenen, und für mich hätte es kaum ungünstiger sein können. Es war überhaupt nicht daran zu denken, mich dort möglichst unauffällig zu machen und niemandem zur Last zu fallen. Gleich zu Anfang musste Mike seinen Bruder Steve und seinen Schwager Scott einspannen, um mich die drei Stufen vom Eingangsbereich ins Wohnzimmer hinaufzuhieven. Als es dann eine Stunde später Zeit zum Essen war, mussten mich die drei Männer wieder drei Stufen hinunter in das Speisezimmer tragen. Und der Rest der Familie stand drum herum und sah zu, auch wenn sie alle versuchten, mir die Situation so angenehm wie möglich zu machen.

Mikes Vater, Jim, hatte den Esstisch mit Hilfe von ein paar Büchern etwas erhöht, damit ich mit dem Rollstuhl darunter passte. Sandra, Mikes Mutter, hatte mein Essgerät sorgsam neben meinen Teller gelegt. Sie hatten wirklich vorausgedacht und waren offensichtlich bemüht, alles zu tun, damit ich mich bei ihnen willkommen fühlte. Doch Mike musste mich trotzdem beim Essen füttern. *Da sitze ich nun, eine erwachsene Frau von dreißig Jahren und mein Verlobter muss mich vor den Augen seiner ganzen Familie wie ein kleines Baby füttern! Was müssen sein Vater und seine Mutter denken? Was mag wohl in den Großeltern vorgehen?*

Obwohl es bei Tisch ganz lebendig und entspannt zuging, fühlte ich mich ausgeschlossen, weil ich von meinen negativen Gedanken eingemauert war. Mein Denken kreiste wie ein Wirbelwind um die Angst, die mich beherrschte. Nach dem Abendessen ging es wieder die Treppen hinauf ins Wohnzimmer, wo die Geschenke warteten. Mike öffnete die Päckchen für mich. Ich war wie versteinert. Ich konnte meiner Freude einfach keinen Ausdruck verleihen. Wie gerne hätte ich das Kettchen hochgehoben, damit es alle sehen konnten, oder mir den Pullover an die Schultern gehalten! Wie gerne wäre ich aufgesprungen, um denen, die mich so großzügig beschenkten, um den Hals zu fallen! Doch ich konnte die Geschenke nur in Mikes Händen betrachten und dann versuchen, irgendwie, ohne jegliche Körpersprache, mit Worten zum Ausdruck zu bringen, wie sehr ich mich freute. Ich fühlte mich wie ein Fremdkörper. Niemals in meinem Leben war ich mir so verloren vorgekommen!

Obwohl ich mich immer wieder an die schönen Erlebnisse in dieser Familie zu erinnern versuchte und obgleich sich alle rührend um mich bemühten, hatte ich trotzdem das Gefühl, allen nur zur Last zu fallen. Tief in meinem Herzen war ich davon überzeugt, dass Mike viel zu gut für mich war, und dass ich einfach nicht in diese Familie gehörte. Ich hatte auch keinen Zweifel daran, dass die anderen es ebenso sahen. Ich fühlte mich völlig unwürdig, überhaupt noch irgendjemanden an meiner Seite zu haben oder zu irgendeiner Familie dazuzugehören. Dieses Gefühl peinigte mich viele Jahre lang.

Als Mike mich an jenem Abend nach Hause fuhr, war ich körperlich und seelisch völlig erschöpft. Doch als er mich in mein Schlafzimmer hineinschob, saß da auf meinem Bett der kleine Hase mit den Hängeohren. Er hatte hier auf mich gewartet, um mich aufzubauen, wenn ich nach Hause kam. Ich hatte einen solchen Spaß an diesem kleinen Stofftier gehabt, dass meine

Schwestern es heimlich für mich besorgt hatten. Sie hatten irgendwie geahnt, wie gut mir diese Überraschung am Ende dieses schweren Tages tun würde. Darum hatten sie den Hasen nicht mit unter den Baum gelegt, sondern ihn hier für mich deponiert, wo ich ihn genau in dem Moment vorfand, als ich ihn am meisten gebrauchen konnte.

Am ersten Jahrestag meines Unfalls war ich zutiefst deprimiert, noch bevor ich überhaupt aufwachte. Seit einem Jahr war ich nun schon in diesem Zustand, und es war überdeutlich, dass sich auch in Zukunft nichts daran ändern würde. Dies war einfach die knallharte Realität, mit der ich mich abzufinden hatte.

Während Yvette meine Streck- und Beugeübungen mit mir machte, kam mir der Gedanke, Denise anzurufen. Ich hatte seit einiger Zeit nicht mehr mit ihr gesprochen und irgendwann in jenen Tagen war der Termin für die Geburt ihres Babys. Anstelle von Denise war jedoch mein Schwager am Apparat. Es war bereits halb neun und um diese Zeit war er normalerweise schon auf dem Weg zur Arbeit.

»Joseph, was machst du denn noch zu Hause?«, fragte ich.

»Wir sind gerade damit beschäftigt, unser Baby zur Welt zu bringen!«

»Ach du Schreck! Stimmt ja! Dann will ich dich auf keinen Fall aufhalten!«

Um Viertel nach zehn klingelte das Telefon. Es war Denise, mit schluchzender Stimme: »Ich bin's. Ich bin's. Ich bin hier gerade noch im Kreißsaal. Es ist ein Mädchen! Es ist ein Mädchen! Renée, weißt du, was heute für ein Tag ist?«

»Na klar weiß ich das!« Auch mir kamen die Tränen.

»Nur Gott konnte dafür sorgen, dass unser Baby ausgerechnet an diesem Tag zur Welt kommt! Jetzt haben wir den Rest unseres Lebens etwas Schönes, das wir an diesem Tag feiern können. Sie heißt Celine und sie liegt hier direkt auf meinem Bauch! Sie ist gerade vor ein paar Minuten zur Welt gekommen. Renée, sie ist einfach so ein süßes Baby.«

Mit verheulter Stimme meinte ich: »Denise, sag bloß du hast die Wehen heute einleiten lassen, damit das Baby an diesem Tag zur Welt kommt! Ganz bestimmt hast du das. Ich weiß ganz genau, so etwas würdest du fertig bringen!«

»*Nein, das habe ich nicht!* Ich wusste, dass du das denken würdest! Sie kam ganz von selbst, ganz bestimmt! Ist Gott nicht einfach super?«

»Oh Denise, ich freue mich so für dich! Ich kann es kaum erwarten, die Kleine zu sehen. Sobald ich hier fertig bin, komme ich zu dir rüber.«

Ein paar Stunden später fuhr ich mit Blumen und Luftballons zu ihr auf die Wöchnerinnenstation. Gott hatte diesen trüben Jahrestag unversehens in einen Freudentag verwandelt und so ist es in all den Jahren immer geblieben. Was ist schöner, als seinen eigenen Jammer hinter sich zu lassen, um an der Freude eines anderen teilzuhaben.

Zwei weitere Abende, die ich nie in meinem Leben vergessen werde, waren im Juni, ein Jahr nach meinem Unfall. *Rally 'round Renée* initiierte an zwei aufeinander folgenden Montagen eine Spendensammelaktion, um mir die Anschaffung eines rollstuhlgängigen Vans zu ermöglichen. Es war eine Riesenaktion, die in einem so genannten Dinner-Theater stattfand, mit Abendessen, Varietéaufführung und einer umfangreichen Auktion. Für die Auktion waren alle möglichen Spenden eingegangen, angefangen von Dienstleistungen wie Maniküre, Haareschneiden, Massagen, Nachhilfestunden oder Porträtaufnahmen beim Fotografen über Ferienwochenenden in den Bergen, Flugtickets, Eintrittskarten für Sportveranstaltungen und eine ganze Anzahl von Gemälden von Rick Delanty. Ferner wurden zahlreiche elektronische Geräte gespendet, ebenso wie diverse Geschenkgutscheine und viele selbst gebastelte Gegenstände – alles, was Sie sich nur vorstellen können. Es war einfach überwältigend. Zu Anfang gab es einen Begrüßungscocktail und danach fand die Auktion statt. Als ich schließlich zum Abendessen eintraf, war bereits eine Bombenstimmung im Saal.

Da es nur einen Zugang zum Saal gab, der ohne Treppen war, musste ich durch die Küche in den Saal einziehen, flankiert von Mike und Jim May. In dem Moment, als ich durch die Schwingtüre kam, wurde ich von einem Scheinwerfer angestrahlt und das Publikum – an jedem der beiden Abende etwa 350 Leute – erwies mir stehende Ovationen allein dafür, dass ich gekommen war!

Für das Unterhaltungsprogramm sorgten die *Young Americans.* Den ersten Teil des Programms bestritt das aktuelle Ensemble. Sie waren einfach unglaublich talentiert, gut aussehend und voller Dynamik. Es war phänomenal. Als sie die Bühne verließen, waren alle außer sich vor Begeisterung. Die Leute klatschten, trampelten mit den Füßen und sangen, ob sie eine Stimme hatten oder nicht, und jeder wünschte, er wäre noch einmal zwanzig Jahre jünger!

Im zweiten Teil der Show trat mein »altes« Ensemble auf. Sie waren seit zehn Jahren nicht mehr miteinander aufgetreten und waren sich auch in dieser Zusammensetzung nicht mehr begegnet. Eine Aufführung der *Young Americans* zeichnet sich durch schnelle Bewegungen und eine hohe Dynamik aus. Diese Gruppe war jedoch, bei all ihrer Begabung, ein wenig eingerostet. Außerdem hatte sich die Musik vom Ende der 70er- bis zum Ende der 80er-Jahre sehr verändert. So können Sie sich vorstellen, dass die zweite Hälfte der Show ganz anders war als die erste. Dennoch war sie nicht minder unterhaltsam!

Die Leute applaudierten stehend. Währenddessen hoben Mike und meine Schwestern mich im Schatten des Scheinwerferlichtes auf die Bühne und schoben mich hinüber zu Jim May ans Klavier. Sie lagerten meine Beine auf einem Schemel, damit mir nicht schwindelig würde. Es war das erste Mal seit meinem Unfall, dass ich in der Öffentlichkeit sang, und ich hatte keine Ahnung, ob es klappen würde.

Der Applaus und die Zurufe für das Ensemble war noch in vollem Gange, als der Scheinwerfer auf mich fiel. Das Publikum verstummte und ich begann einfach a capella zu singen: »*Let us break bread together on our knees* ... (Lasst uns gemeinsam auf Knien das Brot brechen).« Die *Young Americans* begleiteten mich leise im Hintergrund. Der sanfte Klangteppich, der durch den Chor im Hintergrund entstand, schuf eine ganz besondere Atmosphäre der Verbundenheit im Raum. Als ich fertig war, standen alle auf und klatschten und jubelten. Es war wirklich eine tolle Geste, aber der Applaus galt ganz gewiss nicht meiner künstlerischen Leistung, denn die war an sich ziemlich bescheiden. Meine Tonlage stimmte zwar und der Verstärker tat ein übriges, aber jeder, der auch nur ein bisschen Ahnung von Musik hatte, konnte leicht erkennen, dass meine Stimme kraftlos war und dass ich viel zu oft atmen musste.

Jim spielte eine sanfte Melodie im Hintergrund und ich wandte mich an das Publikum: »Als ich so an euch alle gedacht habe, was ihr für mich getan habt und immer noch tut, wie ihr so großzügig und frohen Herzens gebt – angefangen damit, dass Shannon meine Betreuerin werden wollte, über die Mahlzeiten, Besuche und Telefonanrufe, Blumen und Grußkarten, den wöchentlichen Chauffeurdienst zur Krankengymnastik, bis dahin, dass ihr nun diesen Abend ermöglicht habt –, da habe ich mich gefragt, welches Lied wohl am ehesten zum Ausdruck bringen könnte, was ich empfinde. Leider fiel mir nichts Passendes ein und so habe ich einfach auf etwas für mich zutiefst Vertrautes zurückgegriffen. Ich habe mich neben das Klavier gesetzt und mit Jim zusammen gesungen.«

Als Jim bemerkte, dass ich einen Moment Zeit brauchte, um wieder Atem zu schöpfen, griff er zum Mikrofon und erzählte, wie wir uns zum ersten Mal begegnet sind: »Ich schaute über das Klavier, und da sah ich zwei riesige blaue Augen.«

»Augen?«, flachste ich. Alles fing an zu lachen.

»Wir haben damals eine Melodie aus Aschenputtel gespielt, und irgendwie ist es unser gemeinsames Lied geworden«, erzählte er weiter. »Wir spielen es jedes Mal, wenn wir zusammen auftreten.«

Und ich fügte hinzu: »Wenn ihr das Lied hört, dann werdet ihr merken, dass es beinahe etwas Sarkastisches hat, wenn wir es jetzt hier singen. Also denkt daran, es ist alles nur Spaß, vor allem, wenn wir zur Schlusszeile kommen.«

Dann begann ich, *In My Own Little Corner* (In meiner kleinen Ecke) zu singen. Der letzte Vers lautete: »So lange ich in meiner kleinen Ecke bleibe, ganz für mich ... auf meinem ... kleinen ... Stuhl.«

Es war Totenstille im Saal.

»Es ist zwar beileibe kein Glück für mich, dass ich in diesem Rollstuhl sitze«, sagte ich, nachdem ich das Lied beendet hatte, »aber ich schätze mich sehr glücklich, euch alle hier um mich zu haben. Ihr seid ein unschätzbarer Segen für mich. Vielen Dank, dass ihr gekommen seid. Möge Gott euch so reichlich segnen, wie ihr mich gesegnet habt!«

Die beiden Abende brachten zusammengerechnet 38.800 Dollar ein. So konnten wir bald unseren neuen silbergrauen Dodge

Caravan kaufen, in dem ich direkt neben Mike sitzen konnte. Wir konnten das Auto mitsamt dem Rollstuhllift bar bezahlen und hatten danach sogar noch 400 Dollar Benzingeld übrig. Es war wirklich unfassbar! Auch dies war wieder ein Beispiel, wie treu Gott mich versorgte!

Wie viele Menschen gehen ins Grab ohne jemals Anerkennung und Liebe erfahren zu haben und ohne zu wissen, ob sie überhaupt irgendetwas im Leben bewirkt haben oder ob sie irgendeinem Menschen in Erinnerung geblieben sind. Mein Körper war zwar wie abgestorben, aber mein Herz war ungebrochen. Es schwang sich sogar zu unverhofften Höhen auf. Ich wünschte, jeder Mensch auf der Welt könnte jene Welle von Liebe erfahren, die mir an diesen beiden Abenden entgegengebracht wurde.

Hochzeitsglocken

Immer wieder stellten wir uns die Frage, ob wir nun heiraten sollten oder nicht. Mike hatte wiederholt betont, dass er mich heiraten wollte, sobald ich aus dem Krankenhaus entlassen würde, aber ich konnte mich darauf noch nicht einlassen. Ich hatte das Gefühl, dass wir erst einmal eine Weile mit den Realitäten des Alltags im Rollstuhl gelebt haben mussten, bevor wir endgültig zu einer Entscheidung kommen konnten. Als ich nach Hause kam, wussten wir noch nicht einmal, ob Mike und meine Familie überhaupt den Anforderungen gewachsen sein würden, die durch meine Behinderung auf sie einstürzten. Wie sollten wir da wissen, ob wir es wirklich wagen konnten, ans Heiraten zu denken?

Ich hatte riesige Zweifel. Was hatte ich Mike schon zu bieten? Wie sollte ich ihm jemals eine echte Gefährtin sein, wenn er all die Dinge, die er liebte, nicht mit mir teilen konnte – Hobbys wie Radfahren, Volleyball spielen, Wandern, Rucksacktouren und Zelten? Und wie stand es mit den anderen ganz normalen Aufgaben einer Ehefrau wie Kochen, Saubermachen, Wäsche waschen? Auch wenn dies am Ende der 80er-Jahre vielleicht nicht mehr ganz zeitgemäß war, wollte ich doch meinen gerechten Teil zu unserem gemeinsamen Leben beitragen. Aber ich hatte überhaupt nichts beizusteuern.

Außerdem war da noch die Frage nach der körperlichen Seite unserer Partnerschaft. Wir würden niemals ein normales Intimleben haben können. Die Frage stellte sich, wie wichtig das Mike sein würde. Wäre es nicht unfair von mir, ihn zu heiraten?

Ich fragte mich auch, wie Mikes Familie dazu stehen würde: »Mike, was würden deine Eltern denken?«, wandte ich ein. »Sie würden über eine Ehe mit mir sicher absolut nicht begeistert sein.«

»Vermutlich nicht«, sagte er nachdenklich. »Ich habe sie allerdings auch noch nicht direkt gefragt. Und ich weiß, dass sie dich wirklich lieb gewonnen haben, und dass sie meine Entscheidung respektieren werden.«

Die Saat der Minderwertigkeitsgefühle gegenüber Mikes Eltern begann tief in mir Wurzeln zu schlagen. Obwohl Mike mir immer wieder versicherte, dass ich mir keine Gedanken zu machen brauchte, machte ich mir doch mein eigenes Bild der Situation. Vor dem Unfall hatte ich mich von seiner Familie immer geliebt und akzeptiert gefühlt, doch nun stellte sich die Lage ganz anders dar. Eltern wollen immer das Beste für ihre Kinder. War ich das Beste für Mike? Ich sah mich selbst absolut nicht so. Ich konnte einfach nicht glauben, dass ich mit meiner Querschnittslähmung in der Bondi-Familie willkommen sein würde, sollten Mike und ich uns tatsächlich für eine Hochzeit entscheiden.

»Mike, ich kann mir gut vorstellen, wie sich deine Eltern fühlen. Wenn du dir deinen Hals gebrochen hättest, dann hätte mein Vater mich mit Sicherheit irgendwann beiseite genommen und gesagt: ›Schau mal, was ich jetzt sage, klingt vielleicht sehr hart, aber diese Frage betrifft immerhin den Rest deines Lebens.‹ Eltern können es einfach nicht gutheißen, dass ihr Kind jemanden heiratet, der im Rollstuhl sitzt. Auch deinen Eltern wird das nicht gleichgültig sein. Das ist doch etwas ganz Normales.«

Vor meinem Unfall hatte ich nie einen Zweifel daran gehabt, dass ich ein harmonisches Verhältnis zu Jim and Sandra als Schwiegereltern haben würde. Inzwischen war ich voller Unsicherheit und konnte mir das überhaupt nicht mehr vorstellen. Noch ein ganzes Jahr nach meinem Unfall interpretierte ich alles, was sie taten oder nicht taten durch die Brille meiner Minderwertigkeitsgefühle.

Jim und Sandra hatten natürlich auch kein Benutzerhandbuch für den Umgang mit unseren Gefühlen zur Verfügung. Wir alle versuchten irgendwie, uns durch diese schwierige Situation hindurchzumanövrieren. Ob es darum ging mir Wasser nachzuschenken oder meinen Rollstuhl zu bewegen, immer riefen sie nach Mike. Ich interpretierte dies als Ablehnung. Erst Jahre später wurde mir klar, wie unrecht ich ihnen damit getan hatte. Sie bemühten sich lediglich, auf meine Bedürfnisse Rücksicht zu nehmen. Sie fragten sich: »Wie würde sich Renée wohl fühlen, wenn wir, als ihre künftigen Schwiegereltern, sie mit dem Löffel füttern? Wie würde es Renée empfinden, wenn wir ihren Rucksack durchwühlen, um ihr das Essbesteck herauszuholen? Wie würde sie sich fühlen, wenn wir ihr das Hosenbein oder das T-Shirt zurechtrücken?« Es erschien ihnen einfach angemessener, Mike zu bitten.

Welch ein unnötiges Theater. Rückblickend sehe ich, dass damals ein einfaches klärendes Gespräch viele Missverständnisse ausgeräumt hätte. Anstatt zu erwarten, dass sie meine Gedanken lesen können, hätte ich sie einfach um Hilfe bitten sollen. Ebenso hätten auch sie mich fragen können, ob es für mich in Ordnung wäre, wenn sie mir zur Hand gingen. Damals jedoch war die ganze Situation völliges Neuland für uns alle. Ich wollte ihre Aufmerksamkeit nicht noch zusätzlich auf meine Hilflosigkeit lenken und sie wollten unter allen Umständen vermeiden, dass ich mich irgendwie bloßgestellt fühlte. Daran kann man wieder einmal sehen, wie wichtig es ist, die Dinge offen anzusprechen. Wenn wir offener miteinander geredet hätten, wären uns viele Missverständnisse erspart geblieben. Es gibt Momente, da ist Schweigen alles andere als Gold!

Als Mike und ich zu dem Entschluss kamen, doch eine Hochzeit ins Auge zu fassen, war dies keineswegs ein dramatischer Augenblick. Der eigentlich große Moment war damals vor meinem Unfall gewesen, als Mike mich fragte, ob ich seine Frau werden wollte und als wir beim *San Clemente* Schulball miteinander getanzt hatten. Für Mike hatte es seither nie in Frage gestanden, dass wir heiraten würden, die Hochzeit hatte sich lediglich verzögert.

An einem Samstagmorgen im Frühling saßen Mike und ich zusammen bei mir auf der Terrasse und genossen die Sonne. Plötzlich blickte Mike zu mir herüber und fragte: »Also, wann wollen wir den Hochzeitstermin festlegen?«

Ich schaute ihn an und verdrehte die Augen: »Du sagst das so einfach. Mike, willst du das denn wirklich?«

»Unbedingt!«

»Tja, das Argument, dass du nicht wüsstest, worauf du dich einlässt, zieht wohl nicht mehr, denn das weißt du ja inzwischen ganz genau. Du bist dir also absolut sicher?«

»Aber ja! Dein Körper ist vielleicht behindert, aber du bist du! Du bist nach wie vor die Frau, in die ich mich verliebt habe, und mit dir möchte ich den Rest meiner Tage verbringen! Wir gehören zusammen!«

»Du bist dir bewusst, dass wir vermutlich nie Kinder haben können.«

»Kinder wären wunderbar gewesen, aber ich brauche kein Kind zu meiner Erfüllung. Dich brauche ich. Ich liebe dich, so wie du bist, mit Rollstuhl und allem.« Dann herrschte einige Minuten lang ein nachdenkliches Schweigen zwischen uns. Schließlich fügte Mike hinzu: »Weißt du, es mag vielleicht verrückt klingen, aber wenn es nun schon so kommen musste – ich meine das mit der Behinderung –, dann war es sicherlich gut, dass es zwei Monate vor unserer Hochzeit passiert ist und nicht zwei Monate danach. Wenn wir schon verheiratet gewesen wären, dann hätte ich womöglich das Gefühl gehabt, in einer Falle zu sitzen. Aber weil es vorher passiert ist, weiß ich, dass ich die Freiheit hatte, auch Nein zu sagen.«

»Ich verstehe. Und mir wäre es genauso gegangen. Ich hätte mich immer gefragt, ob du nur deshalb bei mir bleibst, weil du es mir versprochen hast.«

»Diese Frage ist also ein für alle Mal geklärt? Ich habe die Möglichkeit abzuspringen, aber ich entscheide mich dafür, dich zu heiraten.«

»Bist du dir wirklich ganz sicher?«

»Absolut.« In seinen Augen sah ich, dass er fest entschlossen war. Er versuchte nicht, mich zu irgendetwas zu überreden, von dem er nicht selbst überzeugt war. Für ihn war die Sache klar. Er wollte wirklich für immer bei mir bleiben.

»Na gut«, sagte ich ein wenig zögerlich, und damit war die Entscheidung gefallen. Tags darauf machten wir eine Reihe von Telefonanrufen und legten den 21. Oktober als Hochzeitstermin fest.

Meine Familie war ganz platt. Auch die Familie von Mike respektierte seine Entscheidung, genau wie Mike es vorausgesagt hatte.

Sein Vater fragte ihn nur ein einziges Mal: »Mike, und du weißt genau, was du da tust?«

»Ja, ich weiß ganz genau, was ich tue«, antwortete er.

»Wirklich?«

»Ja, Dad, ich weiß es wirklich. Ich habe mir die Sache lange und reiflich überlegt und ich stehe hundertprozentig zu Renée. Sie ist diejenige, die ich will.«

»Na gut, dann soll es so sein.«

Später erzählten uns meine Schwiegereltern, wie Steve, Mikes jüngerer Bruder auf die Nachricht reagiert hatte. Er hatte nur gesagt: »Na klar heiratet Mike Renée. So habt ihr uns schließlich erzogen.«

Welch eine wunderbare Aussage über Jim und Sandra als Eltern und auch über Steve!

So griffen wir unsere Hochzeitsvorbereitungen wieder auf. Das meiste war ja im Grunde bereits fertig und vorhanden. Wir brauchten also einfach nur den Faden wieder aufzunehmen. Die Kleider für die Brautjungfern hatten wir bereits, die Blumen waren ausgewählt, die Festdekoration war geplant und auch den Partyservice und die Band hatten wir schon bestimmt. Das Hochzeitskleid war ebenfalls bereits gekauft und was den Schleier anbelangte, musste ich nur noch zwischen zwei in Frage kommenden Stücken wählen. Als ich feststellte, dass ich unter den gegebenen Umständen wirklich das perfekte Kleid besorgt hatte, ging mir plötzlich ein Licht auf. Gott wusste damals bereits, dass ich im Rollstuhl sitzen würde und er hatte meine Aufmerksamkeit auf genau das richtige Kleid gelenkt. Wieder einmal merkte ich, wie sehr Gott an den Kleinigkeiten unseres Lebens interessiert ist.

Wir mussten natürlich einige Änderungen am urspünglich geplanten Ablauf vornehmen. Zum einen waren inzwischen eine Unzahl von Menschen in unser Leben getreten, von denen wir damals noch gar nichts geahnt hatten: die ganze *Rally 'round Renée*-Gruppe, Ärzte, Pflegepersonal und Therapeuten. Sie alle verdienten es, eingeladen zu werden und wir wollten sie gerne dabei haben. Schließlich war es nicht zuletzt ihnen zu verdanken, dass es überhaupt immer noch etwas zu feiern gab. Wenn jedoch mehr Leute teilnahmen, würde auch der Empfang größer ausfallen. Unsere lieben Freunde, Art und Gaye Birtcher hatten uns zwar angeboten, das Fest auf ihrem herrlichen Gut zu feiern, aber dort konnte man unmöglich 700 Leute unterbringen. So entschlossen wir uns, zwei Empfänge zu haben. Unmittelbar nach dem Gottesdienst gab es in der Turnhalle der Gemeinde eine Feier, auf der wir lediglich leichte Erfrischungen anboten, und am Abend fand ein richtiges Abendessen mit etwa 300 von unseren Freunden statt.

Ein paar Tage vor der Hochzeit fing ich an, nervös zu werden. »Mike«, sagte ich, »ich habe Angst, dass ich in Tränen ausbreche, wenn Mom und Dad mich im Rollstuhl den Gang entlangschieben, so wie wir es geplant haben, aber nicht in Freudentränen. Ich kann es mir nur zu gut vorstellen: Du stehst vorne und schaust ganz erwartungsvoll, wie deine Frau im Rollstuhl hereingefahren wird, anstatt auf dich zuzulaufen. Das verkrafte ich einfach nicht, dazu habe ich nicht die Nerven. Wie würdest du es finden, wenn wir beide gemeinsam den Gang entlangkämen?«

»Das würde ich sehr schön finden!«

So unterbreitete ich meinen Eltern den Plan: »Ich habe Angst, dass ich anfangen werde zu heulen, wenn ihr mich den Gang entlangschiebt. Und wenn ich in Tränen ausbreche, muss Dad auch weinen und das wiederum würde Mom aus der Fassung bringen. Ich befürchte, es würde ein ziemliches Theater geben. Und der arme Mike steht am Altar und sieht, wie wir schluchzend und mit triefenden Nasen auf ihn zukommen. Was würdet ihr sagen, wenn Mike und ich gemeinsam hinter euch beiden herliefen?«

Dad war sofort einverstanden: »Was auch immer für euch am Besten ist. Es ist mir völlig gleichgültig, wo wir nun laufen. Ihr beide sollt glücklich sein, allein darauf kommt es an!«

Auch Mom stimmte ohne Weiteres zu: »Natürlich, so machen wir's!«

Am Hochzeitstag fiel meiner Betreuerin zusammen mit meinen beiden Schwestern die monumentale Aufgabe zu, mich anzuziehen. Wir hatten die Zeremonie auf 13:30 Uhr gelegt, damit auch genug Zeit blieb, mich fertig zu machen. Es war der übliche Morgenmarathon, und danach begann die Schwerstarbeit des Ankleidens. Die ganze Zeit tobte in mir ein Sturm von widersprüchlichen Gedanken und Emotionen. Auf der einen Seite war dies tatsächlich meine *Hochzeit.* Auf der anderen Seite musste ich mich damit auseinander setzen, dass meine Hochzeit *so* aussah. Es ist schon ein wenig grotesk, wenn andere einem an so einem Tag die Zähne putzen, die Beine rasieren und den BH anziehen müssen. Ich hatte verständlicherweise mit äußerst gemischten Gefühlen zu kämpfen. Aber ich war fest entschlossen, nur das Gute zu sehen. Gott hatte mir einen wunderbaren Mann gegeben, mit dem ich es kaum besser hätte treffen können, und außerdem war ich umgeben von einer Familie und einem Kreis von Freunden, die mich liebten. Es war zwar ganz anders, als ich es mir immer erträumt hatte, doch nichtsdestoweniger war es das Beste, was ich unter den gegebenen Umständen erwarten konnte. Ich fasste den Entschluss, den Tag einfach zu genießen und alle »Hätte dochs« und alle »Wäre dochs« aus meinen Gedanken zu verbannen.

Sie schafften es tatsächlich, mir das Kleid anzuziehen, ein ganz schön hartes Stück Arbeit. Danach wurde ich zur weiteren Verschönerung in den Stuhl verfrachtet. Meine liebe Freundin Lydia, die mich auch vor meinem Unfall schon immer frisiert hatte, machte mir das Haar und schminkte mich, während Denise mir Joghurt und Früchte zum Frühstück einflößte.

Am späteren Vormittag kam Mike. Auch er trug bereits seinen Smoking und sah einfach todschick und überglücklich aus. Er beugte sich zu mir herunter und gab mir einen Kuss.

»Herzlichen Glückwunsch zum Hochzeitstag!«, sagte er mit einem viel sagenden Lächeln und zog eine kleine Schachtel aus der Tasche. Er öffnete den Deckel und ich erblickte ein fantastisches Collier aus blauen Saphiren und Diamanten. Welch ein überwältigendes Hochzeitsgeschenk!

Mike fuhr mich mit unserem Van in die Kirche und wir gingen direkt in die Turnhalle, wo der Photograph auf uns wartete. Bald darauf hörte ich, wie sich draußen ein Verkehrsstau bildete und mehr und mehr Autos auf unseren Kirchenparkplatz einbogen. Ganz offensichtlich kam eine erstaunliche Zahl von Leuten zur Feier.

Zur festgesetzten Zeit eröffneten die Brautjungfern die Prozession in die Kirche hinein. Mike und ich warteten draußen. Als der Zeremonienmeister das Signal gab, gingen Mikes Eltern als erstes den Gang hinunter. Ihnen folgten der Ringträger und die Blumenkinder und dahinter gingen meine beiden Schwestern, Michelle und Denise, zusammen mit Mikes Bruder Steve als Trauzeuge und seinem guten Freund Alex Alvarez. Schließlich kamen meine Eltern.

Als schließlich alle in der Kirche verschwunden waren, hörte ich den Fanfarenklang – das *musste* einfach sein –, der unseren Einzug ankündigte. Und während wir in die Kirche einzogen, wurde der wunderschöne Marsch *The Trumpet Volantaire* gespielt.

Mit meinem herrlich duftenden Strauß von weißen Lilien und Tulpen auf dem Schoß holte ich noch einmal tief Luft, blickte zu Mike hinauf und sagte: »Also dann, los geht's!«

Die Tür ging auf und ich hörte, wie Steve verkündete: »Bitte behalten Sie Platz zum Einzug des Brautpaares.« Unsere Kirche sah wie eine Kathedrale aus und sie war mit über 700 Gästen voll besetzt.

Seite an Seite gingen wir den Gang entlang. Mike schob meinen Rollstuhl nur mit der linken Hand. Als wir vorne angekommen waren, hielten wir an. Meine Eltern traten auf den Gang hinaus und küssten mich. Mein Vater gab Mike einen festen Händedruck. Dann küssten mich Mikes Eltern und umarmten Mike.

Jim flüsterte ihm zu: »Mike, ich bin stolz auf dich.«

Als wir uns alle umarmten, bemerkte ich, dass die Hochzeitsgemeinde uns zu applaudieren begann. Mike schaute sich um und beugte sich zu mir herunter, um mir zu berichten: »Du, die stehen alle. Sie geben uns stehende Ovationen!«

Ich glaube, sie applaudierten uns deshalb, weil wir es endlich, im wahrsten Sinne des Wortes, zum Altar geschafft hatten!

Vom Mittelgang zum Altar hinauf sind es vier Stufen. Deshalb drehte Mike mich zum Publikum und dann trugen er, Steve und Danny mich samt Stuhl zum Altar hinauf. In diesem Moment juchzte ich spontan und alles lachte.

Wir drehten uns zum Altar und nahmen unsere Plätze ein. Ich schaute zu Pater Martin auf und wartete darauf, dass er die Zeremonie begann. Doch er weinte! Als er versuchte zu sprechen, wollten die Worte einfach nicht herauskommen. Er wischte sich die Tränen ab und probierte es noch einmal. Mehrere Anläufe waren nötig, doch alles wartete geduldig, bis er die Fassung wieder gewonnen hatte. Schließlich beugte sich Michelle zu ihm hinüber und flüsterte ihm zu: »Hier ist ein Taschentuch.«

Er musste lachen und ich glaube, diese Ablenkung war genau das, was er gebraucht hatte. Als er endlich das Wort ergriff, sagte er: »In all den Jahren hat mich noch nie eine Hochzeit so sehr berührt wie diese. Diese beiden haben so viel durchgemacht. Es ist wahrhaftig ein ganz besonderer Tag.«

Als Pater Martin gerade mit der eigentlichen Zeremonie begann, lehnte sich Michelle zu mir herüber und flüsterte: »Dr. Palmer ist eben hereingekommen. Er ist den ganzen Weg nach vorne marschiert und hat sich auf seinen Platz in der ersten Reihe gesetzt.«

Ich drehte mich zu Mike und gab ihm die Nachricht weiter. Mike drehte sich um und blinzelte ihm freundlich zu. Schon lustig, normalerweise setzen sich Leute, die zu einer Hochzeit zu spät kommen, irgendwo diskret in die hinterste Reihe. Doch Dr. Palmer kam den ganzen Weg nach vorne, mitsamt seiner großen Geschenktüte und nahm den Platz ein, den ich ihm versprochen hatte.

Zur Hochzeit hatten wir uns eine komplette Messe mit viel Gesangsbeteiligung seitens der Gemeinde gewünscht. Stellen Sie sich nur einmal vor, wie 700 Stimmen die Kirche erfüllen und alle unsere Lieblingslieder singen.

Zum Traugelöbnis kniete Mike vor mir nieder, um mit mir auf Augenhöhe zu sein. Die Gemeinde machte spontan: »Aaaaaahhhhhh!« Nachdem wir einander versprochen hatten, uns in guten und in schlechten Tagen, in Reichtum und in Armut, in Gesundheit und in Krankheit zu lieben und zu ehren, beteten wir folgendes Gebet miteinander: »Allmächtiger und lebendiger Gott, wir knien vor dir. Wir sind sehr glücklich, aber auch ein wenig nervös. Wir glauben, dass du uns am Anfang zusammengebracht hast, dass du unsere Liebe stark gemacht hast, und dass du in diesem Augenblick in besonderer Weise bei uns bist. Wir bitten dich, auch in den Tagen, die vor uns liegen, bei uns zu sein und uns vor allem zu behüten, was unserer Ehe schaden könnte. Gib uns Mut, wenn sich Hindernisse vor uns auftürmen. Lehre uns, einander zu vergeben, wenn wir uns wehgetan haben. Wir bitten dich, dass wir uns auch in unseren alten Tagen noch genauso lieben und wertschätzen wie in diesem Moment. Mögest du unser Gebet erhören, das wir im Namen deines Sohnes, Jesus Christus, unseres Herrn, vor dich bringen. Amen.«

Der Gottesdienst ging weiter und als der Friedensgruß kam, bei dem jeder in der Gemeinde sich seinem Nachbarn zuwendet, um ihm eine Geste der Liebe Jesu zu zeigen, drehte sich Mike zu mir, küsste mich und sagte: »Der Friede Gottes sei mit dir, Renée. Ich liebe dich.«

Dann ging er die Stufen hinunter, um mit unseren Eltern den Friedensgruß auszutauschen. Pater Martin und meine Schwestern waren ebenfalls zu den Eltern hinuntergegangen.

Als Mikes Mutter mich nun so allein oben am Altar sitzen sah, kam sie mutig zu mir herauf. Sie beugte sich über mich, um mich zärtlich zu drücken und sagte: »Renée, du bist mir wirklich sehr lieb und teuer. Der Friede Gottes sei mit dir, allezeit.«

Ich war zutiefst gerührt. Als sie wieder hinunterging, schaute ich zum Kreuz hinter dem Altar hinüber und sagte laut: »Danke, Jesus!«

Der Hochzeitsgottesdienst endete damit, dass ein Chor von befreundeten Musikern einen Segenschorus von John Rutter vortrug – *The Lord Bless You and Keep You* (Der Herr segne dich und behüte dich). Und als wir schließlich vom Altar den Mittelgang entlang zum Ausgang gingen, gab es in der Kirche tosenden Beifall.

Beim Empfang in der Turnhalle war es eine Riesenfreude, all die vielen Leute zu begrüßen, die sich herbemüht hatten, um diesen Tag mit uns zu feiern – Lehrerkollegen, Schüler und Eltern aus der *San Clemente Highschool* und aus der Grundschule, Musiker, Pflegepersonal, Krankengymnasten. Steve, als Trauzeuge, hielt eine wunderbare Ansprache. Ansonsten mischten wir uns einfach unters Volk und plauderten, während die Leute sich über das Buffet mit den Snacks und Getränken hermachten.

Als wir später bei Birtchers auf der *Rancho de Dios* eintrafen, und die Dekoration und das Buffet dort sahen, waren wir vollkommen sprachlos. Der Anblick hätte aus einem Lifestyle-Magazin stammen können. Die Tische standen in einer herrlichen Umgebung auf einem makellosen Rasen unter großen Bäumen. Der

Partyservice lieferte nicht nur ein köstliches Essen, er servierte es auch überaus stilvoll.

Als die Familien der Brautleute den Garten betraten, wurde jedes der Ehepaare beim Einzug vorgestellt. Am Schluss wurden wir angekündigt: »Meine Damen und Herren, darf ich vorstellen: Herr und Frau Michael Bondi!«

Wieder wurden wir enthusiastisch begrüßt. Wir ließen uns einfach treiben und versuchten sicher zu gehen, dass wir mit jedem unserer Gäste ein paar Worte wechselten. Es waren auch einige von Mikes Kollegen aus Denver gekommen (erstaunlich, wie viele Mitarbeiter von Martin Marietta an jenem Wochenende geschäftlich in Los Angeles zu tun hatten!); auch Tia Conchita, meine Tante aus Ainhoa war gekommen, die ganze *Rally 'round Renée*-Truppe, Kollegen, Schüler, Eltern, ehemalige *Young Americans*, Leute aus der Gemeinde und natürlich unsere Familien. Es war wirklich eine stattliche Festgesellschaft.

Als es an der Zeit war, die Hochzeitstorte anzuschneiden (sie war sechs Stufen hoch!), legte Mike meine Hand auf die seine, und wir schnitten sie gemeinsam. Damit ich den Brautstrauß hinter mich werfen konnte, hatte Danny ein Katapult für die Armstütze meines Rollstuhls entworfen. Alle unverheirateten Mädchen versammelten sich also hinter meinem Rücken und ich betätigte die Schleuder mit meinem Ellbogen. Leider traf ich wohl ein wenig heftig, denn anstatt in einem sanften Bogen auf irgendeinem Schoß zu landen, sauste der Strauß wie ein Torpedo durch die Luft und traf meine neunjährige Nichte Erica in die Magengrube.

»Tja, ich glaube, ich habe den Strauß!«, rief sie völlig verblüfft.

Inzwischen war es beinahe 22:00 Uhr abends. Die Feier begann, sich dem Ende zuzuneigen und ich war müde. Mike und ich bedankten uns bei unseren Gastgebern, Art und Gaye, und verabschiedeten uns von unserer Familie und unseren Freunden. Anschließend machten wir uns auf den Weg zu unserem Van. Als wir von der wunderschönen *Rancho de Dios* wegfuhren, wussten wir, dass wir nun ein neues Kapitel unseres Lebens aufgeschlagen hatten. Wir fühlten uns geborgen und getragen angesichts der Liebe und Unterstützung, die uns an diesem herrlichsten Tag unseres Lebens von so vielen Seiten zuteil geworden war. Diese Zuneigung, in Verbindung mit der unerschütterlichen Treue Gottes und der Liebe, die wir füreinander empfanden, ließen uns voller Hoffnung und Zuversicht in die Zukunft blicken.

Während wir nach Hause fuhren, stellten wir beide fest, wie hungrig wir waren. Vor lauter Aufregung hatten wir auf der Feier gar nichts gegessen. So fuhren wir noch bei *Del Taco* vorbei, einem mexikanischen Schnellrestaurant. Dies ist bei uns inzwischen zu einer Tradition geworden. Jedes Jahr zum Hochzeitstag essen wir bei *Del Taco*.

Als wir zu Hause ankamen und ins Schlafzimmer gingen, stellten wir fest, dass Michelle und Denise irgendwann zwischendurch dort gewesen waren. Sie hatten das Bett aufgeschlagen und frisch mit nagelneuer Bettwäsche ausgestattet. Auf unseren Kissen lagen Mintbonbons und auf den Nachttischchen standen Blumen. Sie hatten uns eine richtige Hochzeitssuite vorbereitet.

Unsere Hochzeitsreise traten wir erst eine Woche später an. Ursprünglich hatten wir nach Hawaii fliegen wollen, doch angesichts meiner Behinderung hatten wir uns entschlossen, stattdessen eine Kreuzfahrt an der mexikanischen Küste entlang zu machen. So hatten wir immer einen Raum für uns, damit ich versorgt werden konnte. Wenn zum Beispiel meine Blase entleert werden musste, dann brauchte ich immer einen Platz, wo ich mich hinlegen konnte, um katheterisiert zu werden.

Ich wollte nicht, dass Mike sich während unserer Flitterwochen um diese Dinge kümmern musste, und außerdem wünschte ich mir, dass jemand mitkäme, um mir die Haare zu frisieren und mich zu schminken, damit ich einigermaßen anständig aussah. So beschlossen wir, eine Begleiterin mitzunehmen. Meine eigentliche Betreuerin war nicht verfügbar und so fragten wir meine Freundin Brenda, ob sie nicht Lust hätte, kostenlos auf eine Kreuzfahrt mitzukommen und mich zum Ausgleich dafür zu versorgen. Sie war sofort einverstanden: »Sehr gerne komme ich mit! Ich übernehme deine Pflege und ansonsten mache ich mich rar, damit Mike und du Zeit füreinander habt.«

Es gab jedoch noch ein Problem. Wir konnten Brenda keine Einzelkabine bezahlen und es wäre unfair gewesen, von ihr zu erwarten, dass sie ihre Kabine mit einer fremden Person teilt, die ihr vom Reiseveranstalter zugewiesen würde. So fragten wir sie, ob nicht eine ihrer Freundinnen mitkommen wollte. Leider hatte jedoch keine von ihnen Zeit. Da der Termin nur noch wenige

Wochen entfernt war, kamen Mike und ich ganz schön ins Schwitzen. Brenda wusste sich sonst keinen Rat mehr und fragte eines Tages einfach bei einer Chorprobe nach: »Ich fahre mit Mike und Renée auf Hochzeitsreise, um Renée zu pflegen. Möchte vielleicht jemand von euch mitkommen und die Kabine mit mir teilen?«

Am nächsten Morgen rief Brenda an. Ich lag noch im Bett und meine Betreuerin machte gerade Streck- und Beugeübungen mit mir. Sie stellte den Lautsprecher an: »Renée, ich habe jemanden, der auf die Kreuzfahrt mitkommt!«

»Das ist ja toll! Mensch, da bin ich aber froh! Das ist wirklich eine Erleichterung.« Ich war außer mir vor Freude.

»Warte erst mal, wer es ist, bevor du deiner Begeisterung freien Lauf lässt. Es ist Florence Klein.«

»Florence Klein?«

»Ja, ich habe gestern Abend einfach bei der Chorprobe nachgefragt und sie würde gerne mitkommen.«

»Florence Klein – na das ist ja was. Die Mutter meines Ex-Freundes kommt mit auf meine Hochzeitsreise.« Ich war ein wenig zögerlich.

»Sie hat jedenfalls wirklich Interesse und Sie könnte es sich auch leisten. Ginge das in Ordnung?«

»Ich muss erst mal schauen, was Mike dazu sagt.«

Als ich Mike am Abend fragte, lachte er: »Sag bloß. Na, das ist ja verrückt. Aber, warum nicht?«

Er hatte Florence in der Gemeinde kennen und sie als eine sehr liebenswerte Frau schätzen gelernt. Das einzig unangenehme an ihr war eben die Tatsache, dass sie zufällig die Mutter von meinem Ex-Freund Jerry war. Am nächsten Tag rief ich sie an und wir lachten über die komische Situation.

»Aber wenn es für euch in Ordnung ist, hätte ich wirklich Interesse«, sagte sie noch einmal.

»Tja, warum eigentlich nicht. Du brauchst ja nicht unbedingt um Mitternacht in meiner Kabine zu sein.«

»Ganz bestimmt nicht!«

Es war also beschlossene Sache. Wir hatten unsere Reservierung, unseren Reisetermin, die Sachen, die wir mitnehmen wollten und nun auch den vierten Mitreisenden. Alles war also bereit. Wirklich?

Unser Abreisetag war ein wunderschöner sonniger Tag, aber bereits auf dem Weg zum Hafen zogen sich in mir dicke Wolken zusammen. Mom, Denise, Brenda, Mike und ich kamen in San Pedro Harbour an – mit einem Wagen voller Zubehör. Da lag das Schiff, aber in mir war nicht die geringste Spur von Freude. Ich seufzte resigniert, als ich sah, wie vier Leute wahre Berge von Gepäck entluden: Kofferweise medizinisches Gerät, meinen manuellen Rollstuhl, meinen Duschstuhl, das Batterieladegerät. *Na toll! Es braucht also wirklich vier Leute, um mich auf ein Schiff zu bringen!,* dachte ich bei mir.

Mom fragte mich: »Renée, möchtest du die Jacke hier anziehen, oder soll ich sie in den Koffer packen?«

»Ist mir egal!«, sagte ich bissig.

Sie zuckte zusammen. »Ich versuche einfach nur, dir zu helfen.«

»Lasst mich doch einfach alle in Ruhe!«, schrie ich und fuhr um die Ecke des Parkhauses, wo mich keiner mehr sehen konnte. Dann brach es aus mir heraus: »Ich habe es so satt, immer nett sein zu müssen! Ich habe es satt, jede Minute des Tages Leute um mich zu haben! Ich will nicht mehr für jede Kleinigkeit auf andere angewiesen sein. Sogar auf meine Hochzeitsreise muss jemand mitfahren!« In diesem Augenblick wandelten sich meine Wut und mein Zorn in Trauer und Verzweiflung. Ich fing an zu weinen. Da kam Mike um die Ecke.

»Ich halte es einfach nicht aus!«, heulte ich. »Das hier ist unsere Hochzeitsreise und wir müssen all diese Leute dabei haben. Wo gibt's denn so etwas, dass man zwei Leute extra mitnehmen muss, wenn man in die Flitterwochen fährt und eine davon ist auch noch die Mutter meines Ex-Freundes. Und dann dieses ganze blöde Zeug im Gepäck! Eine mobile Reha-Klinik haben wir dabei! Warum können wir nicht einfach ganz normal wegfahren, so wie jeder andere auch?

Und außerdem ist Mom jetzt beleidigt, weil ich sie angefahren habe. Nun muss ich mich auch noch bei ihr entschuldigen, obwohl mir überhaupt nicht danach zumute ist, mich bei irgendjemandem für irgendetwas zu entschuldigen! Aber es bleibt mir ja nichts anderes übrig, denn ich wollte ihr schließlich nicht wehtun. Ich habe es so satt, immer um alles bitten oder mich entschuldigen zu müssen! Ich will einfach nicht mehr darüber nachgrübeln müssen, was andere Leute wohl denken, wenn ich mal eingeschnappt bin! Ich hasse es, so leben zu müssen! Ich hasse es! Ich hasse es! Ich hasse es!«

Mike hielt mich einfach fest im Arm, bis ich allen Dampf abgelassen hatte. Er wusste, dass Worte allein mir nicht helfen konnten. In diesem Augenblick ertönte das Schiffshorn, ein lauter, gellender Ton, der mich in die Realität zurückrief.

In der Zwischenzeit waren Denise und Brenda damit beschäftigt gewesen, meine Sachen aufs Schiff zu bringen. Denise war durch meinen Wutanfall zutiefst berührt. Als sie am Eingang des Schiffssteges angelangt war, wollte der Matrose am Empfang sie nicht durchlassen. Denise war jedoch nicht in der Stimmung, so einfach aufzugeben. Sie sagte ihm in einem sehr bestimmten Ton: »Hören Sie, dies ist die Hochzeitsreise von meiner Schwester. Sie sitzt in einem Rollstuhl und kann sich nicht rühren, und darum werde ich jetzt in ihre Kabine gehen und dort alles für sie vorbereiten. Ich habe nicht vor, die Flitterwochen mit ihr zu verbringen. Ich lade nur ihr Gepäck ab und dann gehe ich wieder von Bord. Da müssen sie mir jetzt einfach vertrauen.«

Er ließ sie durch.

Als mein Zornesausbruch am Abklingen war, fuhr ich zurück zum Auto. »Mom, es tut mir ehrlich Leid. Ich hasse das alles!«

Sie verstand mich, aber sie war noch immer ein wenig aufgebracht. »Ich wollte dir doch nur helfen.«

»Das weiß ich.« Ich fing erneut an zu weinen. »Mom, es tut mir *wirklich* Leid! Ich bin nur einfach so wütend, dass meine Hochzeitsreise *so* aussehen muss! Ich hätte das nicht an dir auslassen dürfen. Du wolltest mir ja nur Gutes tun. Ich war nicht wütend auf dich.«

Sie umarmte mich und wir versöhnten uns wieder. Danach umarmte sie Mike und flüsterte: »Viel Glück!«

Dann waren wir unterwegs auf Hochzeitsreise.

Der erste Hafen, den wir ansteuerten, war Mazatlan. Als ich für den Landgang von Bord gehen wollte, wurde ich zum Unterdeck geschickt, um über die Frachtrampe das Schiff zu verlassen. In der Stadt war überall Kopfsteinpflaster. Es war so holprig, dass ich mich kaum im Sitz halten konnte.

Mike und ich schauten uns an und sagten: »Mexiko im Rollstuhl. Was haben wir uns wohl dabei gedacht?«

In Cabo San Lucas hatten wir keine Mole in der Bucht und mussten auf kleinen Barkassen ausgeschifft werden. Mein erster Impuls war, einfach auf dem Schiff zu bleiben, aber dann dachte ich: *Kommt überhaupt nicht in Frage! Das ist schließlich unsere Hochzeitsreise! Ich will mir einfach nichts entgehen lassen!* Außerdem war es der letzte Hafen, den wir anfuhren. Die Besatzung kannte mich bereits und man versicherte mir, dass sie mich unversehrt von Bord bekämen. Wenn ich allerdings gewusst hätte, worauf ich mich einließ, hätte ich mich vielleicht anders entschieden.

Wir mussten eine lange Planke hinuntergehen. Das Deck war etwa 10 Meter hoch über dem Wasser und die Barkasse lag ganz tief unten am Ende der Planke. Weil die Planke jedoch so schmal war, mussten die Räder von meinem manuellen Rollstuhl abmontiert werden. Ein Matrose trug mich vorne, ein anderer hinten, und Mike lief rückwärts vor uns allen her, um uns zu sichern. Würde also einer der Matrosen ins Stolpern kommen, hoffte Mike ihn aufzufangen!

Ich lag auf dem Rücken und schaute zum Himmel hinauf. Einmal spähte ich kurz nach unten. Das war ein großer Fehler! Denn dort war nichts als leere Luft und irgendwo ganz weit unten das Wasser. Ich wusste, dass ich mich nicht würde rühren können, wenn ich ins Wasser fiel, und dass ich außerdem sehr schnell sinken würde und so geriet ich in helle Panik. Ich schaute nach oben und betete. Die Männer trugen mich mit kleinen Schritten vorsichtig nach unten auf das Boot. Als wir dort sicher angekommen waren, applaudierte und jubelte alles, sowohl die Leute unten im Boot als auch die Zuschauer oben auf Deck. Ich glaube, sie waren genauso angespannt wie ich!

Unsere Flitterwochen waren freilich nicht im Entferntesten das, was ich mir immer erträumt hatte, aber sie waren wohl das Beste, was unter den gegebenen Umständen möglich war. Wir waren verheiratet und wir hatten uns, das war das Allerwichtigste. Es war eine schöne, entspannte Zeit. Wir lachten viel, schauten uns Sehenswürdigkeiten an und ließen uns verwöhnen. Wir lernten, dass wirkliche Intimität nicht gleichbedeutend ist mit Sex. Sie entsteht, wenn wir einander lieben und festhalten, wenn wir einander zuhören und zärtlich miteinander sind. Sie entsteht, wenn wir Liebe empfangen und Liebe zurückschenken.

Ein Zuhause ganz für uns allein

Während der Zeit, als wir unsere Hochzeitspläne machten, kamen auf einmal eine ganze Reihe unterschiedlicher Dinge in Bewegung. Ich wusste nie, was der nächste Telefonanruf brachte, oder welche Bitten wieder an mich herangetragen würden.

Etwa zehn Monate nach meinem Unfall bekam ich einen Anruf von Jim Farley, dem Pastor der presbyterianischen Gemeinde, aus der ich einige meiner Chormitglieder rekrutiert hatte: »Renée, die meisten Jugendlichen aus unserer Jugendgruppe gehen an die *San Clemente Highschool* und sie haben Ihren Unfall immer noch nicht verarbeitet. Könnten Sie sich vorstellen, dass wir Sie einmal in einem Sonntagsgottesdienst bei uns in der Gemeinde interviewen? Ich würde Ihnen einfach ein paar Fragen stellen und Sie hätten die Möglichkeit, den Jugendlichen einen Eindruck davon zu vermitteln, wie es Ihnen heute geht. Die Teenager brauchen eine Gelegenheit, mit eigenen Augen zu sehen, dass es Ihnen wieder einigermaßen gut geht.«

»Tja, an sich sehr gerne«, sagte ich ein wenig zögerlich. Es dauerte einen Moment, bis ich diese Anfrage verdaut hatte. »Wenn Sie meinen, dass den Jugendlichen damit geholfen wäre, komme ich natürlich. Wie viel Zeit von Ihrem Gottesdienst wollen Sie mir denn einräumen?«

»Den ganzen Gottesdienst, wenn es geht. Das heißt, eigentlich haben wir sogar zwei Gottesdienste. Wenn es Ihnen nicht zu viel ist, würden wir uns freuen, wenn Sie zu beiden Gottesdiensten kommen könnten. Es wäre auch ganz toll, wenn Sie etwas singen würden. Die Jugendlichen müssen Sie unbedingt singen hören.«

»Ach wissen Sie, ich kann nicht mehr so singen wie früher. Aber wie wäre es, wenn meine beiden Schwestern mitkämen und mit mir zusammen etwas singen? Ginge das vielleicht auch?«

»Das wäre völlig in Ordnung«, antwortete er. »Wie wäre es mit übernächstem Sonntag? Dann mache ich nächsten Sonntag die Ansage und schreibe es in unser Infoblatt, damit die Leute wissen, dass Sie kommen.«

Nachdem wir unser Gespräch beendet hatten, saß ich noch eine ganze Weile da und dachte darüber nach, wie es wohl wäre, vor einer ganzen Gemeinde zu sprechen und meine ehemaligen Schüler unter völlig veränderten Umständen wieder zu sehen. *Ich hätte nie gedacht, dass ich einmal einen solchen Anruf bekommen würde, aber es wird bestimmt gut. Es wird mir Spaß machen.* Ich freute mich schon darauf, meine Kids wieder zu sehen und ihnen helfen zu können, mit dieser Situation umzugehen.

Obwohl ich buchstäblich schon Hunderte von Malen auf der Bühne gestanden hatte, war ich an jenem Sonntagmorgen sehr aufgeregt. Ein Gottesdienst war etwas ganz anderes, keine einstudierte Show. Ich sollte etwas von mir erzählen. Es gab keine Kostüme und kein Drehbuch, in dem alles im Voraus festgelegt war. Alles war spontan und ungeplant. Ich wollte meinen Kids zeigen, dass ich dabei war, mich an meine neue Lebenssituation anzupassen. Vor allem sollten sie erfahren, dass Gott mir auch unter diesen tragischen Umständen die Treue gehalten hatte.

Für alle, die mit den Einzelheiten meiner Geschichte nicht vertraut waren, erzählte der Pastor noch einmal den Hergang meines Unfalls. Dann berichtete ich, wie es von da an weiterging – wie lange ich in der Reha-Klinik gewesen war und wo ich nun lebte. Ich nutzte die Gelegenheit, um mich für all die Besuche, Karten und Gebete zu bedanken. Anschließend befragte mich der Pastor eingehend darüber, welche Fortschritte ich gemacht hatte und wie meine Prognose aussehen würde. Dann fragte er, wie ich emotional mit meiner Situation klarkäme.

»Tja«, sagte ich halb lachend, »ich muss natürlich zwischendurch immer wieder weinen. Aber ich habe mir angewöhnt, jeden Tag so zu nehmen, wie er kommt. Ich darf mich nicht darauf einlassen, darüber nachzugrübeln, was hätte sein können, oder was die Zukunft wohl bringen mag. Meine Kraft reicht immer gerade nur für den aktuellen Tag.«

»Das ist etwas, was wir uns wohl alle zu Herzen nehmen können«, sagte der Pastor und dann fragte er weiter: »Sind Sie zornig auf Gott?«

»Wenn Sie mich fragen, ob ich dieses Gefühl kenne, dann würde ich sagen, ja, das ist eine der vielen Emotionen, die ich durchgemacht habe. Aber ich hege eigentlich keinen Groll gegen Gott. Ich bin nur oft wütend oder besser gesagt frustriert über meine Situation. Ich mache Gott deswegen aber keine Vorwürfe. Das wäre einfach töricht. Gott hat mich ja nicht aus dem Bett geworfen. Warum sollte ich ihm also einen tragischen Unfall vorwerfen. Ich hatte aber eigentlich erwartet, dass Gott mich heilen würde und es hat mich immer wieder wütend gemacht, dass er es am Ende doch nicht tat – zumindest nicht so, wie ich mir das vorstellte. Er hat offensichtlich andere Vorstellungen davon, was heil sein bedeutet.«

»Wie hat sich diese Erfahrung auf ihre Beziehung zu Gott ausgewirkt?«

»Oh, das lässt sich ganz einfach beantworten«, sagte ich. »Ich bin ihm heute näher als je zuvor. Als ich noch ganz normal laufen und für mich selbst sorgen konnte, da hatte ich zwar eine Beziehung zu Gott, aber er spielte nur eine untergeordnete Rolle in meinem Leben. Seit ich krank bin, erlebe ich, dass Gott sich wirklich um jede Kleinigkeit in meinem Leben kümmert – ganz praktische Dinge, wie zum Beispiel, dass Dorothy mitten in der Nacht nach mir geschaut hat, als ich aus dem Bett fiel, oder dass Mike von seiner Firma eine Stelle hier in der Nähe angeboten bekam. Oft habe ich mitten in der Nacht Gottes Nähe gespürt und seine Stimme gehört. Vor meinem Unfall habe ich es einfach nicht für möglich gehalten, dass Gott sich wirklich um all die Kleinigkeiten in unserem Leben kümmert. Ich lerne jeden Tag mehr, wie sehr Gott an mir gelegen ist, und dass er immer noch wunderschöne Musik in meinem Leben hervorbringt.«

Zum Abschluss sangen Michelle, Denise und ich noch zusammen das Lied *We Will Rise Again* (Wir werden wieder auferstehen). Als dann der Gottesdienst vorüber war, fühlte ich mich zufrieden und abgeklärt. Es machte mir viel Freude, über meine Erfahrungen zu sprechen, wie ich Gott inmitten meiner persönlichen Umstände erlebt hatte – es war wie ein Ventil. Ich stellte fest, dass die Dinge, die ich mich sagen hörte, meine eigenen Überzeugungen festigten.

Die Gemeinde war mir gegenüber sehr aufgeschlossen und nachher kamen viele von ihnen auf mich zu, um mir zu sagen, wie sehr sie mein Bericht angesprochen und ermutigt hätte. Wenn wir anderen davon erzählen, was wir mit Gott erleben, dann helfen wir ihnen, selbst Gott neu kennen zu lernen. Ich war an diesem Sonntag sehr zufrieden und ich bekam an diesem Tag bereits eine Ahnung davon, dass sich in meinem Leben etwas Neues anbahnte. Es war die Initialzündung des Dienstes, den ich einmal ausüben sollte.

Nachdem sich mein Auftritt in der presbyterianischen Gemeinde in der Stadt herumgesprochen hatte, bekam ich einige Wochen später eine weitere Anfrage von einer anderen Gemeinde, wo ich im Wesentlichen dieselben Dinge erzählte. Und auch bei dieser Veranstaltung sollte es nicht bleiben, sondern es kamen nach und nach noch weitere Einladungen ins Haus. Ich habe meine Laufbahn als Gastrednerin keineswegs forciert, im Gegenteil, der Gedanke daran lag mir damals völlig fern. Ich bin zwar Einladungen gefolgt, aber ich habe niemals irgendwelche Anstrengungen unternommen, um weitere Interessenten zu gewinnen.

Nach einiger Zeit rief der Schuldirektor der *San Clemente Highschool* an und bot mir an, im nächsten Jahr wieder als Musiklehrerin zu arbeiten. Ich fühlte mich sehr geschmeichelt und ich hätte sein Angebot nur zu gerne angenommen.

Eine Reihe von Schülern, die mich immer noch regelmäßig besuchten, ermutigten mich ebenfalls: »Miss Lacouague, Sie dachten immer, dass wir Ihre Arme beim Dirigieren anschauen. In Wirklichkeit haben wir immer nur auf Ihre Augen und Ihren Gesichtsausdruck geschaut. Bitte kommen Sie doch zurück, Sie schaffen das ganz bestimmt!«

Aber ich wusste, dass die Zeit für so etwas noch nicht reif war. Ich hätte die körperlichen Anforderungen und die vielen laufenden Verpflichtungen, die diese Aufgabe mit sich gebracht hätten, all die Schreibarbeit, ebenso wie den emotionalen Stress noch nicht wieder bewältigen können. Vor mir lagen noch viele weitere Monate ambulanter Reha-Behandlung und ich war einfach zu unbeweglich. Es war noch nicht zu schaffen und so lehnte ich schweren Herzens ab.

Dabei drängte es mich mit jeder Faser meines Herzens, in den Schuldienst zurückzukehren und die Anfrage der *San Clemente Highschool* verstärkte diesen Wunsch nur noch mehr. Wie sehr mir diese Arbeit mit den Schülern doch fehlte, die Möglichkeit, mit ihnen Musikstücke zu erarbeiten und in ihnen die Liebe zur Musik zu wecken. Während ich mich immer noch grämte, nicht an die Schule zurückkehren zu können, kam Pater Martin eines Nachmittags vorbei und fragte mich: »Renée, wir möchten gerne, dass Sie bei uns in der Gemeinde einen Jugendchor aufbauen.«

»Vielen Dank für das Angebot, aber es geht einfach nicht«, antwortete ich ihm. Obwohl die Saug- und Pustevorrichtung an meinem Rollstuhl inzwischen durch einen Joystick ersetzt werden konnte, hatte ich doch immer noch dieses gewaltige Ungetüm von Rollstuhl unter mir, und meine Unterarme lagen nach wie vor in schalenförmigen Stützen.

Die Aussicht, einen Jugendchor zu leiten, war für mich überaus verlockend, aber meine Beschränkungen erschienen zu diesem Zeitpunkt einfach unüberwindlich. Die Aussicht, auch diese Gelegenheit ausschlagen zu müssen, trieb mich schier zur Verzweiflung und ich begann zu weinen: »Wie soll ich so einen Chor denn leiten? Ich schaffe das einfach nicht. Bis ich eine Seite in der Partitur umgeblättert habe, ist das Lied schon vorbei. Es geht nicht.«

Pater Martin war natürlich auf diese Antwort vorbereitet, und er sagte: »Wir stellen Ihnen ein paar Mütter zur Seite, um Sie zu unterstützen. Die können Ihnen die Seiten auf dem Pult umblättern, Noten austeilen und ähnliche Dinge. Die Helferinnen könnten Sie auch von zu Hause abholen und wieder zurückbringen.

Es sind nur eineinhalb Stunden in der Woche. Warum versuchen wir's nicht einfach?«

Was er sagte, klang überzeugend. Schließlich wäre es ja nur ein Nachmittag in der Woche und mit viel Hilfe konnte ich es vielleicht doch schaffen! Der Gedanke daran begann mehr und mehr, mich zu faszinieren.

»Lassen Sie mich die Sache mit Mike und meiner Familie besprechen«, sagte ich schließlich.

Als ich meinen Vater fragte, was er davon hielt, bekam ich nicht die Reaktion, auf die ich gehofft hatte: »Ich weiß, warum du das gerne möchtest, aber du hast doch gehört, was Dr. Palmer damals meinte. Er sagte ganz klar, dass dein Leben nie wieder so sein wird, wie früher. Die Ärzte haben lange Jahre Erfahrung in solchen Dingen und sie müssen es wissen. Du schaffst das nicht, Renée. Du solltest dich damit abfinden und aufhören, das Unmögliche zu wollen.«

»Dr. Palmer hätte aber auch nie gedacht, dass ich mich so gut im Rollstuhl halten würde. Da hat er sich getäuscht. Wer will einfach so behaupten, dass ich das nicht schaffe? Schau mich doch mal an. Ich bin gerade mal dreißig Jahre alt. Wenn ich die nächsten fünfzig Jahre lang nur in diesem Stuhl herumsitzen oder im Bett liegen soll, dann könnt ihr mich doch besser gleich erschießen. Ich muss einfach irgendein Ziel im Leben haben. Warum willst du nicht, dass ich es wenigstens versuche?«, hakte ich nach.

»Weil ich dir gerne die Enttäuschung ersparen möchte. Ich will nicht, dass du noch mehr verletzt wirst, als du es sowieso schon bist. Du hast wirklich genug durchgemacht.«

Mein Vater war noch von der alten Schule. Wenn ein Arzt etwas sagte, dann galt das einfach, in etwa vergleichbar mit der Bibel oder der Verfassung. Ärzte waren unfehlbar und was immer sie sagten, war Gesetz. Er hätte die Einschätzung eines Doktors niemals hinterfragt. Man hatte sich nach dem zu richten, was ein solcher Fachmann sagte. Er hatte auch große Mühe damit, das althergebrachte Vorurteil zu überwinden, dass Behinderte sich nicht in der Öffentlichkeit zeigen oder gar ein produktives Leben führen sollten. Diese vorgefasste Meinung stand nun auf einmal mit dem Lebensrahmen im Konflikt, den er sich für mich wünschte und den er auch an mir sah. Natürlich sehnte er sich nach einem erfüllten Leben für mich, aber er war nach wie vor davon überzeugt, dass ich mein Schicksal verleugnete. Aus diesem Grunde drängte er darauf, dass ich mich endlich mit meinen Umständen abfand und mich in das Unvermeidliche fügte. Ich hätte mir zwar gewünscht, von ihm mehr unterstützt zu werden, aber ich konnte doch nachvollziehen, warum er so dachte.

Glücklicherweise bekam ich von allen anderen, vor allem von Mike, viel Unterstützung. So rief ich Pater Martin an und sagte zu. Ich gründete drei Chöre: einen Chor für Kinder im Grundschulalter, einen für Jugendliche zwischen 11 und 13 Jahren und einen für die 14- bis 18-Jährigen.

Einen Chor zu leiten, ohne über meinen Körper verfügen zu können, stellte mich vor große Probleme. Wenn wir ein Stück durchsangen, dann gab es naturgemäß immer problematische Abschnitte, die wir noch einmal wiederholen mussten. Normalerweise hätte ich einfach den Bleistift genommen und die kritischen Passagen angestrichen. Da ich meine Finger aber nicht bewegen konnte, musste ich die Dinge im Kopf behalten: *Seite 3 oben: Tenöre zu spät; Seite 4 unten: Artikulation; Seite 8, dritter Takt, zweite Note: Altstimmen zu tief.*

Ich musste mich gewaltig konzentrieren. Um das Tempo vorzugeben, hatte ich nur meine Stimme. Und wenn Sie denken, dass ein Chor das einmal vorgegebene Tempo hält, dann irren Sie sich gewaltig. Ohne dauernde Anleitung neigt ein Ensemble immer dazu, entweder davonzulaufen oder zurückzubleiben. So lernte ich, meine Schultern zu gebrauchen, um den Takt anzugeben – endlich zahlte sich das ganze Schulterzucken in der Krankengymnastik doch noch aus.

Wenn ein Schüler einmal Mühe hatte, sich zu beherrschen, dann hatte ich mich vor meinem Unfall einfach eine Weile neben ihn gestellt, ohne meinen Unterricht zu unterbrechen. Der Betreffende verstand dann die Botschaft in aller Regel, ohne dass ich ihm eine Standpauke halten musste. Mit dem Rollstuhl dagegen konnte ich schwerlich bis in die hinterste Reihe des Chors vordringen. So lernte ich, meine Augen zu gebrauchen. Manchmal hielt ich einen Moment lang inne und sagte: »Also, passt mal auf, hier ist der Knüller: Ihr habt eine Chorleiterin ohne Arme. Das heißt, ich muss mich echt auf euch verlassen können. Ihr müsst mit mir an einem Strang ziehen und euch am Riemen reißen.«

In aller Regel funktionierte das hervorragend oder die Teilnehmer selbst wiesen sich gegenseitig zurecht. Ein beständiges Problem blieb jedoch bestehen – das Seite-umblättern. Erstaunlicherweise haben wir aber auch das immer wieder hinbekommen.

Wie schon an der *San Clemente Highschool* wuchs die Zahl der Chormitglieder rasch an. Mit der Adressliste auf dem Schoß ging ich die Namen durch – »148, 149, 150!« Einhundertfünzig? Ebenso viele Schüler hatte ich auch in meinem Highschool-Chor gehabt – wirklich erstaunlich! Gott hatte mir genauso viele neue Schüler gegeben, wie ich verloren hatte! Das wäre wirklich nicht nötig gewesen. Ich wäre schon mit zwanzig überglücklich gewesen!

Als ich über diese Tatsache nachdachte, erinnerte ich mich daran, wie Julie Turner mir vor vielen Jahren einmal gesagt hatte, sie könne Gottes Stimme hören. Ich hatte mich damals gewundert und mich gefragt, wie Gottes Stimme wohl klingen mochte. Für mich waren diese 150 Chormitglieder ganz eindeutig eine Botschaft Gottes an mich.

Gott sagte klar und vernehmbar: »Mach dir keine Sorgen, Renée. Ich gehe mit dir durch dein Leben. Ich bin in dir. Ich gehe vor dir her und ich gehe hinter dir. Ich bin inmitten von allem, was hier geschieht. Hab keine Angst.«

Ich arbeitete jedoch weiterhin nur auf Teilzeitbasis, um dreimal in der Woche zur Krankengymnastik gehen zu können. Ich mochte Tina, meine Krankengymnastin in Casa Colina sehr. Wir waren mit der Zeit richtige Freunde geworden, was jedoch dazu führte, dass wir sehr viel plauderten und dabei zu viel kostbare Therapiezeit verloren ging. Außerdem hatte ich genug von der langen Fahrerei. Ich suchte also einen anderen Physiotherapeuten, dessen Praxis nicht ganz so weit entfernt war. Nachdem ich mich ein wenig umgehört hatte, fand ich Jim D'Agostino, einen hervorragenden Krankengymnasten in Oceanside, 40 Minuten südlich von uns, immerhin um einiges besser als die 75 Minuten, die ich bislang hatte fahren müssen.

Er war genau das, was ich brauchte. Er trainierte meine Muskeln und holte das letzte bisschen Kraft aus ihnen heraus. Ich saß auf der Matte und übte so lange, bis ich meinen Arm mit den Schultermuskeln hochschwingen, meinen Ellbogen einrasten und mein Gewicht auffangen konnte. Oft schubste er meinen Oberkörper hin und her und ich musste mich dann anschließend jeweils mit dem Arm auffangen und aus eigener Kraft wieder in die Senkrechte bringen. Als Nächstes legte er mich auf den Bauch und ließ mich mit meinen Unterarmen und Ellbogen Liegestützen machen. Als ich Fortschritte machte, begann er, Gegendruck auszuüben. Irgendwann legte er sich dann sogar quer über meine Schultern, sodass ich sein Gewicht mit hochstemmen musste.

Ich ging montags, mittwochs und freitags zur Krankengymnastik und verbrachte die beiden übrigen Tage damit, meinen Muskelkater zu kurieren. Stück für Stück wurde ich kräftiger und gewann eine gewisse Kontrolle über meine Oberarme zurück. Ohne Jims hartes Training wäre ich heute bei Weitem nicht da, wo ich bin.

Etwa ein Jahr nach unserer Hochzeit kamen meine Eltern uns eines Sonntags besuchen.

»Wir wollten gerne etwas mit euch besprechen«, begann Dad. »Mike, du hast einen langen Arbeitstag und zusätzlich hast du hin und zurück noch jeweils eine Stunde Fahrt. Und Mom macht sich Gedanken darüber, dass Renée so weit von uns weg ist. Wenn irgendetwas passiert, sind wir mindestens eine Viertelstunde auf der Autobahn unterwegs, bis wir hier sind, um ihr helfen zu können. Das macht ihr zu schaffen. Du bist ja schon lange nicht mehr auf dem hinteren Teil der Ranch gewesen, aber wie du sicher weißt, ist das Land inzwischen als Bauland erschlossen worden. Die restlichen Bäume sind weg und es wurden überall Häuser gebaut. Wir finden, dass ihr eines dieser Häuser kaufen und mehr in unsere Nähe ziehen solltet. Eine andere Möglichkeit wäre, dass ihr euch auf den restlichen fünf Morgen, die wir behalten haben, ein Haus baut. Aber das ist vielleicht gar nicht nötig, wenn euch eines von den Häusern in der neuen Siedlung gefällt.«

»Das wäre schön!« Mike und ich schauten uns an und schmunzelten. Damals boomte der Immobilienmarkt und die

Preise waren geradezu explodiert. »Aber Dad, das können wir uns auf keinen Fall leisten. Einige von diesen Häusern kosten ein kleines Vermögen.«

»Tja, Mike, wie viel könntest du denn aufbringen?«, fragte Dad geradeheraus.

Mike holte seinen Taschenrechner heraus, machte ein paar Berechnungen und nannte einen Betrag, den wir monatlich zur Abzahlung eines Hauses erübrigen konnten. Daraus ergab sich in etwa, wie viel ein Haus kosten durfte.

Dad machte uns daraufhin ein Angebot: »Gut, als euer Erbteil würden wir euch noch einmal denselben Betrag zuschießen. Damit kämt ihr auf eine Summe, die zum Kauf eines solchen Hauses ausreicht. Die Bauarbeiten sind abgeschlossen, im Moment werden gerade die Gärten angelegt und in der kommenden Woche werden die Straßen asphaltiert. Der Verkauf der Häuser lief nicht ganz so gut, wie der Bauträger sich das gedacht hat. Darum gibt es nächste Woche eine Auktion. Lasst uns doch in den nächsten Tagen mal ein paar von diesen Häusern anschauen und dann entscheiden, welcher Grundriss für eure Bedürfnisse in Frage kommt und welches Haus für uns optimal gelegen ist. Dann geben wir ein Gebot ab und hoffen, dass wir den Zuschlag bekommen.«

»Das kann doch nicht dein Ernst sein!«, antwortete ich. »Es ist wirklich ein unglaublich großzügiges Angebot, aber wir können euer Geld nicht so einfach annehmen, ihr habt dafür so hart gearbeitet, also behaltet es doch lieber und genießt euren Ruhestand.«

»Renée, du brauchst es doch jetzt. Warum sollt ihr beide es euch so schwer machen, bis wir irgendwann einmal das Zeitliche segnen, wenn ihr doch heute unsere Hilfe so gut gebrauchen könntet? Wenn es dir hilft, dann sei versichert, dass dieser Betrag auch wirklich alles ist, was du bekommen wirst. Nach unserem Tod ist dann der Hahn zu!«, sagte er mit einem verschmitzten Lächeln.

In den darauf folgenden Tagen dachten wir über dieses großzügige Angebot nach und kamen zu dem Schluss, dass es für uns alle in der Tat das Beste wäre, darauf einzugehen. Sowohl Denise und Joseph als auch Danny und Vicki lebten damals in dieser Gegend, und es würde allen Beteiligten eine Menge Fahrerei ersparen, wenn wir uns ebenfalls dort niederließen.

Als wir dann am nächsten Samstag zu meinen Eltern hinausfuhren, traf mich ein herber Schlag. Wo in der Vergangenheit unsere Ranch gelegen hatte, eingebettet in eine malerische Landschaft aus sanften Hügeln, Orangenhainen und Viehweiden, war nichts mehr so wie früher. Es sah aus wie überall sonst in Orange County: Straßen, Verkehrsschilder und endlose Reihen von Häusern, so weit das Auge reichte. Ich konnte es kaum fassen.

Als Mike mich von der Rampe unseres Wagens herunterfuhr, fiel mein Blick auf jenen Hügel, wo Danny früher einmal sein perfektes Fort gehabt hatte. Als Kinder hatten wir dort oben immer gespielt und eine Höhle als Versteck benutzt. Die Neubauten hatten den Hügel beinahe unkenntlich gemacht.

Als ich neben dem Auto auf dem Boden stand, sagte ich nur noch: »Mike, bitte bring mich hier weg!«

Er schob mich um das Auto herum und ich verlor endgültig die Fassung. Es kam mir so vor, als ob meine Kindheit mit Bulldozern dem Erdboden gleich gemacht worden sei. Ich schaute wieder zum Hügel hinüber und weinte. Ich wendete meinen Blick ab und weinte weiter. Ich schaute erneut hin und weinte noch mehr. Vor meinem inneren Auge konnte ich die sanften Hügel sehen, die unser Haus einst umgeben hatten und ich erinnerte mich daran, wie ich mit *Tar Baby* über diese Hügel geritten war. Vom Verstand her wusste ich, dass dies alles nicht abzuwenden gewesen war. Mein Vater hatte die Ländereien verkaufen müssen, aber es tat dennoch unendlich weh. Es war, als ob erneut ein Teil von mir starb.

Eine weitere ernüchternde Erkenntnis war, dass Mike und ich zu meinen Eltern zogen, damit sie sich um mich kümmern konnten. Vor meinem Unfall hatten wir eigentlich gedacht, dass Mike und ich irgendwann einmal zu meinen Eltern auf die Ranch hinaus ziehen würden, um sie versorgen zu können, nicht umgekehrt. Es war einfach alles anders als geplant. Noch ein Grund zur Verzweiflung!

Mike kam schließlich zu mir herüber und nahm mich ganz fest in den Arm, sodass ich mich bei ihm ausheulen konnte. Er hat ein gutes Gespür dafür, wann es an der Zeit ist, etwas zu sagen und wann er dem reinigenden Gewitter einfach seinen Lauf lassen muss.

Als er merkte, dass ich versuchte, die Fassung wieder zu gewinnen, sagte er: »Renée, lass uns doch mal einen Blick auf das

Haus werfen, das deine Eltern uns vorgeschlagen haben. Sie glauben, dass es dir gefallen wird.«

Drei der fünf vorhandenen Häusertypen hatten ein Obergeschoss, sodass eigentlich nur zwei Typen in Frage kamen. Das bessere der beiden war innen sehr offen gestaltet, mit breiten Dielen und wenigen Türen. Vorne lag ein großes Zimmer mit einem riesigen Fenster, das auf die Straße hinausging. Hier konnte ich mein Büro einrichten. Wir schauten uns gleich das Haus an, das von der Lage her am günstigsten war. Die Parzelle stieß auf der Rückseite direkt an das Grundstück meiner Eltern an, das oben auf einem Hügel lag.

Die offene Bauweise gefiel mir sehr. Als ich im Wohnzimmer saß und zur Schiebetür hinausschaute, konnte ich Orangenbäume sehen! Es war sogar sehr einfach möglich, eine Rampe direkt zum Haus meiner Eltern zu bauen. Die Lage war geradezu perfekt. Ob sich diese Immobilie wohl im Rahmen unserer finanziellen Möglichkeiten erwerben ließ?

Wir beschlossen, unser Höchstgebot strikt einzuhalten und auch nur für dieses eine Haus ein Gebot abzugeben. Es war entweder dieses oder keines. Wir vertrauten darauf, dass Gott schon für alles sorgen würde, wenn er uns wirklich hier haben wollte.

Die Auktion begann um 15:00 Uhr nachmittags und fand in einem gigantischen Zelt statt, das extra zu diesem Zweck errichtet worden war. Es war etwa halb so groß wie ein Fußballfeld und sah aus wie ein Raumschiff, das auf unserer Ranch gelandet war – es passte überhaupt nicht dorthin.

Als wir das Zelt betraten, kam mein Vater mit unserem Gebotsschild – die Nummer 54 – auf uns zu und übergab es Mike. Mike war sichtlich nervös.

»Ich habe noch nie eine solche Summe Geld einfach mit einem Handzeichen ausgegeben«, sagte er.

Ich schaute zu meinem Vater hinüber und mahnte: »Dad, pass auf, lass dich bloß nicht zu irgendwelchen unüberlegten Schritten hinreißen. Wir können uns nur den verabredeten Betrag leisten und keinen Cent mehr!«

Die Versteigerung ging sehr schnell vonstatten. Der Auktionator ging ein Haus nach dem anderen durch und sprach so schnell wie ein Tonband, das gerade vorgespult wird. Hammerschlag für Hammerschlag gingen die Häuser über den Tisch. Immer wieder hörte man vereinzelte Jubelrufe hier und da, wenn jemand den ersehnten Zuschlag bekam. Leider waren die Abschlussgebote höher als der Betrag, den wir uns leisten konnten. Es sah also gar nicht gut aus. Mike wurde immer unruhiger, je weiter die Auktion voranschritt. Wir alle warteten voller Anspannung, bis unser Haus schließlich als eines der letzten Objekte zur Versteigerung kam. Wenn es nicht klappte, dann war's das. Eine Ausweichmöglichkeit gab es nicht.

Schließlich kam unser Haus an die Reihe und das Rennen begann. Es gab nur eine andere Person, ganz vorne, mit der Nummer 26, die gegen uns bot. Die Gebote wechselten einander ab und der Auktionator rief jeweils den entsprechenden Betrag.

»Ausgangsgebot ist 100.000 Dollar, wer bietet 100.000?« Nummer 54 ging hoch.

Sofort fragte er weiter: »Geboten sind 100.000. Wer bietet 120.000?« Nummer 26 ging hoch.

»120.000 sind geboten, wer bietet 130.000? 130.000?« Nummer 54 ging hoch.

»Ich brauche noch 10.000 mehr. Wer bietet 10.000 mehr?« Nummer 26 ging hoch.

Die Gebote wechselten einander ab und der Preis schnellte in die Höhe. Mike behielt die Nerven, während wir alle wie gebannt dasaßen und den Atem anhielten. Schließlich hob Mike das Schild zu unserem letzten Gebot, dreitausend Dollar unterhalb des Limits, das wir uns gesetzt hatten.

»Zum Ersten, zum Zweiten und zum Dritten!« Der Hammer fiel und wir hatten den Zuschlag.

Mike juchzte auf. Und ich konnte es noch kaum fassen: »Ist denn das die Möglichkeit? Wir haben soeben ein Haus gekauft.«

Wir schauten zu den Eltern hinüber und die ganze Anspannung fiel von uns ab.

»Gutes Geschäft!«, sagte Dad kurz und knapp mit einem breiten Lächeln im Gesicht, während er aufstand, die Brust rausstreckte und sich die Mütze wieder aufsetzte. Für ihn war es ein wenig wie ein gutes Erntejahr.

Mom lachte ausgelassen: »Mensch, meine Hände waren vielleicht feucht. Wie gut! Ich glaube, dass dieses Haus genau das Richtige für euch ist.«

Einen Monat später zogen wir um.

Inzwischen waren zwei Jahre seit meinem Unfall vergangen und wir freuten uns über unser neues Zuhause, nur der Garten war nach wie vor ein verdorrtes Stück Wildnis, und an der Schwelle der Schiebetür war ein 50 cm tiefer Abgrund. Aber wer hat schon Geld übrig, um seinen Garten anzulegen, wenn er gerade ein Haus gekauft hat? So kam es, dass meine Eltern zwar zu mir herüberkommen konnten, ich aber konnte nicht zu ihnen. Trotzdem waren die Dinge nun leichter als früher.

Zu jener Zeit war ich im Vorstand der *Young Americans*. Eines Abends, als Mike und ich zusammen im Büro saßen, entdeckte ich einen Umschlag mit 125 Teilnahmekarten für eine Verlosung zu Gunsten dieser Gruppe, die ich eigentlich zu je zwei Dollar hätte verkaufen sollen. Der erste Preis war ein VW-Jetta. Ich hatte sie völlig vergessen und das Geld war bereits in ein paar Tagen fällig. Ich hatte den Termin irgendwie verschlafen.

»Du Schatz«, sagte ich zu Mike, »wie wäre es mit einer Spende an die *Young Americans*?«

»Vielleicht. Warum nicht? An wie viel hast du denn gedacht?«

»Ich brauche 250 Dollar.«

»Hoppla!«, sagte Mike und zuckte zusammen. »Das ist ja ein ganz schöner Batzen! Warum muss es denn gleich so viel sein?«

»Schau mal hier«, sagte ich und zeigte ihm die Lose. »Ich habe wohl ziemlichen Mist gebaut. Der Umschlag ist irgendwie unter den Stapel gekommen. Gibt es vielleicht irgendeine Möglichkeit, dass wir diesen Betrag spenden? Schließlich kann ich diese Lose unmöglich bis zum Stichtag unter die Leute bringen.«

»Tja«, sagte Mike. »Ich habe gerade die Kontoauszüge geprüft und wir haben schon noch ein bisschen Geld übrig. Wenn es wirklich sein muss!«

Am nächsten Tag kam eine meiner ehemaligen Schülerinnen, stempelte unseren Namen auf alle 125 Lose, steckte sie in einen Umschlag und brachte den ganzen Stapel zusammen mit unserer Spende zur Post. Danach verschwendete ich keinen weiteren Gedanken mehr daran.

Ein paar Tage später hatte ich einen schrecklichen Alptraum. In meinem Traum geriet ich so in Panik, dass Mike davon aufwachte. Er schüttelte mich, um mich zu wecken.

»Was ist denn? Was hast du denn?«, fragte er.

In Tränen aufgelöst erzählte ich ihm, was ich geträumt hatte: »Unser Haus stand in Flammen und ich konnte nicht zur Schiebetür raus!«

»Jetzt muss etwas passieren!«, sagte er. »Das ist ein Zeichen. Ich weiß zwar noch nicht genau, wie wir es bezahlen, aber wir lassen jetzt endlich den Garten anlegen. Es ist wirklich verdammt gefährlich, dass du nicht alleine aus dem Haus kannst!«

Wieder fing ich an zu weinen: »Du brauchst jetzt nicht gleich überzureagieren. Wir können es uns einfach noch nicht leisten, den Garten anlegen zu lassen, und ich kann ja zur Not auch zum Vordereingang hinaus. Es war doch nur ein Traum!«

Aber er hatte den Entschluss gefasst. »Egal wie, aber der Garten wird jetzt angelegt. Wir beten einfach und bitten Gott, dass er uns dabei hilft. Es muss sein!«

Zwei Tage später kam ein Telefonanruf: »Ist dort Renée Bondi?«

»Ja, das bin ich.«

»Dann setzen Sie sich jetzt mal lieber hin«, sagte die Stimme.

»Wenn Sie mich kennen würden, dann wüssten Sie, dass ich immer sitze«, antwortete ich mit einem Lachen.

»Sie haben einen neuen VW Jetta gewonnen!«

Ich schrie laut auf!

Natürlich verkauften wir den Wagen sofort und bekamen 10.000 Dollar dafür, die wir dazu benutzten, unseren Garten zu finanzieren. Unser guter Freund Mike Imlay, ein Gartenarchitekt, entwarf uns einen wunderbaren Garten, der aus dem bisschen Fläche, das wir zur Verfügung hatten, das Optimum herausholte. Wir hatten nun eine schöne Rasenfläche, passende Büsche, Bäume und viele Blumen. Er plante auch zementierte Wege ein, damit ich mich im Garten bewegen konnte. Vor allem aber legten wir eine Rampe an, die es mir ermöglichte, das oberhalb von uns gelegene Grundstück meiner Eltern zu erreichen. Wie treu Gott immer wieder auf verschiedene Art und Weise für uns gesorgt hat! Seine Liebe ist einfach unendlich kreativ!

Endlich wieder Musik

Etwa zur selben Zeit, Anfang 1991, erhielt ich ganz unverhofft eine Anfrage von Robert H. Schullers Organisation, ob ich in ihrem Sonntagsgottesdienst und in ihrer Fernsehsendung *Hour of Power* auftreten würde. Wir legten als Termin Anfang Februar fest. Für mich war das eine große Ehre und eine großartige Gelegenheit. Ich muss gestehen, dass ich mir zu Anfang nicht ganz sicher war, ob ich das wirklich machen sollte, denn ich war mit Dr. Schuller's Arbeit nicht besonders vertraut. Ich wusste lediglich, dass er dabei war, eine *Drive-in*-Gemeinde zu gründen, dass seine *Crystal Cathedral* weltberühmt war und dass sein Verständnis von Kirche innovativ und revolutionär zu sein schien.

Der Morgen, an dem ich meinen großen Auftritt hatte, war ziemlich verregnet. Auf der Autobahn Richtung Garden Grove sprachen Mike und ich über meine Unsicherheit. Bei aller Neugier auf Dr. Schuller war ich zugleich jedoch auch besorgt über die vielen Details, die man oft nicht bedenkt, wenn man es mit Leuten im Rollstuhl zu tun hat, zum Beispiel, wie ich ohne allzu großes Aufsehen auf die Bühne komme, oder dass der Mann am Mischpult eine besondere Einweisung braucht, damit meine schwache Stimme auch ausreichend verstärkt wird. Ich fragte mich, ob Dr. Schuller genügend über meine Geschichte informiert war, um die richtigen Fragen stellen zu können. Und ich wusste nicht, ob ich die Fragen lieber ausführlich oder nur relativ kurz beantworten sollte.

Es gab so viele Unbekannte und ich war schon beinahe geneigt, zu bedauern, dass ich überhaupt zugesagt hatte. Plötzlich sahen wir einen herrlichen Regenbogen. Das eine Ende reichte ins Meer und das andere verschwand hinter den Hügeln. Es war wirklich atemberaubend!

Mike und ich schauten uns an. Uns beiden stand dieselbe Frage ins Gesicht geschrieben: »Denkst du dasselbe, was ich denke?«

Mike meinte: »Sieht so aus, als wollte Gott uns versichern, dass wir auf dem richtigen Weg sind!«

Als wir an der *Crystal Cathedral* angekommen waren, stellte ich sehr schnell fest, dass meine Ängste völlig unbegründet gewesen waren. Wir wurden in einen sehr gut ausgestatteten Raum geführt, wo ich mich in aller Ruhe vorbereiten konnte. Ein Mitarbeiter kam herein und gab uns eine genaue Einweisung, was geplant war, und was ich zu tun hatte. Auch Dr. Schullers Frau Arvella kam vorbei, um uns zu begrüßen. Sie war sehr liebenswert und warmherzig. Alle Mitarbeiter dort begegneten uns mit einer großen Freundlichkeit, Hilfsbereitschaft und Professionalität. Ich wusste sofort, dass ich mir überhaupt keine Gedanken machen musste.

Dr. Schuller selbst lernte ich erst auf der Bühne kennen, aber er war ein überaus zuvorkommender und freundlicher Gastgeber. Man hatte mir schon gesagt, dass das Interview nur fünf Minuten dauern würde. Ich wusste also, dass ich nur knapp und in geraffter Form antworten konnte. Dies war mein allererstes Fernsehinterview und mir war klar, dass ich nur beschränkte Zeit haben würde. Also richtete ich mich darauf ein, mir ausschweifende Darlegungen zu verkneifen.

Dr. Schuller stellte mir nahe liegende Fragen, zum Beispiel: »Wie sind Sie in diesen Rollstuhl hineingekommen?«

Ich antwortete so knapp ich konnte: »Ich bin ganz normal ins Bett gegangen. In der Nacht, so gegen 2:00 Uhr, wachte ich quasi mitten im Flug auf, als ich gerade zum Fußende meines Bettes hinausfiel und auf dem Kopf landete. Es machte knacks, und das war's.« Ich schaute ihn an und erwartete die nächste Frage. Sein Blick ruhte auf mir, so als wartete er darauf, dass ich noch mehr ins Detail ging. So fuhr ich fort. »Ich versuchte, aufzustehen, aber jedes Mal, wenn ich mich bewegen wollte, spürte ich einen schneidenden Schmerz, so als ob mich ein Messer in den Hals sticht.«

»Und weiter?«

»Nach ein paar Minuten kam meine Mitbewohnerin Dorothy herein und fand mich auf dem Boden.« Das Interview ging weiter, ich antwortete kurz und knapp und er schaute mich interessiert an und wartete darauf, dass ich noch mehr erzählte.

»Wenn ich richtig verstehe, sind Sie inzwischen verheiratet.«

»Ja, Mike und ich waren verlobt und unsere Hochzeit war gerade noch zwei Monate entfernt, als ich mir den Hals brach. Aber er ist bei mir geblieben und ein Jahr nachdem ich aus dem Krankenhaus kam, haben wir geheiratet. Es war natürlich ein sehr bewegender Gottesdienst.«

»Das ist wirklich etwas Besonderes. Solche Männer findet man heutzutage nicht allzu oft. Erzählen Sie mir ein wenig über Mike.«

Ich wusste, dass wir die Zeit längst überzogen hatten, aber nur, weil er immer weiter fragte. Am Ende war ich völlig überrascht, als ich feststellte, dass Dr. Schuller dieses kurze fünfminütige Interview auf zwanzig Minuten ausgedehnt hatte!

Zum Ende des Interviews sang ich das Lied *Here I am Lord*. Ich hatte es ausgewählt, weil ich von Anfang an immer darum gebetet hatte, dass Gott mich gebrauchen würde. Es war damals, als ich aus dem Bett gefallen war und auf dem Boden lag, eines meiner ersten Gebete: »Ich gehöre dir, Herr. Bitte mache mich zu deinem Werkzeug. Gebrauche mich.« Und auf einmal war ich im Fernsehen und sah, dass Gott mein Gebet erfüllt hatte!

Als ich die Bühne verließ, sagte Dr. Schuller zu seiner Gemeinde: »Ich habe noch nie erlebt, dass ein Gast mich in einer so tiefen Weise mit der Liebe Jesu beschenkt hat wie Renée Bondi.«

Welch ein feiner, liebenswerter Mann! Seit jener Zeit bin ich etwa zweimal jährlich zu Gast in der *Hour of Power* und es ist mir immer wieder eine große Freude.

Im Sommer 1992 bekam ich einen Anruf von Gordon Paine, dem Chormeister von Helmuth Rilling. Er war gerade dabei einen Chor für eine Konzertreihe zusammenzustellen, die Helmuth mit dem *Los Angeles Chamber Orchestra* ganz in meiner Nähe geplant hatte. Da ich fünf Jahre lang beim *Oregon Bach Festival* mitgesungen hatte, rief er mich an und fragte mich, ob ich mitmachen wollte.

»Wir führen die h-moll-Messe von Bach auf. Du hast sie ja schon viele Male mitgesungen.«

»Gordon«, antwortete ich, »du weißt doch, was mir passiert ist. Wo eine Sängerin normalerweise einmal Luft holt, muss ich sechsmal Luft holen. Ich wäre euch keine große Hilfe. Vielen Dank für die freundliche Einladung, aber ich glaube, so etwas gibt meine Stimme einfach nicht mehr her. Leichtere Stücke gehen inzwischen wieder einigermaßen, aber klassische Musik ist nicht mehr drin, dafür reicht mein Atem einfach nicht. Ich schaffe die langen Noten, aber bei den sechzehntel Läufen steige ich zwischendrin aus. Ich bin nicht das, was ihr braucht.«

»Doch, du bist genau das, was wir brauchen!«, insistierte er.

»Das ist wirklich sehr nett von dir, und ich weiß das wirklich zu schätzen. Es würde mir auch unheimlich viel Spaß machen, wieder einmal in einem Chor mitzusingen. Weißt du was? Schick mir einfach die Noten und ich schaue sie mir mal an.«

Das tat er auch und nach einer Weile des Probens rief ich ihn an, um ihm zu sagen, welche Passagen gut klappten, und wo ich nicht mithalten konnte.

Gordon hörte sich meine Bedenken an, aber er ließ sich nicht beirren. »Prima, dann bist du also dabei«, sagte er.

Als die Proben an der *Fullerton California State University* begannen, erwartete ich nicht, dass Helmuth wusste, wer ich war. Ich hatte eigentlich nie mit ihm persönlich zu tun gehabt, denn ich war stets nur eine Stimme unter vielen im Chor gewesen. Wie immer, kam Helmuth herein und ging direkt an die Arbeit. Zwischendurch jedoch wandte er sich einmal direkt an die Altstimmen, um einige Anweisungen zu geben und sein Blick fiel auf mich.

»Renée!«, sagte er überrascht und kam zu mir herüber, um mich zu umarmen. Während der Pause kam er noch ein weiteres Mal zu mir und sprach länger mit mir.

Gordon erzählte mir später, dass es ihn sehr berührt hätte, zu sehen, wie ich wieder auf die Füße gekommen war, um es einmal so zu formulieren.

Schließlich fand das Konzert in der vollkommen ausverkauften *Royce Hall* an der *University of California* in Los Angeles statt. Vor dem Chor saß ein volles Orchester und ich war am Ende der ersten Reihe der Altstimmen platziert.

Das Orchester begann. Meine Freundin Linda, die neben mir im Chor mitsang, schlug mir die Seiten um. Ich war hoch konzentriert und mein Blick wechselte ständig zwischen Helmuth am Dirigentenpult und dem Notenbuch vor mir hin und her. Ich achtete genauer denn je auf meine Atmung und die richtige Tonhöhe; ich kalkulierte die Intervalle genau und schnappte nach Luft wie eine Olympiaschwimmerin. Ich wollte keinesfalls einen Fehler machen. Plötzlich überkamen mich Selbstzweifel. *Was habe ich hier schon groß beizutragen?* Doch ich gab mir innerlich einen Rippenstoß und sagte zu mir selbst: *Sing einfach! Ja, ich habe sehr wohl etwas beizutragen!*

Zweieinhalb Stunden später endete das Konzert und das Publikum brach in tosenden Beifall aus, der schier nicht enden wollte. Helmuth Rilling wurde mit stehenden Ovationen wie ein Star geehrt. Mir kamen die Tränen. Obwohl dem Chor im Allgemeinen niemand besondere Beachtung schenkt, geschweige denn einem einzelnen Mitglied des Chors, war es doch ein großer Moment für mich. Dieses Konzert stellte einen großen Schritt auf dem Weg meiner Genesung dar. Ich hatte es tatsächlich geschafft. Ich war wieder da, wo ich einmal gezwungenermaßen aufgehört hatte. Ich konnte wieder Bach mitsingen. Linda und meine Freunde, die um mich herum standen freuten sich mit mir und waren ebenfalls den Tränen nahe. Neben der großen Feier vorne auf der Bühne fand hier hinten unbemerkt von allen eine weitere kleine Feier statt.

Helmuth und die Solisten bekamen die traditionellen Blumensträuße, während der Applaus weiter anhielt. Nach einer längeren Pause kam Helmuth noch einmal heraus und hielt eine rote Rose in der Hand, die er offenbar aus einem der Sträuße herausgezogen hatte. Wieder verneigte er sich. Sein Haar war nass und zerzaust, sein Gesicht glänzte vom Schweiß und er sah erschöpft aus. Und auf einmal drehte er sich um und begann sich einen Weg durch das Orchester zu bahnen.

Ich konnte seinen schweren deutschen Akzent hören, als er sich an den Musikern vorbeischlängelte: »Verzeihen Sie bitte! Entschuldigung! Könnten Sie mich bitte gerade mal durchlassen?«

Dies war etwas völlig Ungewöhnliches. Man konnte förmlich spüren, wie jeder sich fragte: »Was er wohl will? Wo geht er nur hin?«

Nachdem er das Orchester hinter sich gelassen hatte, kam er direkt auf mich zu und gab mir die Rose. Meine Kinnlade klappte förmlich bis zum Boden herunter. Und nun wandten sich alle Chormitglieder mir zu und das Orchester stand ebenfalls auf. Alle gaben mir stehend Beifall. Es war ein unfassbarer Augenblick für mich.

Ich verlor völlig die Fassung. Jeder im Chor träumt davon, einmal persönlich herausgehoben zu werden. Die Solisten werden individuell mit Applaus bedacht, nie jedoch die einzelnen Sänger und Sängerinnen im Chor. Und nun das: Helmuth Rilling, der vielleicht renommierteste Bachdirigent der Welt, die Solointerpreten, das Orchester, der Chor und tausend Zuhörer im Publikum erheben sich mir zu Ehren und geben mir stehende Ovationen.

Nachdem *Rally round Renée* im ersten Jahr das Geld für ein rollstuhlgerechtes Auto gesammelt hatten führten sie auch in den beiden darauf folgenden Jahren Benifizveranstaltungen durch, um Spenden für meine häusliche Pflege zu sammeln. Welch eine unbeschreibliche Großzügigkeit! Im vierten Jahr erhielt ich wieder einen Anruf, weil man sich mit mir zusammensetzen wollte, um zu besprechen, wo die Veranstaltung in jenem Jahr stattfinden sollte.

»Ihr Lieben, ich kann unmöglich erwarten, dass ihr dieses Jahr noch einmal so etwas auf die Beine stellt. Jetzt muss einfach mal Schluss sein. Ihr habt drei Konzerte für mich organisiert; das ist mehr, als ein Mensch sich wünschen kann. Und ihr habt so viel Arbeit damit!«, wehrte ich ab.

»Lass uns einfach vorbeikommen und gemeinsam darüber sprechen«, war die Antwort. So einfach wollten sie sich nicht abwimmeln lassen.

Wir setzten uns also in unserem Wohnzimmer zusammen, und sogleich begannen sie Pläne zu machen.

»Also, Renée, wie wäre es mit dem *Coach House*? Deine Freunde von den *Young Americans* könnten den ersten Teil des Programms bestreiten und du mit deinen Schwestern zusammen den zweiten Teil. Wenn die Leute wissen, dass du und deine Schwestern auftreten, wird das dem Verkauf der Eintrittskarten sehr nützen. Und für dich ist es eine immense Erleichterung, wenn deine Schwestern mitsingen, dann hängt nicht alles an dir allein. Wir machen auch wieder eine Auktion. Vielleicht könnte auch der Jugendchor eurer Gemeinde singen.«

Ich saß nur ganz starr da und meinte: »Also hört mal, ich habe mich vielleicht nicht klar genug ausgedrückt. Ich kann so etwas einfach nicht noch ein weiteres Mal annehmen. Unmöglich! Es ist so unendlich viel Arbeit für euch, und ihr habt ja alle selbst Familien und Kinder, die euch brauchen. Ich möchte euer Angebot nicht noch einmal annehmen.«

Monica Hunnicutt, die Mutter von einem meiner ehemaligen Schüler an der *San Clemente Highschool*, stand auf. »Jetzt sei doch endlich still und nimm es einfach an! Mensch noch mal, Renée!«, sagte sie wutentbrannt und ging hinaus.

Betretenes Schweigen im Raum. Keiner wusste etwas zu sagen oder wie es nun weitergehen sollte, falls überhaupt.

»Ich bin einfach total verwirrt!«, sagte ich mit Tränen in den Augen.

Debbie Bridgeman, eine frühere Gitarrenschülerin von mir, kniete sich vor mich hin und sagte: »Renée, es ist einfach total frustrierend für uns, dass du unsere Hilfe abwürgen willst. Wir können gut verstehen, warum du Mühe hast, weitere Hilfe von uns anzunehmen, aber wir *müssen* dir einfach helfen. Es tut uns so gut; es ist für uns selbst ein Stück Heilung. Wenn wir dieses Haus verlassen, uns ins Auto setzen und unserer Wege gehen, dann lassen wir das alles hier hinter uns. Nur du bleibst immer hier in deinem Stuhl sitzen. Wenn wir etwas für dich tun, dann helfen wir damit uns selbst genauso.«

Das brachte mich noch mehr zum Weinen. »Es ist so schwer, immer am nehmenden Ende zu sein. Ich weiß einfach nicht, wie ich immer nur nehmen und dabei eine gute Haltung bewahren kann.«

»Wir können uns vorstellen, wie du dich fühlen musst, aber deine Bedenken sind wirklich völlig unbegründet. Vertraue uns einfach, dass wir das alles nur tun, weil wir dich wirklich mögen und weil es uns eine ganz große Freude bereitet. Wenn wir die Nase voll haben, dann werden wir es dich schon wissen lassen.«

Die Benefizauktion fand also tatsächlich statt und brachte genug Geld ein, um meine häusliche Pflege für ein weiteres Jahr zu finanzieren. Was soll ich sagen? Gott gebraucht Menschen, die sich ihm zur Verfügung stellen als Arme seiner Liebe.

Warum fällt es uns oft so schwer, zu empfangen? Ist es deshalb, weil wir wissen, dass wir die empfangene Liebe niemals zurückerstatten können? Oder hat es etwas mit unserem Stolz zu tun? Wer möchte nicht gerne unabhängig bleiben und auf niemanden angewiesen sein? Vielleicht liegt es auch daran, dass wir von Kindheit an gelernt haben, dass es besser ist zu geben als zu nehmen. Warum auch immer, ich empfand es als zutiefst unnatürlich und widersinnig, immer nur zu nehmen.

Debbies Anmerkungen halfen mir jedoch, ein wenig besser zu verstehen, dass es denjenigen, die uns lieben, ein echtes Bedürfnis ist, uns zu helfen. Es ist ihr Geschenk an uns. Wenn wir es ausschlagen, dann verweigern wir ihnen die Möglichkeit, Gottes Arme und Hände für uns zu sein. Für sie ist es das Natürlichste der Welt und wir müssen ihnen zugestehen, dass sie so empfinden. Es fällt mir zwar nach wie vor oft schwer, aber ich habe es gelernt, mir mit Anstand dienen zu lassen und Wege zu finden, um mich auf meine Weise zu revanchieren.

Eines Nachmittags im Frühling kam Jim May zu Besuch vorbei. Er war gerade sehr lange am Broadway in New York gewesen und nun war er mal wieder zu Hause in Los Angeles, um an einer Premiere von *Les Misérables* am Schubert Theatre teilzunehmen. Ich hatte ihn schon seit Monaten nicht mehr gesehen. Wir brachten einander auf den neuesten Stand und redeten über sein neues Haus in Los Angeles. Wie immer lachten wir viel miteinander. Es tat einfach gut, einem alten Freund zu begegnen.

Nach dem Abendessen meinte er auf einmal: »Du sag mal, wann wollen wir eigentlich endlich deine CD fertig machen?«

»Ach Jim«, wiegelte ich ab, »das geht wohl nicht mehr. Dafür reicht meine Stimme einfach nicht.«

»Na, lass es uns doch wenigstens versuchen!« Er setzte sich ans Klavier und spielte den Anfang von *Be Not Afraid* (Hab keine Furcht).

Warum spielte er nicht *In My Little Corner* oder *The Sound of Music* oder irgendetwas anderes, das wir schon miteinander gesungen hatten. Er hatte gar keine Ahnung, wie viel dieses Lied mir bedeutete. Mir stand die Widersinnigkeit meines Anliegens zwar sofort vor Augen, aber dennoch versuchte ich so laut zu singen, als wollte ich einen ganzen Saal mit meiner Stimme füllen. Ich wollte es jetzt einfach wissen und legte alles hinein, was ich hatte. So begann ich:

Hab keine Furcht. Ich gehe dir immer voraus.
Komm, folge mir, und ich gebe dir Ruhe.

Zu meiner großen Überraschung war meine Stimme kraftvoller als ich dachte. Ich konnte selbst längere Abschnitte singen, ohne zwischendurch zu atmen. Meine Stimme war beinahe so, wie vor dem Unfall. Also probierte ich, wie weit ich gehen konnte.

Wenn du durchs tosende Wasser gehst,
wirst du nicht ertrinken.
Wenn du durch sengende Flammen gehst,
wirst du keinen Schaden leiden.
Wenn die Macht der Hölle vor dir steht,
und der Tod dich bedrängt,
vergiss nicht, dass ich in alledem mit dir bin.

Hab keine Furcht. Ich gehe dir immer voraus.
Komm, folge mir, und ich gebe dir Ruhe.

In diesem Augenblick wurde mir bewusst, dass ich singen konnte – ich konnte *wirklich* singen! Meine Stimme klang überhaupt nicht mehr schwach, gehaucht oder gepresst. Sie war richtig gesund und kraftvoll.

»Mann, ich kann ja *doch* singen!«, rief ich völlig überrascht.

»Es geht! Du kannst es schaffen!« Jim war außer sich vor Freude. »Du kannst es wirklich!«

Jim, dieser große vierzigjährige Mann, sprang vom Klavier auf, kam zu mir herüber, legte seinen Kopf auf meinen Schoß und wir heulten hemmungslos vor Freude. Uns beiden war die Erinnerung noch allzu präsent, wie ich mich an jenem Tag im Krankenhaus hinlegen musste, um überhaupt irgendeinen Ton herauszubringen und wie wir damals beide vor Erschütterung geweint hatten. Und heute weinten wir wieder miteinander – nur dieses Mal vor Freude!

Meine Stimme war wieder hergestellt! Dies war ein Zeichen. Die Ärzte hatten mir prophezeit, dass ich nie wieder würde singen können, und nun war meine Stimme nicht nur ganz annehmbar, sie war sogar studioreif. Gott hatte ein Wunder getan. Jim konnte das damals noch nicht verstehen, aber für mich bestand überhaupt kein Zweifel daran. Ohne Gott wäre ich niemals so weit gekommen.

Also griffen wir die geplante Studioaufnahme sofort wieder auf. Ich trat mit Tony Anstead in Kontakt, der die Idee, eine CD zu produzieren, vor Jahren aufgebracht hatte. Er wurde unser Produzent. Sehr viel Vorarbeit hatten wir seinerzeit bereits geleistet und so brauchte ich im Grunde nur noch ein Studio zu mieten und die Musiker anzuheuern.

Zusammen mit E. J. Stanton, einem jungen talentierten Komponisten schrieb ich noch drei weitere Lieder: *You Are the One*, mein ganz spezieller Tribut an Mike; *Only Me*, in dem ich den Schmerz meiner Krankheit beschreibe; und schließlich *Inner Voice*, das Titellied. Jerry Klein spielte Gitarre und sein Bruder Dave den Bass. Schlagzeuger war Rob Williams, ein alter Freund von den *Young Americans*. Jim saß am Klavier und Michelle und Denise sangen beim Titel *Mansion Builder* mit. Es machte unglaublich Spaß, einmal wieder mit diesen besonderen Leuten zusammen Musik zu machen!

Es war freilich beileibe nicht alles eitel Sonnenschein. Ich trug während der gesamten Aufnahmen eine Unterleibsbinde um meinen Bauch, um meinem Zwerchfell etwas mehr Stütze zu geben und damit meine Stimme kraftvoller klang.

Etwa am sechsten Aufnahmetag half Mike mir abends ins Bett, als er plötzlich entsetzt auf meinen Bauch starrte: »Ach du Schreck, schau dir das mal an!«

Ich hatte die Binde jeden Tag angehabt und sie hatte sich in meine Haut eingeschnitten. Davon hatte ich natürlich nichts gemerkt. Inzwischen war es richtig schlimm geworden, denn die

Haut war aufgerissen und wund. Am nächsten Tag verpflasterten wir die Wunde gut und legten ein dickes Polster unter den Gurt. Leider heilte die Stelle nur sehr langsam ab und das Gewebe ist bis heute empfindlich und reißt leicht ein.

Nach vier Jahren verstand ich endlich, warum Dr. Parsons mir damals wegen einer beginnenden Druckstelle drei Wochen feste Bettruhe verordnet hatte. Ob es mir passte oder nicht, er hatte Recht gehabt.

Eines Tages nach Feierabend fragte Michael unseren Toningenieur Mike: »Wie hoch soll denn eigentlich die Auflage werden?«

»Ich denke, so etwa dreitausend Stück«, antwortete Mike.

»Was, dreitausend Stück?«, fragte ich völlig ungläubig.

»Ja, ich glaube dreitausend wäre eine gute Stückzahl!«

»Nie im Leben!«, protestierte ich. »Wer soll denn das kaufen? Doch allenfalls die alten Damen im Frühgottesdienst und das sind gerade mal dreißig!«

»Ich hatte im Gebet das Gefühl, dass Gott sagte, dreitausend wären gut«, wandte Mike ein.

»Dann solltet ihr die Produktion vielleicht selbst vermarkten«, meinte Michael. »Doch dazu braucht ihr einen Markennamen und ein Logo.«

Ich lachte: »Ein eigenes Logo? Wir sind doch nicht *Capital Records* oder *Word*. Wir machen das doch nur für unsere Gemeinde. Wozu brauchen wir da eine eigene Marke?«

»Nun, ihr wollt doch sicher die Rechte eintragen lassen.«

So fuhren Mike und ich um 2:00 Uhr nachts nach Hause und versuchten uns einen Namen auszudenken.

Vielleicht irgendetwas mit Capo, dachte ich. Die Einheimischen gebrauchten Capo immer als Abkürzung für San Capistrano. Schließlich schlug ich vor: »Wie wäre es mit *Capo Records*?«

»Das ist vielleicht ein bisschen zu nahe an *Capitol Records*, meinst du nicht?«, entgegnete Mike.

»Glaub mir, uns wird ganz bestimmt niemand mit *Capitol Records* verwechseln. Aber wenn du meinst, dass das zu ähnlich ist, wie wäre es dann mit *Capo Recording*?«

Die Entscheidung war gefallen, und *Capo Recording* entstand.

»Wäre es nicht toll, wenn diese Produktion genug Gewinn abwerfen könnte, um deine häusliche Pflege davon zu bezahlen?«, meinte Mike.

Er ist doch echt ein Traumtänzer, dachte ich. Von wegen Gewinn! Zum einen wird die CD ganz bestimmt keinen Gewinn abwerfen, und selbst wenn uns ein kleiner Überschuss bleiben sollte, wird er ganz gewiss nicht ausreichen, um meine häusliche Pflege zu finanzieren. Viel eher werden wir den Kredit unser Leben lang nicht los! Vermutlich werden wir die CDs für den Rest unseres Lebens als Weihnachtsgeschenke verteilen!

Früh am nächsten Morgen rief ich Rick Delanty an: »Rick, ich weiß, dass du heute zur Uni musst, aber ich brauche ein Logo, und zwar brauche ich es ... tja ... bis übermorgen. Kannst du das schaffen?«

»Klar geht das. Was brauchst du denn?«

»Na ja, Mike meint, wir müssten eine eigene Plattenfirma gründen, um meine CDs und Cassetten zu produzieren. Sie soll *Capo Recording* heißen. Wie das Logo aussieht, ist mir eigentlich ziemlich gleichgültig. Mach einfach irgendetwas, das dir gerade einfällt.«

Schon am nächsten Tag kam Rick mit einem Entwurf vorbei. In seinem Logo stand ein Bogen als Sinnbild für unsere Kirche. In der Mitte befanden sich eine Glocke und eine Note, als Symbol für Fluss und Dynamik. »Das zeigt den Leuten, dass du trotz deiner Lähmung noch immer in Bewegung bist.«

Das war viel tiefgründiger als alles, was mir selbst jemals eingefallen wäre. Es gefiel mir spontan.

Die Premiere unserer CD fand im Rahmen eines Konzertes in unserer Kirche statt und sowohl die Gemeinde als auch die Leute aus dem Ort kamen in Massen, um uns zu unterstützen. Mikes 3000 Exemplare von *Inner Voice* waren bereits nach vier Monaten verkauft. Die Nachfrage war so groß, dass wir noch eine zweite Auflage herausbrachten und danach eine dritte und auch noch eine vierte. Mike hatte Recht behalten und ich kam aus dem Staunen nicht mehr heraus. Bis heute decken die Einnahmen aus meinen Aufnahmen die Kosten für meine häusliche Pflege voll und ganz ab. Unser Gott ist ein sehr praktischer Gott!

Einige Zeit, nachdem wir unsere Aufnahmen abgeschlossen hatten, wurde ich eingeladen, um beim katholischen Weltjugendtag in Denver zu singen. Es war eine wunderbare Erfahrung. Für mich war am bewegendsten, Tausende von Jugendlichen auf ihren Knien in Anbetung zu sehen. Höhepunkt und Abschluss der

Woche war eine Messe mit Papst Johannes Paul II. am Sonntagmorgen im *Cherry Creek Park*, außerhalb von Denver.

Alle lokalen Radio- und Fernsehstationen warnten davor, dass es massive Staus und Behinderungen geben würde. Viele Besucher hatten bereits zwei Tage vor der Veranstaltung auf dem Gelände campiert. Der Park war völlig überfüllt und die hochsommerliche Hitze war so drückend, dass viele Leute Kreislaufzusammenbrüche erlitten. Am Abend vorher besprachen Mike, meine Freundin Lydia und ich, was wir tun sollten, und kamen gemeinsam zu dem Schluss, dass wir die Messe wohl am besten im Fernsehen verfolgten. Mit dem Rollstuhl wäre es ziemlich schwierig, überhaupt etwas zu sehen, und außerdem war unser Rückflug bereits für 16:00 Uhr nachmittags geplant. Da der Flughafen am anderen Ende der Stadt lag, würde die Zeit knapp, wenn wir wirklich an der Messe teilnehmen wollten.

Am nächsten Morgen jedoch wachte ich um viertel nach acht auf und war augenblicklich hellwach. Meine Gedanken waren sofort in *Cherry Creek*. Vor mir spulten sich noch einmal alle Gründe ab, warum es Unsinn wäre, dorthin zu fahren, doch in meinem Geist hörte ich immer nur: »Geh hin! Geh einfach!«

Inzwischen wachte auch Mike auf. »Du, Schatz«, sagte ich, »lass uns doch hingehen!«

»Was?«

»Lass uns zur Messe gehen! Lass es uns einfach versuchen. Was haben wir schon zu verlieren? Das Schlimmste, was uns passieren kann, ist, dass wir im Verkehr stecken bleiben. Dann kehren wir eben wieder um und schauen uns die Messe im Fernsehen an. Wann haben wir schon mal die Gelegenheit, den Papst zu sehen?«

Auch Lydia begann allmählich aufzuwachen.

»Also, auf geht's!«, sagte Mike kurz entschlossen.

Mit rasender Geschwindigkeit legten die beiden los. Mike versorgte mich, während Lydia duschte und sich anzog, dann verkündete Mike: »Fliegender Wechsel! Lydia, jetzt bist du dran!«

Lydia übernahm alles weitere, während Mike sich anzog. Nach gerade mal 45 Minuten waren wir aus dem Haus – der absolute Rekord für mich! Ich sah natürlich nach nichts aus. Ich hatte lediglich Shorts, ein T-Shirt und Sandalen an und war auch nicht geschminkt, aber dafür waren wir auf dem Weg.

Zu unserer Überraschung waren die Straßen völlig frei! Offenbar hatten sich die meisten Leute durch die Warnungen abschrecken lassen und so sausten wir über die Autobahn. Wir hatten auch erwartet, dass sich vor dem Behindertenparkplatz ein kilometerlanger Stau bilden würde. Doch nichts dergleichen. Wir konnten einfach so hineinfahren. Lydia besorgte uns ein Behindertentaxi, während Mike meinen batteriebetriebenen Rollstuhl zusammenbaute und mich hineinsetzte. Um kurz vor zehn kamen wir am Ort des Geschehens an. Es blieben uns noch genau fünf Minuten Zeit, um einen Platz zu finden.

Wir waren ganz begeistert, dass wir es tatsächlich geschafft hatten, bis wir die Bühne sahen – sie war ein winziger Punkt, gut zwei Kilometer entfernt am anderen Ende des Parks. Der »Park« selbst war eigentlich mehr ein zertrampelter Staubacker. Vor uns lag ein unübersehbares Meer von Menschen in T-Shirts, Shorts und Baseballmützen mit Klappstühlen, Decken, Kühltaschen, und Wasserflaschen. Der Geruch von Sonnencreme lag in der Luft. Das Ganze sah ein wenig so aus wie ein christliches Woodstock. Für die behinderten Besucher der Veranstaltung war eine Erhebung im hinteren Teil des Feldes vorgesehen, wo eine leichte Brise ging.

Etwa 800 Meter vor uns waren riesige Leinwände aufgebaut, so dass die Leute, die von der Bühne weiter entfernt standen, mitbekamen, was vorne vor sich ging. Während Mike noch damit beschäftigt war, dem Taxifahrer ein Trinkgeld zu geben, war ich bereits mit Vollgas auf dem Weg zu den Leinwänden.

»Auf geht's!«, rief ich den anderen beiden zu und holperte über Steine und durch Schlaglöcher, sodass ich in meinem Stuhl nur so umherhüpfte und eine dicke Staubwolke hinter mir herzog. Vor den Leinwänden stießen wir auf eine Wand von Leuten und entschieden uns, dass dieser Platz wohl das Maximum war, was wir herausholen konnten.

Nach wenigen Minuten kam eine junge Frau mit einem Mitarbeiter T-Shirt auf uns zu. »Oh meine Liebe, Sie sollten aber nicht hier sein!«, sagte sie mit einem süßen französischen Akzent.

»Bitte bringen Sie uns nicht zurück zum Behindertenbereich, wir haben uns mit Mühe hierher vorgearbeitet. Ich habe genug Wasser mit, und ich werde ganz bestimmt keine Dummheiten machen.«

»Nein, nein, Sie sollten weiter nach vorne kommen!«, sagte sie und deutete zum Altar.

»Aber nein, ich bin hier wirklich zufrieden!«, protestierte ich. Ich wollte keine Vorzugsbehandlung, so dachte ich zumindest!

Mike jedoch stand hinter mir und flüsterte: »Renée, sei still und lass gut sein!«

Ich änderte meine Reaktion sehr schnell und meinte: »Natürlich! Vielen Dank! Lassen Sie uns gehen!«

Wir beeilten uns, hinter ihr herzukommen. Sie brachte uns mit eiligem Schritt zur nächsten Großleinwand, ein paar hundert Meter weiter vorne. Hier ließ sie uns sitzen und sagte, dass dies der beste Platz sei, den sie uns geben könnte. Also ließen wir uns nieder und waren froh, hier zu sein.

Kurze Zeit später kam wieder ein Mitarbeiter auf uns zu, ein riesiger Mann, der aussah wie der Türsteher vor einer Bar. Mit einem kräftigen deutschen Akzent sagte er: »Sie gehören aber nicht hierher!«

»Ach«, seufzte ich, »eine andere Mitarbeiterin hat uns gerade bis hierher nach vorne gebracht.«

»Nein«, sagte er, »das ist doch kein Platz für Sie! Kommen Sie bitte mit!«

Meine erste Reaktion war auch dieses Mal: »Nein, es geht schon!« Aber Mike gab mir diskret zu verstehen, dass ich still sein und mitkommen solle.

Inzwischen hatten die Musik und die Eröffnungsprozession bereits eingesetzt und wir folgten dem großen Ordner immer weiter nach vorne, weil wir nicht im Gang stehenbleiben durften. Ich sauste mit voller Fahrt hinter ihm her und hinter mir liefen Mike und Lydia und versuchten Schritt zu halten.

Der Ordner brachte uns durch die Sicherheitskontrollen in den Bereich hinter der Bühne. »Hier können Sie bleiben«, sagte er und verschwand.

Wir waren so schnell nach vorne geeilt, dass wir völlig die Orientierung verloren hatten. Wir schauten uns um und stellten fest, dass wir uns in einem überdachten Bereich befanden. Niemand war zu sehen.

Wir schauten uns an und sagten: »Wie in aller Welt sind wir nur hierher gekommen?«

Plötzlich kam wieder jemand auf uns zu. Dieser Mann sah aus wie eine Art FBI-Bischof. Er trug eine schwarze Robe und eine Bischofskette. Außerdem hatte er eine Sonnenbrille auf und trug einen Knopfempfänger im Ohr.

»Brauchen Sie einen Sitzplatz?«, fragte er.

»Ach nein, vielen Dank, es geht schon«, antwortete ich ganz verschüchtert.

Mike unterbrach mich: »Ja, das wäre wirklich toll!«

»Wenn Sie mir bitte folgen wollen«, sagte er und geleitete uns eine Rampe hinauf.

Wir hörten donnernden Lärm, Singen und Applaus. Später stellten wir fest, dass es drei Bühnen gab – die Hauptbühne mit dem Altar, die linke Bühne mit Chor und Orchester und die rechte Bühne mit der VIP-Tribüne, auf der die Kardinäle, Bischöfe und andere kirchliche Würdenträger saßen. Und hier war ich, ohne Make-up, in T-Shirt, Shorts und Sandalen.

Der Papst war keine zwanzig Meter von mir entfernt und wir blickten über das Meer von Menschen dort draußen, wo wir selbst eben noch gestanden hatten.

In diesem Moment begann der Papst mit der Messe: »Wie alle Dinge in unserem Leben beginnen wir diesen Tag im Namen des Vaters und des Sohnes und des Heiligen Geistes. Amen.«

Wir schauten uns um und konnten noch immer nicht begreifen, wie uns geschah. Soweit erkennbar, waren wir die einzigen ungeladenen Gäste auf der Bühne. Mehr noch: Unsere Plätze lagen im Schatten!

Papst Johannes Paul II. richtete eine fabelhafte Botschaft an die Jugend. Er ermutigte sie, ihre unverbrauchten Gaben und Talente zur Ehre Gottes einzusetzen. Es war einfach wunderbar. Das Gefühl, mit Menschen aus aller Welt zusammen Gottesdienst zu feiern und eine halbe Million Jugendliche singen zu hören: »Wir sind ein Leib, ein Leib in Christus, und wir stehen nicht allein«, war überwältigend.

Nach der Kommunion schaute ich auf die Uhr und erschrak. »Es ist schon fast 12:00 Uhr mittags! Wir müssen los«, flüsterte ich.

Aber wie sollten wir uns so einfach davonmachen? Schließlich waren wir mit niemand geringerem als dem Papst auf der Bühne! Doch wir mussten unser Flugzeug erreichen und wir hatten noch nicht einmal gepackt und unsere Hotelrechnung bezahlt. Außerdem waren wir über zwei Meilen von der Shuttlestation entfernt und in einigen Minuten würden nicht weniger als eine halbe Million Menschen aufbrechen. Wir *mussten* einfach los und so bewegten wir uns diskret die Rampe hinunter. Noch immer war niemand hinter der Bühne zu sehen. Wir versuchten uns zu orientieren, wie wir am besten wieder zurück zu unserem Ausgangspunkt kämen. Da tauchte plötzlich der FBI-Bischof wieder auf – wachsam, wie immer, damit nichts passierte.

Er neigte sich zu uns herüber und fragte: »Hätten Sie Interesse, den Papst kennen zu lernen?«

»Wie bitte?«

»Möchten Sie den Papst kennen lernen?«, wiederholte er.

»Das muss doch wohl ein Irrtum sein!«

Wieder fiel mir Mike ins Wort: »Ja, sehr gerne!«

»Dann folgen Sie mir bitte.«

Er führte uns zu einem abgesperrten Bereich hinter der Hauptbühne, direkt neben der Treppe und wies uns an, am Absperrband zu warten: »Bleiben Sie genau hier stehen. Wenn die Messe vorbei ist, wird der Papst diese Stufen herunterkommen.«

Freudig erregt und verwirrt zugleich schaute ich auf die Uhr, doch Mike sagte hinter mir: »Mach dir keine Gedanken um den Flug. Das hier ist eine einmalige Gelegenheit! Um den Rest kümmern wir uns dann später.«

Die Messe endete mit einem großen Segenslied und danach hörten wir die Jubelrufe einer begeisterten Menge. Applaus, Pfiffe und freudiges Jauchzen.

»Preist den Herrn!«

»Viva el Papa!«

Menschen aus aller Welt waren durch ein gemeinsames Band miteinander verbunden.

Wir sahen, wie die Leute auf der Bühne sich in Bewegung setzten. Der FBI-Bischof kam wieder zu uns und wies mich an, noch etwas näher an die Treppe heranzukommen.

»Sind Sie wirklich sicher?«, fragte ich.

»Los, geh schon, Renée!«, hörte ich Mike hinter mir sagen.

»Oh ja, natürlich! Vielen Dank!«

Entlang der Absperrung hatten sich etwa 200 Leute versammelt, und ich war ganz alleine, ein ganzes Stück vor den anderen, knapp zehn Meter von der Treppe entfernt.

Als der Papst auf dem Treppenabsatz auftauchte, kam der FBI-Bischof noch einmal zu mir und sagte: »Gehen Sie noch drei Meter näher ran und wenn der Papst am unteren Ende der Treppe angekommen ist, dann rufen Sie nach ihm.«

Ich fuhr noch etwas näher an die Treppe heran und fragte mich, wie man wohl nach dem Papst rufen soll. Wie spricht man den Papst eigentlich an? Ich geriet schon ein wenig in Panik, was ich sagen sollte, doch als er unten angekommen war, fiel mir die richtige Anrede ein. »Heiliger Vater!«

Papst Johannes Paul II. hielt an, lächelte und kam langsam auf mich zu. Ich schaute zu ihm auf und dachte daran, wie sehr er die Jugend der Welt liebte und war sehr berührt, welch ein aufrichtiges Interesse er ihr entgegenbrachte.

»Ich danke Ihnen, dass Ihnen so viel an unseren jungen Leuten gelegen ist«, sagte ich.

»Ach, das ist nicht schwer«, antwortete er mit seinem starken polnischen Akzent. »Darf ich für Sie beten?«

»Sehr gerne!«

Er legte mir die Hand auf den Kopf und ich begann zu weinen. Papst Johannes Paul II. betete für mich! Was noch bedeutsamer für mich war als der Segen des Papstes, war die Tatsache, dass Gott die ganze Sache eingefädelt hatte, angefangen von der plötzlichen Eingebung, dass wir doch zu dieser Veranstaltung fahren sollten, über die freie Autobahn und die leeren Behindertentaxen, die Ordner, die uns immer weiter nach vorne dirigierten, die Plätze auf der Bühne und schließlich der Umstand, dass ich als einzige herausgegriffen wurde, um dem Papst persönlich zu begegnen! Es schien mir so, als ob Gott mir durch all das sagen wollte: »Ich bin da, Renée. Ich bin bei dir. Hab keine Furcht!«

Papst Johannes Paul II. betete etwa 40 bis 45 Sekunden über mir. Dann zog er seine Hand wieder zurück und ich schaute in seine tiefblauen Augen, die so viel Frieden und Warmherzigkeit ausstrahlten. Für mich war es wie ein Blick in die Augen des liebevollen Großvaters schlechthin. Er berührte meine Schultern, und dann wurde er hinweg geleitet.

Der FBI-Bischof kam noch einmal auf mich zu und sagte: »Aus Sicherheitsgründen müssen Sie hier noch einen Moment warten.«

Ich drehte mich um und schaute zu Mike, der ebenfalls ein ganz verheultes Gesicht hatte und er kam und stellte sich neben mich.

Kurze Zeit später kam der Privatsekretär des Papstes noch einmal zurück und sagte: »Der Papst möchte Ihnen noch ein kleines Geschenk machen.« Er gab mir einen herrlichen Rosenkranz mit dem Siegel des Papstes.

Mike antwortete ihm: »Wir haben auch ein Geschenk für den Papst.«

»Wirklich?«, fragte ich.

Mike holte eine meiner *Inner Voice* Kassetten aus dem Rucksack, der an meinem Rollstuhl hing. »Wir würden uns freuen, wenn er sich die Kassette auf dem Heimflug anhört«, sagte er.

Der Sekretär des Papstes nahm die Kassette entgegen und sagte: »Ich bin sicher, dass er dieses Geschenk sehr zu schätzen weiß und dass er sich die Kassette sehr gerne anhören wird.«

Nachdem der Militärhubschrauber mit dem Papst an Bord abgeflogen war, gestattete man uns, uns wieder in Richtung Ausgang zu bewegen; inzwischen war es schon Viertel vor zwei. Wenn wir noch irgendeine Aussicht haben wollten, das Flugzeug zu erwischen, mussten wir trotz der vielen Menschen so schnell wie möglich auf den Parkplatz kommen. Es brauchte ein Wunder, um in weniger als einer Stunde am Auto zu sein.

Plötzlich tauchte ein Rettungswagen auf, der sich langsam einen Weg durch die Menge bahnte. »Schnell, hinter den Wagen!« sagte Mike.

Das Fahrzeug teilte »das Rote Meer« vor uns und wir folgten unmittelbar dahinter bis zum Halteplatz der Behindertentaxen. Obwohl wir am weitesten entfernt gewesen waren, saßen wir in einem der ersten Behindertentaxen, die in Richtung Parkplatz fuhren. Als wir dort ankamen, verstaute Mike mich und den Rollstuhl in Windeseile im Auto, und nach kurzer Zeit waren wir auf der Autobahn. Wir hatten es tatsächlich geschafft, dem Massenexodus zuvorzukommen!

Wir rasten ins Hotel, Mike und Lydia rannten hinein, um unsere Sachen zu packen und zu bezahlen, und nach wenigen Minuten waren wir auf dem Weg zum Flughafen am anderen Ende der Stadt. Als wir am Gate eintrafen, war das Einsteigen bereits in vollem Gange, und das Bodenpersonal war nicht sonderlich beglückt, mich zu sehen. Denn normalerweise muss ich zuerst ins Flugzeug, bevor alles besetzt ist.

Als mich die Flugbegleiterin mit dem Rollstuhl den Mittelgang entlangfuhr, stoppten wir zufällig kurz neben dem Sitz, in dem Bischof Driscoll saß, der Bischof unserer Diözese.

»Guten Tag, Renée! Ich hoffe, Sie hatten schöne Tage hier in Denver«, meinte er interessiert.

»Oh ja, und es gibt einiges, was ich Ihnen bei Gelegenheit einmal erzählen muss«, war meine Antwort.

Die Entscheidung

In den Wochen und Monaten nach dem Unfall, als ich lernen musste, mit meinem »neuen Ich« zurechtzukommen, beschäftigte mich vor allem eine Frage: »Was für eine Partnerin kann ich Mike sein?« Die nächste zentrale Frage war: »Werde ich jemals eine Mutter sein können?« Würde es mir möglich sein, Kinder zu haben?

Die Ärzte versicherten uns, dass meine Chancen, ein gesundes Kind auszutragen und zu gebären gut seien, aber ich wusste natürlich nur zu gut, dass allein die Fähigkeit, ein Kind zu bekommen, eine Frau noch nicht zu einer Mutter macht. Kann man im Rollstuhl sitzen und dennoch eine Mutter sein? Was würde ich tun, wenn mein Kind einmal auf die Straße rennen oder nach der heißen Pfanne auf dem Herd greifen würde? Wie sollte ich all die alltäglichen Aufgaben wahrnehmen? Ich würde niemals die Flasche geben oder eine Windel wechseln können. Ich würde mein Kind nie auf den Arm nehmen und es trösten können, wenn es weint. Wäre es nicht ziemlich selbstsüchtig von mir, ein Kind haben zu wollen? Wäre es nicht geradezu unverantwortlich, ein Kind in die Welt zu setzen, wenn ich mich nicht selbst darum kümmern konnte? Wie stünde es mit Mike? Wie würde er damit umgehen, dass mir im wahrsten Sinne des Wortes die Hände gebunden sind? Ein Großteil der Verantwortung würde unweigerlich auf seinen Schultern lasten. Auf der anderen Seite stellte ich mir natürlich auch die Frage, ob es nicht gleichermaßen unfair wäre, wenn ich Mike kein Kind schenken würde, obwohl ich es prinzipiell könnte? Endlose Fragen und Zweifel, auf die es scheinbar keine einfachen Antworten gab.

Ich hatte Mike vor unserer Hochzeit keine falschen Hoffnungen gemacht. Ich schätzte die Chance, mich guten Gewissens auf ein Baby einlassen zu können, auf etwa zehn Prozent, um es einmal in Zahlen auszudrücken. Körperlich und emotional sah ich mich einfach nicht imstande, Kinder großzuziehen. Mike wusste also von Anfang an, dass er vermutlich niemals Kinder haben würde, und dennoch entschloss er sich, mich zu heiraten.

In den vier Jahren, die wir inzwischen verheiratet waren, war das Gespräch hin und wieder einmal auf das Thema Kinder gekommen, aber wir standen nie unter dem Druck, uns entscheiden zu müssen. Wir waren schließlich noch jung und wir brauchten Zeit, uns auf die Herausforderungen einzustellen, die uns das Leben ohnehin schon stellte. Die Frage nach Kindern hatte noch Zeit. Eines Morgens jedoch wachte ich auf und es wurde mir schlagartig bewusst, dass ich bereits 35 Jahre alt war.

Die Frage hatte also eine neue Aktualität bekommen. Kurz darauf hatten wir ein großes Abendessen im Familienkreis und nach dem Essen saßen wir Erwachsenen wie gewöhnlich noch eine ganze Weile zusammen und redeten.

Plötzlich fragte jemand: »Sagt mal, wo ist denn eigentlich Mike abgeblieben?«

Ich machte mich auf die Suche und fand ihn draußen, wo er mit unseren Nichten und Neffen spielte. Die Kinder lieben ihn. Wenn Mike mit Kindern zusammen ist, dann wird er selbst zum Kind. Mir ist noch nie ein Mensch begegnet, der Kinder so begeistern kann wie Mike. Er liebt Kinder und in ihrer Gegenwart lebt er auf und vergisst alles andere um sich herum. Als ich ihm nun an diesem Nachmittag beim Spielen zuschaute, kam mir der Gedanke, ob wir nicht vielleicht doch ein Kind haben könnten.

Mike würde ein wunderbarer Dad sein, dachte ich, *und ich habe zwar keine Arme und Beine, aber ansonsten kann ich einem Kind viel Liebe, Fürsorge und Orientierung bieten.*

Während ich so über die Möglichkeit nachdachte, sinnierte ich auch über unsere unterschiedlichen Persönlichkeiten nach. Soweit ich zurückdenken konnte, war ich nie wirklich in kleine Kinder vernarrt. Ich war weder eine hingegebene Puppenmama, noch bekam ich eine Gänsehaut, wenn ich jemanden mit einem Baby sah. Ich hatte auch niemals das unstillbare Bedürfnis, mit kleinen Babys zu schmusen. Wenn mir jemand ein Baby in die Hand drückte, war ich eigentlich immer eher unbeholfen gewesen. Ich hatte gar nicht gewusst, wie ich es richtig anfassen sollte! Anstatt zärtlich auf das Kind einzugehen, hatte ich mich ungeduldig gefragt, was ich nun mit diesem kleinen Bündel anfangen sollte.

So fremd mir kleine Kinder waren, so sehr konnte ich mich auf der anderen Seite mit Jugendlichen im Teenageralter identifizieren. Darum wollte ich auch lieber Chorleiterin an einer Highschool als Musiklehrerin an einer Grundschule sein. Viele Leute tun sich mit dieser Altersgruppe schwer, besonders mit den jüngeren Teenagern. Ich dagegen finde gerade sie besonders faszinierend. Ich habe überhaupt keine Probleme, einen guten Draht zu meinen Schülern zu finden. Ihre Energie, ihre Intensität und ihr Hang zu großen Träumen haben immer eine tiefe Faszination auf mich ausgeübt. Es macht mir großen Spaß, mich auf sie einzulassen, mir ihre Probleme anzuhören, ihre Träume zu teilen und sie bei der Durchführung ihrer Pläne zu unterstützen.

Im Umgang mit Teenagern kam es bei weitem nicht so darauf an, dass ich meine Hände gebrauchen konnte. Vielleicht konnte Mike einfach in der früheren Kindheit stärker präsent sein und meine Stärken würden dann erst später zum Tragen kommen, wenn unser Kind einmal elf oder zwölf war. So machte ich mich allmählich mit dem Gedanken vertraut, vielleicht doch ein Kind zu haben, wenn ich auch noch lange nicht soweit war, es wirklich zu wollen.

Als wir an diesem Abend nach Hause kamen, sprach ich das Thema Kinder an und wir hatten noch ein langes Gespräch miteinander darüber. Wir wogen die Vor- und Nachteile gegeneinander ab, betrachteten die Verantwortung, die ein Kind mit sich bringen würde von allen möglichen Seiten, und beteten miteinander.

Mike sagte: »Wir haben vieles gemeinsam entschieden, aber ich glaube, dass du diese Entscheidung ganz für dich alleine treffen musst. Nur du weißt letztendlich, was du dir wirklich zumuten kannst. Du musst in diesem Bereich deines Lebens zu einem uneingeschränkten Ja finden. Ansonsten habe ich vielleicht ein Kind, aber was nutzt mir das, wenn bei dir der Stress als Mutter im Rollstuhl dazu führt, dass du am Ende einen Nervenzusammenbruch erleidest?

»Aber was wird in 25 Jahren sein?«, beharrte ich. »Wirst du mir dann nicht vielleicht doch einen Vorwurf machen und sagen: ›Renée, wir haben eine ganz große Chance vertan und unser Leben könnte viel erfüllter sein, wenn wir uns damals entschieden hätten, doch Kinder zu haben?‹«

»Nein, das werde ich ganz bestimmt nicht«, sagte er mit Nachdruck. »Wir werden diese Entscheidung treffen, und dann weitergehen ohne zurückzuschauen. Wir können uns sowieso nicht vorstellen, was in ein paar Jahren einmal sein wird.

Aber ich möchte, dass du eines weißt: Ich brauche kein Kind, damit unsere Ehe vollständig und wertvoll ist, so sehr ich Kinder auch liebe. Wenn du dich dagegen entscheidest, dann werde ich damit zufrieden sein. Du sollst wissen, dass ich dir keinen Druck mache. Aber, wie auch immer wir uns entscheiden, wir sollten es bald tun. Wir sind beide 35, und wenn wir ein Kind wollen, dann ist es jetzt an der Zeit. Und wenn nicht, dann können wir ja andere Pläne machen – vielleicht zusammen reisen. Wir könnten mal nach Alaska fahren und du könntest mir Europa zeigen. In diesem Falle würden wir uns eben anderweitig orientieren und eine ganz andere Richtung einschlagen.«

Mike hatte Recht. Wir mussten jetzt bald einen Entschluss fassen. Er überließ zwar mir diese Entscheidung, aber ich war damit eigentlich überfordert, denn selbst der Entschluss zu heiraten hatte nicht diese Tragweite gehabt. Es war bei weitem die größte Entscheidung, die ich jemals treffen musste. Sie würde unser Leben völlig verändern – ein für alle Mal. Ein Auto oder ein Haus kann man wieder verkaufen, aber ein Kind würde immer da sein.

Am Ende stellte sich die Frage, was Gott denn eigentlich von uns wollte. Ich war zu jener Zeit völlig verwirrt und so fing ich an zu beten, wie ich es noch niemals zuvor getan hatte. Ich flehte Gott förmlich an, mir Klarheit zu geben. Ich kann nicht mit Sicherheit sagen, ob ich jemals zuvor dem Herrn eine Entscheidung voll und ganz anvertraut hatte. Ich würde sogar behaupten, dass mir bis dahin überhaupt nicht klar war, was dieses »Anvertrauen« wirklich bedeutete. Aber dies war eine äußerst wichtige Frage und ich hatte nicht die geringste Ahnung, was ich tun sollte. Es gab keinen Aspekt dieser Entscheidung, den ich nicht mehrfach vor Gott bewegt hätte. Ich hatte mich ihm voll und ganz ausgeliefert und war völlig offen, wie auch immer die Antwort ausfallen würde. Doch was war nun sein Wille?

Die Notwendigkeit, in dieser Frage zu einem Entschluss zu kommen – und zwar zum richtigen –, füllte nicht nur mein Gebetsleben, sondern auch meine Gedanken sehr stark aus. Ich drehte quasi jeden Stein am Wegesrand um, um mir Orientierung zu verschaffen. Da war die Frage, wie ich mit den emotionalen Belastungen umgehen würde. Wie würde ich mich fühlen, wenn ich zuschauen müsste, wie jemand anderer meiner Tochter einen Zopf flocht oder ihr Klavierunterricht gab? Würde mein Kind zur Betreuerin am Ende eine intensivere Beziehung haben als zu mir? Würde ich mich damit abfinden können, dass mein Kind, wenn es Hilfe, Trost und Aufmerksamkeit sucht, zu ihr geht, anstatt zu mir zu kommen? Würde mein Kind sich vielleicht sogar irgendwann einmal für mich schämen? Schließlich würde ich nie so sein können wie andere Mütter.

Ich machte mir auch Gedanken, was in fernerer Zukunft einmal sein würde. Ich wollte nicht alt werden ohne jemanden zu haben, mit dem ich meine Liebe teilen konnte und der uns wiederum lieben würde. Ich sah ja, wie viel Freude unsere Eltern an ihren Kindern und Enkeln hatten. Und dann war da noch eine weitere wichtige Erwägung: Was wäre, wenn ich zuerst sterben würde, ohne dass wir Kinder hatten? Der Gedanke, Mike könnte ganz allein zurückbleiben, nur weil ich mich nicht dazu habe durchringen können, ein Kind zu haben, schien mir unerträglich. Ich wollte es ihm unter allen Umständen ersparen, im Alter einsam sein zu müssen.

Die einzigen Menschen, die ich schließlich um Rat fragte, waren meine Schwestern. Es fiel mir nicht ganz leicht, dieses Thema bei ihnen zur Sprache zu bringen, zum einen wegen meiner Querschnittslähmung, zum anderen weil sie sehr wohl wussten, dass ich mich mit Babys schon immer schwer getan hatte – auch vor meinem Unfall. Allein die Vorstellung, dass ihre Schwester Renée ein Baby mit sich herumträgt, musste überaus komisch für sie sein. In jedem Falle, selbst ohne Lähmung, hätten sie sich köstlich darüber amüsiert.

In Anbetracht dieser Umstände war ich ziemlich unsicher. Würden sie meine Idee, ein Kind zu bekommen, nicht für vollkommen lächerlich halten?

Eines Tages nahm ich schließlich all meinen Mut zusammen und brachte das Thema zur Sprache: »Was würdet Ihr davon halten, wenn Mike und ich ein Kind bekämen? Ist das eine völlig absurde Idee?«

Ich hätte es von vornherein besser wissen müssen. Sobald ich meine Litanei von Fragen und Bedenken vor ihnen ausbreitete, leuchteten ihre Gesichter bereits vor Freude. Sie fanden die Idee großartig!

»Weißt du, Renée, ein Kind ist nur für ganz kurze Zeit ein Baby«, sagte Denise. »Selbst die Kleinkindphase, wo du deine Hände am meisten brauchst, geht so schnell vorbei.«

»Und so lange wie du uns brauchst und das Kind noch klein ist, werden wir einfach deine Hände sein«, bot Michelle sofort an.

Über mehrere Monate hinweg betrachteten wir die Idee von allen Seiten und spielten in Gedanken alle nur erdenklichen Probleme durch. Ich hatte vollstes Vertrauen zu ihnen und ich wusste, dass sie wirklich nur mein Bestes wollten. Ihre Erfahrung, ihre offenherzigen Antworten auf alle meine Fragen und ihre Ermutigung gaben mir allmählich die Sicherheit, dass es vielleicht tatsächlich klappen konnte. Trotzdem mutete mir der Gedanke an ein Kind immer noch wie ein Sprung ins eisige Wasser an.

Erstaunlicherweise sprachen Mike und ich in diesen Monaten kaum über das Thema. Ab und zu fragte er einmal ganz nebenbei: »Sag mal, wie weit bist du denn eigentlich in Sachen Baby?«

Ich sagte dann immer: »Ich weiß es nicht. Ich bete noch darüber, aber ich bin noch nicht soweit. Es ist noch zu früh, um eine Entscheidung zu treffen.«

Mike nickte dann stets verständnisvoll und die Sache war in Ordnung.

Ich betete fast ein Jahr um Klarheit und war mir am Ende immer noch nicht sicher, was ich tun sollte. Irgendwie wartete ich wohl auf ein Einschreiben von Gott, aber es kam keines. Er gab mir weder ein Zeichen noch einen Traum. Er sprach auch nicht durch irgendeine Bibelstelle zu mir. Er hatte mir jedoch auch keine Hindernisse in den Weg gelegt.

Während dieser Monate suchte ich Gott oft in meiner Stillen Zeit und betete: »Also, Herr, möchtest du, dass ich ein Kind bekomme?« Dann saß ich einfach eine Weile da und wartete, was kam – ein Gefühl des Friedens oder auch ein ungutes Gefühl.

Dann breitete ich die andere Alternative vor Gott aus: »Gut, Herr, möchtest du vielleicht, dass wir ohne Kinder bleiben?« Wieder saß ich da und wartete und hörte.

Diese beiden Fragen bewegte ich immer wieder und wartete einfach still und geduldig, bis ich schließlich merkte, dass ich bei dem Gedanken, ein Kind zu bekommen, Frieden empfand, während der Gedanke, wir könnten kinderlos bleiben, mir Angst machte.

Ich hatte mir immer eingebildet, unvoreingenommen an die Frage herangegangen zu sein, aber ehrlich gesagt, war ich am Ende überrascht, als ich merkte, dass sich mehr und mehr ein inneres Ja herauskristallisierte.

So betete ich: »Das kann doch irgendwie nicht sein, Herr! Meinst du das wirklich? Sag bloß, du willst wirklich, dass wir ein Kind haben! Wenn nicht, dann greif bitte ein und ändere meine Sicht der Dinge. Sonst mache ich am Ende noch einen schrecklichen Fehler!«

Doch es blieb dabei. Eines war sicher: ich hatte jede nur denkbare Seite der Thematik betrachtet und analysiert. So nahm ich eines Abends meinen Mut zusammen und sagte zu Mike: »Ich habe nun seit gut einem Jahr nachgedacht und gebetet. Du wirst es kaum glauben und es klingt auch merkwürdig, aber ich habe zu 80 Prozent Frieden darüber, ein Kind zu bekommen. Mit den restlichen 20 Prozent Unsicherheit werde ich wohl leben müssen.«

Ich konnte in Mikes Gesicht lesen, wie erstaunt er war. Seine Augen blitzten vor Freude. Tief in seinem Herzen hatte er wohl erwartet, dass ich Nein sagen würde. Er hatte sich im Stillen bereits darauf vorbereitet, andere Interessen zu verfolgen.

»Also, vielleicht sollten wir einfach anfangen, es zu versuchen. Das ist wohl die einzige Methode, um wirklich herauszufinden, ob es Gottes Wille ist, dass wir ein Kind haben«, fuhr ich fort. »Du siehst ja, wie viele Paare partout nicht schwanger werden können. Möglicherweise ist es bei uns ja genauso. Also, geben wir Gott einfach eine Chance, uns ein Kind zu schenken. Wenn ich schwanger werde, dann heißt es, dass Gott dahinter steht, wenn nicht, dann eben nicht.«

»Wirklich? Bist du sicher?«

»Nein, ganz sicher bin ich nicht, aber das Gefühl der Sicherheit überwiegt.«

Mikes Begeisterung war zaghaft und vorsichtig. Ich glaube, er wollte mir nicht das Gefühl geben, mich ein für alle Mal festgelegt zu haben, und dass es nun kein Zurück mehr gab. Er wollte mir quasi einen Rückweg offen halten.

Wir ließen die Entscheidung eine Woche lang reifen. Ich erläuterte Mike meinen inneren Weg, der mich nach und nach zu einem Ja geführt hatte. Und wir stellten uns immer wieder auf diese eine grundlegende Wahrheit: Wenn Gott will, dass wir ein Kind haben, dann wird er uns mit allem versorgen, was wir brauchen um Eltern zu sein. Er wird sich auch der Bedürfnisse unseres Kindes annehmen. Wir vertrauten uns Gott einfach an.

Einen Monat später war ich schwanger!

Ich hatte irgendwie eine Ahnung und so gab ich ohne Mikes Wissen in der Arztpraxis eine Urinprobe ab, wo »zufällig« Dorothy Henry arbeitete. Ich erzählte ihr, warum ich die Urinprobe vorbeibrachte und sie strahlte vor Freude.

»Vielleicht komme ich heute Abend kurz bei dir vorbei und bringe dir das Ergebnis«, sagte sie.

Gegen 17:00 Uhr nachmittags klingelte es und Dorothy stand zusammen mir ihrer Tochter Jennifer an der Tür. Sie kamen herein, blickten einander viel sagend an und versuchten ansonsten, sich möglichst normal zu benehmen, was ihnen jedoch nicht so recht gelingen wollte. Sie übergaben mir einen Umschlag und halfen mir, ihn zu öffnen. Innen waren ein rosafarbener und ein hellblauer Luftballon, zusammen mit dem Befund des Schwangerschaftstests. Er war positiv! Gott hatte Dorothy und Jennifer geschickt, um mir sein Einschreiben zu überbringen!

Ich war ganz benommen. Ich konnte es einfach nicht fassen, dass mein größter Traum und in gewisser Weise zugleich mein größter Alptraum nach einem Jahr des verzweifelten Fragens und Betens so plötzlich Wirklichkeit geworden sein sollte. Zugleich war mir bewusst, dass dies ein klares und unmissverständliches Reden Gottes war. Ich hatte mich zwar riesig darüber gefreut, dass Dorothy und Jennifer mir die Botschaft überbracht hatten, aber als Mike nach Hause kam, wollte ich die beiden doch möglichst rasch wieder herauskomplimentieren, denn ich wollte mit ihm allein sein, wenn ich ihm die Neuigkeit berichtete.

»Vielen Dank, dass ihr gekommen seid! Kommt doch bald mal wieder vorbei!«, säuselte ich ihnen augenzwinkernd zu. Der Wink mit dem Zaunpfahl wurde verstanden und die beiden brachen auf.

Kaum war die Türe ins Schloss gefallen, sagte ich Mike: »Lass uns doch gerade mal ins Wohnzimmer gehen und uns gemütlich hinsetzen, ich muss dir etwas erzählen.«

Er setzte sich aufs Sofa und ich fuhr so nahe an ihn heran, wie ich konnte, als ich ihm sagte: »Du Mike, ich habe gerade erfahren, dass wir schwanger sind!«

Mike fiel mir überglücklich um den Hals. Er hielt mich ganz fest und wir lachten und weinten gleichzeitig Freudentränen.

»Nun rollt die Kiste«, sagte ich vergnügt.

»Ich bin so glücklich!«, erwiderte Mike.

»Es kommt mir so vor, als ob wir oben auf einer Rutschbahn sitzen und uns abstoßen!«

»Nun gibt's kein Zurück mehr!«, meinte er.

Wir lachten, schauten uns an und sagten beinahe zur selben Zeit: »Man muss eben aufpassen, was man betet!«

Wir konnten es kaum erwarten, unserer Familie die Neuigkeit zu unterbreiten, und so machten wir uns gleich auf den Weg zu meinen Eltern. Als wir hereinkamen saß Mom wie gewöhnlich am Küchentisch und arbeitete, während Dad in seinem großen Sessel saß und mit der Zeitung über dem Gesicht döste. Plötzlich dämmerte es mir, dass wir hier möglicherweise nicht unmittelbar auf glückliche Mienen stoßen würden. Ich hatte meinen Eltern ja noch nicht einmal erzählt, dass wir uns mit dem Gedanken trugen, ein Kind zu bekommen. Ich hatte sie nicht absichtlich ausgeschlossen, aber ich ahnte wohl, wie sie reagieren würden. In diesem Moment wurde mir bewusst, dass die Nachricht die beiden wie ein Donnerschlag treffen musste, und ich bereute es, sie nicht im Geringsten darauf vorbereitet zu haben. So sehr wir beide uns freuten, für meine Eltern musste es wie eine kalte Dusche sein.

Es blieb uns nichts anderes übrig, als frontal in die Offensive zu gehen, und so holte ich tief Luft. »Tja, gut, dass ihr beiden sitzt, denn wir haben eine große Neuigkeit für euch.« Und mit einem breiten Lächeln rief ich: »Wir sind schwanger! Wir bekommen ein Baby!«

Mein Vater schaute sofort zu Mike hinüber und sein Blick war voller Ablehnung, ja sogar Zorn. Meine Mutter hatte ihren typischen Mom-Ausdruck im Gesicht. Sie war völlig überrascht, versuchte aber, sich mit mir zu freuen, obwohl man ihr ansehen konnte, dass sie nicht so recht wusste, was sie davon halten sollte.

Verstört von Dads wütendem Blick sagte ich: »Dad, du schaust Mike so böse an. Er hat mich nicht im Mindesten zu dieser Entscheidung gedrängt. Wir haben uns die Sache wirklich nicht leicht gemacht. Wir haben das Für und Wider sehr genau abgewogen und mehr als ein Jahr lang über dieser Frage gebrütet. Wir wollen es wirklich und wir haben die Entscheidung gemeinsam getroffen.«

»Aber ist euer Leben nicht so schon schwierig genug?«, fragte er.

»Es ist uns sehr wohl bewusst, dass es nicht einfach werden wird, aber wir haben alles genau durchdacht. Wir sehen ja, wie viel euch eure Enkel bedeuten, und wir wollen einfach nicht alt werden, ohne selbst Kinder und später einmal Enkelkinder zu haben. Könnt ihr das verstehen?«

Wir sprachen sehr ausgiebig miteinander und schilderten ihnen, wie schwer wir uns die Entscheidung gemacht hatten. Allmählich legte sich der Widerstand meines Vaters. Seine schroffe Reaktion war eigentlich Ausdruck seiner Liebe zu mir. Er wollte mich gerne vor Schaden bewahren; das wusste ich. Es tat mir nun Leid, dass ich meine Eltern völlig im Dunkeln gelassen hatte, anstatt sie auf die Neuigkeit vorzubereiten.

Als Nächstes gingen wir zu Michelle und Denise und ihren Familien hinüber. Sie wohnten nur ein paar hundert Meter von meinen Eltern entfernt. Ich hatte meine Schwestern zwar um Rat gefragt, aber ich hatte ihnen nicht erzählt, dass wir vor einiger Zeit tatsächlich den Entschluss gefasst hatten, ein Kind zu bekommen. Es gab nun ein kleines Problem. Die beiden Familien lebten quasi Tür an Tür miteinander. Wem sollten wir unsere Freudenbotschaft zuerst überbringen? Wir konnten uns nicht entscheiden.

So stellten wir uns auf den Bürgersteig vor ihren Häusern und riefen, so laut wir konnten: »Kommt raus! Michelle! Denise! Doug! Joseph! Ihr Kinder! Kommt alle raus! Wir wollen euch etwas sagen!«

Sofort gingen die Türen auf und die beiden Familien kamen nach und nach mit erstaunten Gesichtern in den Vorgarten hinaus. Als alle versammelt waren, verkündete ich: »Tja, wir wollten euch nur mitteilen, dass wir schwanger sind!«

Meine beiden Schwestern jauchzten vor Freude. Denise blieb ganz still stehen mit Tränen in den Augen und sagte immer wieder: »Danke, Jesus. Danke, Jesus.«

Michelle dagegen sprang mit einem Satz auf mich zu. Sie landete irgendwie auf meinem Schoß, lachend und heulend vor Freunde umarmte sie mich und schlug mit ihren Fäusten auf meine Schultern. Auch die anderen Familienmitglieder umringten uns. Es gab Umarmungen und Gratulationen und alle brachten ihre Freude zum Ausdruck. Bald gesellten sich auch meine Eltern dazu. Ich glaube, die Tatsache, dass sich alle so mit uns freuten, gab ihnen auch ein wenig mehr Sicherheit.

Das Baby war wirklich eine große Neuigkeit, nicht nur für uns selbst, sondern für alle in der Familie. Im Rückblick kann ich sagen, dass meine Schwangerschaft wirklich ein Meilenstein war. Es war das letzte Hindernis, das mich noch von einem »normalen« Leben trennte. Eine Querschnittslähmung beeinflusst nicht nur die betroffene Person selbst, sie trifft immer die ganze Familie. So war meine Familie in meinem Leben nicht nur Publikum, sie ging mit mir durch dick und dünn.

Die Ankündigung meiner Schwangerschaft hatte beinahe eine symbolische Bedeutung. Auch wenn ich im Rollstuhl saß, konnte ich doch die Möglichkeiten des Lebens voll ausschöpfen. Dahinter steckte eine klare Botschaft: »Es geht mir wieder gut! Ich kann ein normales Leben führen!« Es mochte zwar eine andere Art von Normalität sein, als wir sie uns selbst ausgesucht hätten, aber wir hatten uns immerhin damit eingerichtet. Nach nunmehr fast sieben Jahren waren wir über den Berg. Wir hatten die Abgründe von Scheitern und Verzweiflung domestiziert und nun tanzten wir sogar über sie hinweg. Wir hatten das Untier bei den

Hörnern gepackt und überwunden, wenn auch nicht körperlich, so doch zumindest emotional und geistlich.

Wer hätte damals gedacht, dass das Untier seine widerliche Fratze noch einmal zeigen würde.

Das Monster schlägt wieder zu

Das Jahr 1995 begann und alles ging seinen ruhigen Gang. Wegen meiner Schwangerschaft hatte ich nach Weihnachten keine Vortragstermine mehr angenommen und so war unser Terminkalender in den ersten Monaten des neuen Jahres weitgehend frei. Ich hatte viel Zeit, um mich zu entspannen und mich auf das Baby vorzubereiten, das im März kommen sollte

So gerne ich mich hätte überraschen lassen, welches Geschlecht unser Baby hat, schien es mir doch sehr weise, was meine Schwestern sagten: »Schließlich werden für dich nicht weniger als fünf – in Worten fünf – *Baby showers* (Partys vor der Geburt eines Babies) veranstaltet, und gerade für dich ist es nicht so einfach, nach der Geburt rosa in blau oder blau in rosa umzutauschen. Wenn du also nicht im Voraus herausfindest, was es ist, musst du jahrelang mit gelben und grünen Sachen vorlieb nehmen!«

Das leuchtete mir ein und so ließen wir ein Ultraschall machen.

Irgendwie war ich im Stillen immer davon ausgegangen, dass wir ein Mädchen bekämen, aber als die MTA am Ultraschallgerät meinte, es wäre ein Junge, freute ich mich für Mike. Auf diese Weise würde er einen Sohn haben, mit dem er zusammen Rucksacktouren und andere Männeraktivitäten unternehmen konnte, genauso wie es sein eigener Vater mit ihm gemacht hatte.

Weiterhin erkannte ich rasch, dass Gott mich hier vor einer Menge Herzeleid bewahrte, weil mir viele Dinge versperrt gewesen wären, die man normalerweise als Mutter mit seiner Tochter tut – all die vielen Kleinigkeiten, wie Zöpfe flechten, sich gemeinsam hübsch machen und Nägel lackieren oder einen Nachmittagstee zu zweit zelebrieren.

Ich versuchte mir unsere Familie sowohl mit einem Mädchen als auch mit einem Jungen vorzustellen und ich erkannte sofort, dass ein Junge genau das Richtige war, sozusagen perfekt für uns. Den ganzen Heimweg über sagten Mike und ich immer wieder: »Gott ist so gut! Wir bekommen einen Jungen – einen Sohn!«

Er würde Daniel James heißen – Daniel nach meinem Bruder Danny und weil der Name irgendwie etwas Gutes für uns repräsentierte. Jeder Daniel, den wir bislang kennen gelernt hatten, war eine starke Persönlichkeit und zugleich voller Sanftmut. Den Zweitnamen James trug auch Mike, ebenso wie sein Vater und sein Großvater. Unser Sohn würde diesen Namen also in der vierten Generation fortführen.

Wie es schien, bereitete sich jeder, der mich nur im Entferntesten kannte, auf die nahende Geburt vor. Meine Freunde aus der Highschool, die Kollegen von den *Young Americans* und die *Rally 'round Renée*-Gruppe richteten Babyparties für mich aus, die Gemeinde veranstaltete eine Familienbabyparty und selbst Mikes Kollegen feierten eine Babyparty für ihn. Wieder einmal waren wir ganz überwältigt von all der liebevollen Unterstützung, die uns von allen Seiten entgegengebracht wurde. Daniel James bekam alles nur erdenkliche Zubehör, das man für ein Kind brauchen konnte und so viele blaue Sachen, dass er für die nächsten vier Jahre ausgestattet war!

Als der Geburtstermin nahte, war alles für den ersten großen Auftritt unseres Jungen vorbereitet. Wiege und Tragesitz standen bereit und all die winzigen Kleidungsstücke lagen gewaschen und gefaltet im Schrank. Obwohl mir noch immer ein wenig mulmig zumute war, waren wir sowohl innerlich als auch äußerlich bereit für den großen Tag.

Meine Schwangerschaft verlief insgesamt ohne Zwischenfälle. Ein potenzielles Problem, das wir ständig im Auge behalten mussten, war die Gefahr einer autonomen Dysreflexie. Dies ist eine sehr ernste Komplikation, die bei Menschen mit Wirbelsäulenverletzungen ständig droht. Sie tritt auf, wenn Körperteile stark gedehnt werden, wie zum Beispiel die Blase oder der Enddarm, wenn er nicht regelmäßig entleert wird, aber ebenso auch der Uterus während einer Schwangerschaft. Bei einer autonomen Dysreflexie kommt es zu einem sprunghaften Blutdruckanstieg und das unter Umständen so hoch, dass die Betroffenen einen Schlaganfall erleiden und ins Koma fallen. Frauen mit Querschnittslähmung müssen daher sehr genau beobachtet werden, wenn die Wehen einsetzen. Leider ist nicht jede Entbindungsstation mit dieser Problematik vertraut und es sind auch nicht überall die nötigen Gerätschaften verfügbar, um das Problem rechtzeitig zu erkennen und richtig zu behandeln. So konnte ich nicht in irgendein beliebiges Krankenhaus gehen, sondern ich musste in das *Mission Medical Center* in Mission Viejo, wo man mich schon erwartete. Jeder im Team, der mich behandeln würde, musste zuvor an einer besonderen Fortbildung teilgenommen haben, so ernst und kompliziert war die Sache bei mir.

Um der gefürchteten autonomen Dysreflexie vorzubeugen, wurde ich in den letzten sechs Wochen konstant zu Hause überwacht. Zweimal täglich legte mir jemand einen Wehenschreiber an und die Kontraktionen in meinem Unterleib wurden jeweils eine Stunde lang aufgezeichnet. Danach drückte ich einen Knopf, und die Werte wurden zu einem Labor in Phoenix (Arizona) geschickt, wo sie automatisch ausgewertet wurden. Kurze Zeit später bekam ich dann einen Anruf von einer Krankenschwester, die mir den Befund mitteilte.

Doch dann kam jener Sonntag, der 12. März, eine Woche vor meinem geplanten Geburtstermin. Ich saß gerade nach dem üblichen dreistündigen Morgenritual in der Küche und frühstückte, als ich plötzlich Mike und Denise sah, die sich von hinten unserem Haus näherten. An ihren Gesichtern konnte ich sofort erkennen, dass irgendetwas nicht stimmte.

Denise begann: »Renée, ich muss dir etwas sagen.« Ihre Lippen waren eng aufeinander gepresst, so wie immer, wenn sie darum rang, die Fassung zu wahren.

»Was denn? Ist etwas mit Mom oder Dad? Ist einem von ihnen etwas zugestoßen?«

»Nein, Mom und Dad geht es gut«, sie stockte einen Moment, »es ist Michelle.« Sie sagte es, so sanft sie nur konnte. »Sie hatte einen Unfall. Sie ist mit ihrem Quad (vierrädriges Motorrad) gestürzt.«

Voller Entsetzen starrte ich sie an und versuchte in ihren Gesichtern verzweifelt irgendeinen Hinweis zu finden, dass der Unfall glimpflich verlaufen war. Doch ihre Blicke waren finster und traurig, was nichts Gutes verhieß.

Ich geriet in Panik, doch ich wollte es wissen: »Ist sie am Leben?« Mein Blick schweifte verzweifelt zwischen den beiden hin und her, auf der Suche nach einem Hinweis, der meine schlimmsten Ahnungen hätte zerstreuen können. »Sie lebt doch noch! Bitte sagt mir, dass sie am Leben ist!«

»Ja, sie ist am Leben ...« Denise stockte und holte tief Luft, »... aber ihre Wirbelsäule ist gebrochen.«

Etwas in mir rastete aus. »Nein! Ist sie gelähmt? Bitte sagt mir, dass sie nicht gelähmt ist!«, schluchzte ich.

Sie knieten neben mir nieder, legten die Arme um mich und sagten die schlimmsten Worte, die ich je gehört hatte: »Doch, sie ist gelähmt, von der Hüfte abwärts.«

Das Untier hatte wieder zugeschlagen. Diese Katastrophe ging fast über unsere Kräfte.

Ich weinte hysterisch. Wie konnte ein solches Unglück gleich zwei Menschen in derselben Familie zustoßen? Ich hatte jede Kontrolle über mich verloren und schrie vor Schmerz. Mike und Denise knieten noch immer neben mir auf dem Boden. Ich hätte es gebraucht, dass sie mich ganz eng umarmten und festhielten, aber der Stuhl war im Weg, und so konnten sie gar nicht richtig an mich heran.

Wir saßen sehr lange da, Kopf an Kopf und teilten unsere Trauer und unsere Verzweiflung miteinander. Es war der schlimmste Tag meines Lebens, noch schlimmer als der Tag, an dem ich mir den Hals gebrochen hatte. Weil ich das alles selbst schon durchgemacht hatte, wusste ich nur zu gut, was auf Michelle zukam. Es schien mir einfach unerträglich.

»Ich möchte sie gerne sehen«, sagte ich zu Mike. »Bitte bringt mich zu ihr ins Krankenhaus.«

»Ich glaube nicht, dass das eine gute Idee wäre«, wandte Mike ein.

»Sie sieht nicht gut aus«, fügte Denise hinzu.

»Was meint ihr damit?«, fragte ich.

»Sie ist an einem Beatmungsgerät«, meinte Denise.

»O Gott!«, rief ich. »Dauerhaft?«

»Beide Lungenflügel sind verletzt.«

Mir drehte sich der Magen um. Meine hübsche Schwester an dieser grässlichen Maschine!

»Wir können froh sein, dass sie noch lebt, und dass wir sie überhaupt noch haben«, fügte Denise hinzu.

Für den Bruchteil einer Sekunde war ich froh, doch dann brach die schreckliche Realität ihrer Querschnittslähmung wieder schonungslos hervor und ich versank erneut in tiefster Verzweiflung.

Ich bat Mike und Denise wieder, mich zu ihr ins Krankenhaus zu bringen, aber sie waren unnachgiebig. »Du könntest nichts für sie tun und die meiste Zeit ist sie ohnehin bewusstlos. Sie sieht schrecklich aus und es wäre sehr schlimm für dich, wenn du sie so sehen müsstest. Das würde dich möglicherweise völlig überfordern. Und wenn plötzlich Wehen einsetzen, dann würde das Personal dort vermutlich nicht wissen, wie sie dich im Falle einer autonomen Dysreflexie behandeln sollen. Außerdem würde Michelle noch nicht einmal merken, dass du da bist. Du musst jetzt vor allem an dein Baby denken.«

So gab ich schließlich nach, obwohl es mir überhaupt nicht passte und ich auch nicht wirklich überzeugt war, dass sie Recht hatten.

Etwas später kam meine Mutter herüber. Es verdoppelte meinen eigenen Schmerz, sie so vollkommen hilflos und in Verzweiflung aufgelöst zu sehen. Egal, wie alt wir sind, es hat immer etwas zutiefst Erschütterndes, unsere Eltern leiden zu sehen.

»Es tut mir so Leid! Es tut mir so Leid!«, sagte ich immer wieder.

Es war einfach so ungerecht, dass meine Eltern es erleben mussten, wie gleich zwei ihrer Töchter im Rollstuhl enden. Als ob eine nicht genug wäre! Ein tiefes Gefühl der Ungerechtigkeit überkam mich und ich brach erneut in Tränen aus, um Michelles willen, um ihres Mannes und ihrer Söhne willen, um meiner Eltern willen, um unser aller willen – wieder waren wir zum Opfer einer solchen Tragödie geworden.

Später fuhr ich hinauf zu meinem Vater. So stark und unerschütterlich er sonst immer war, heute war er ein zutiefst gebrochener Mann. Seine Tränen waren für mich kaum zu ertragen.

Er umfasste meinen Kopf und drückte mich fest an sich. »Jetzt beginnt das Ganze noch einmal von vorne!«, schluchzte er. Dem gab es nichts hinzuzufügen.

Der Unfall war schon am Nachmittag zuvor passiert. Michelle war mit ihrer Familie zusammen nach *Imperial County* in der Nähe von Yuma an der Grenze zum Bundesstaat Arizona gefahren, um dort in den riesigen Dünen Quad zu fahren. Sie fuhren in ihrer üblichen Formation mit ihrem Mann Doug an der Spitze, der nach dem besten und sichersten Weg nach oben suchte. Doug scherte nach links aus, hinter ihm folgte Brent und danach Jordan. Als Michelle in der hintersten Position ebenfalls nach links ausscheren wollte, beschleunigte sie ein wenig zu stark und musste rechts an Jordan vorbeiziehen. Um Jordan nicht zu nahe zu kommen, fuhr sie über eine Dünenkuppe und dann auf der steilen Seite etwa zwanzig Meter tief wieder hinunter.

Als versierte Quad-Fahrerin mit über zehn Jahren Erfahrung wusste sie, wie man die steile Seite einer Düne nimmt. Sie war sich darüber im Klaren, dass ihr Fahrzeug den Sand in Bewegung versetzte und eine kleine Lawine auslöste. Zwischen den Dünen gab es nur sehr spärliche Vegetation, aber dummerweise war gerade unterhalb von ihr ein großer Busch, etwa drei Meter breit, auf den sie direkt zusteuerte. Wäre er nicht da gewesen, dann hätte es keinerlei Probleme gegeben. Die Lawine drängte sie nach links, doch aus irgendeinem Grund, den sie bis heute nicht so recht nachzuvollziehen vermag, steuerte sie nach rechts, quer zur Sandlawine, um auf dieser Seite am Hindernis vorbeizukommen. Ihr Fahrzeug ließ sich jedoch nicht manövrieren und sie fuhr in den Busch hinein. Durch den Aufprall wurde sie durch die Luft geschleudert und landete bäuchlings im Sand mit einem Arm unter sich. Da sie selbst einen medizinischen Beruf hatte und wusste, wie es mir ergangen war, begann sie sofort, ihren Körper auf Verletzungen hin abzuklopfen. Noch während sie dort lag, ging sie mental all ihre Gliedmaßen vom Hals an abwärts durch, um sich ein Bild davon zu machen, was passiert war. Kopf, Arme, Finger und Oberkörper schienen in Ordnung, aber sie stellte fest, dass sie ihre Beine nicht spürte. Alles unterhalb ihrer Hüfte war taub.

Innerhalb von dreißig Sekunden war Doug bei ihr. »Bist du verletzt?«, fragte er.

»Nein, nichts anfassen«, sagte sie. »Ich spüre meine Beine nicht mehr und ich kann sie auch nicht bewegen. Ich glaube, meine Wirbelsäule ist verletzt. Du musst Hilfe holen.«

Er wollte ihr erst noch den Helm abnehmen und sie umdrehen, um es ihr bequemer zu machen und um sie noch genauer untersuchen zu können, aber sie wiederholte nur ihre Anweisung, nichts zu bewegen. Sie war vollkommen klar und vermutlich schon ziemlich genau im Bilde, wie ernst es um sie stand und dass sie wohl eine bleibende Behinderung davontragen würde. So fasste sie den Entschluss, alles daran zu setzen, die Ruhe zu bewahren.

Es war nicht einfach zu entscheiden, wie sie Hilfe holen sollten. Die nächste Straße war fast fünf Kilometer entfernt und selbst diese war nur eine Schotterpiste. Michelle lag ganz unten am Fuß der Düne und war nur von den unmittelbar angrenzenden Dünenkämmen aus zu entdecken. Doug wollte sie nicht allein lassen und die beiden Jungs waren noch sehr klein. Brent war damals neun und Jordan sieben Jahre alt. Schließlich fassten sie den harten Entschluss, Brent loszuschicken, um Hilfe zu holen. Doug nahm seinen ältesten Sohn mit auf die Düne hinauf und gab ihm detaillierte Instruktionen. Er musste sich nach Süden halten und zu ihrem Wohnmobil zurückfahren. Brent wusste nur zu gut, dass er sich ausschließlich auf den Spitzen der Dünen orientieren konnte.

An dieser Stelle zeigte sich wieder einmal die gütige Hand Gottes. Gerade in der vorherigen Nacht hatte es in dieser Gegend so stark geregnet, wie schon seit langem nicht mehr. Der Regen hatte alte Spuren weggewaschen und den Sand angefeuchtet. So konnte Brent die Spuren, die sie selbst hinterlassen hatten, zurückverfolgen, um zum Wohnmobil zu gelangen. Also brauste er los, aber in seiner Panik, so schnell wie möglich Hilfe für seine Mutter zu holen, stürzte er nach etwa anderthalb Kilometern. Da er es nicht schaffte, sein Gefährt alleine wieder auf die Räder zu stellen, setzte er seinen Weg unbeirrt zu Fuß weiter fort.

Gerade in diesem Augenblick kam »zufällig« ein Fremder auf einem Quad vorbei. Zum einen ist es äußerst unwahrscheinlich, in jener Gegend überhaupt einer Menschenseele zu begegnen, und zum anderen verstößt es gegen jede Regel, allein durch die Dünen zu fahren. Doch gerade im rechten Moment begegnete

Brent Larry und er erzählte ihm, was passiert war. Larry – wir sind inzwischen überzeugt, dass es sich um einen Engel gehandelt haben muss – nahm den Jungen mit auf sein Motorrad und fuhr mit ihm zurück an den Unfallort. Dort blieb er, half und betete sogar mit ihnen.

Noch bevor Larry und Brent bei ihr eintrafen, hatte Michelle ihren Mann ebenfalls losgeschickt, um Hilfe zu holen. In dieser kritischen Situation fasste er den schweren Entschluss, Michelle mit ihrem kleinen siebenjährigen Sohn alleine zurückzulassen und sich auf den Weg zu machen. Nach einiger Zeit begegnete er einem Mann, der gerade sein Nachtlager errichtete und überredete ihn, gemeinsam zur etwa 15 Kilometer entfernten Rangerstation zu fahren, um den Unfall zu melden. Endlich waren die Mühlen in Bewegung gesetzt und die Rettung war im Anmarsch.

Der neunjährige Brent hatte all seinen Mut zusammengenommen und sich alleine oben auf der Düne platziert, damit der Rettungsdienst die Unfallstelle besser finden konnte. Michelle konnte von unten hören, wie er oben stand und weinte und immer wieder flehte: »Bitte kommt doch und helft meiner Mom! Bitte kommt doch und helft meiner Mom!«

Der Jüngere saß neben seiner Mutter und hielt ihre Hand. Michelle spürte, dass sie nicht das volle Lungenvolumen hatte, und dass sie nur flach und leicht atmen durfte. Sie hatte zusätzlich zu ihrem Wirbelsäulenbruch also auch noch innere Verletzungen erlitten.

»Tut es sehr weh, Mom?«, fragte der kleine Jordan.

»Nein, es tut nicht doll weh, ich habe nur ein bisschen Mühe zu atmen.«

»Wirst du sterben, Mom?«

Sie wollte ihm nichts vormachen. »Ich weiß es nicht, mein Junge«, sagte sie mit ruhiger Stimme. »Aber wenn ich sterbe, ist es auch in Ordnung. Das bedeutet dann, dass Gott mich bei sich im Himmel haben will.«

Gottes Wege sind wirklich erstaunlich. Nicht nur, dass es geregnet hatte und Larry vorbeikam, »zufällig« war auch ein Dünenschlittenclub gerade in der Nähe und hörte von dem Unfall. So postierten sie ihre Schlitten oben auf den Dünen und markierten so den Weg von der Straße bis zum Unfallort, sodass der

Ranger Michelle leichter finden und Krankenwagen und Notarzt die richtige Position mitteilen konnte.

Die Notärztin war, Gott sei Dank, eine sehr kompetente und versierte Frau. Sie schnitt Michelles Kleidung auf, brachte die Transportschale in Position und gab Doug und den anderen Anweisung, wie sie Michelle herumdrehen sollten. In diesem Moment hörten sie das Rotorengeräusch des herannahenden Rettungshubschraubers, das wie Musik in ihren Ohren klang. Der Hubschrauber konnte nur deshalb so nahe herankommen, weil es in der Nacht davor geregnet hatte. Unter normalen Umständen hätte er einen solchen Sandsturm verursacht, dass sich weit und breit niemand hätte aufhalten können. Doug und fünf weitere Männer hoben Michelle vorsichtig hoch und transportierten sie die hohe Düne hinauf zum Hubschrauber, wobei sie darauf achten mussten, sie immer in absolut waagerechter Position zu halten. Sie schoben die Schale in den Hubschrauber hinein und dieser flog sofort wieder los.

Seit dem Unfall waren volle zweieinhalb Stunden vergangen, die Michelle im Sand gelegen hatte. Sie hatte in geradezu vorbildlicher Weise die Fassung bewahrt und der Versuchung widerstanden, in Panik zu geraten. Als der Hubschrauber abhob, spürte sie den kühlen Sauerstoff in ihrer Nase und stellte fest, dass sie sich nun entspannen konnte. Sie betete noch: »Herr, ich lege diese ganze Situation jetzt in deine Hand.« Dann schlief sie ein.

Zuerst brachte man sie in ein kleines Krankenhaus in Yuma, wo man ihren Zustand stabilisierte, bevor sie nach San Diego weitergeflogen wurde. Sie hatte beide Lungenflügel verletzt, einen Milzriss, mehrere gebrochene Rippen, die linke Schulter war ausgerenkt und fünf Lendenwirbel waren völlig zertrümmert.

Von der Notaufnahme aus rief Doug gleich Pater Martin und danach Mom an, die wiederum Denise in Kenntnis setzte. Es war so gegen 21:30 Uhr, als Denise schließlich an unsere Glasschiebetür klopfte. Sie winkte Mike heraus, und er sagte, er müsse nur schnell einmal zu Denise gehen, um ihr mit irgendetwas zu helfen. Denise berichtete Mike, was sie zu diesem Zeitpunkt wusste. In ihrer tiefen Erschütterung darüber, was Michelle zugestoßen war, überlegten sie, wie sie mir die Nachricht überbringen sollten.

Da ich hochschwanger war, meinten sie, dass es wohl am besten wäre, mich nicht zu beunruhigen, bevor mehr Einzelheiten bekannt waren. Sie wussten, dass Michelle sofort nach ihrer Ankunft in San Diego operiert werden würde, um ihre inneren Verletzungen zu versorgen, und dass sie deshalb erst am kommenden Morgen besser informiert wären. Mike rief meinen Gynäkologen an, der ihnen versicherte, dass der Schock aller Wahrscheinlichkeit nach keine Wehen auslösen oder das Kind gefährden würde. Ihnen war klar, dass mir die Nachricht von Michelles Unfall einen mörderischen Schlag versetzen würde. Gegen halb 11:00 Uhr nachts fuhren Denise und Mom ins Krankenhaus und Mike kam nach Hause. Er ließ sich nichts anmerken, aber er tat die ganze Nacht kein Auge zu. Für seine schauspielerische Leistung an jenem Abend verdient er wirklich einen Oskar.

Gleich am nächsten Morgen ging Mike wieder zu Denise, während meine Betreuerin mich wusch und anzog. Denise brachte Mike auf den neusten Stand und die beiden traten den schweren Gang an, um mir die schreckliche Nachricht zu überbringen.

Die nächsten Tage waren von einer großen Ungewissheit und dem ständigen Warten auf Neuigkeiten von der Intensivstation geprägt. Ich durfte Michelle immer noch nicht im Krankenhaus besuchen. In dieser Situation belastete mich meine Behinderung noch weit mehr als sonst. Ich wünschte mir so sehr, Michelle helfen zu können, und wenn es auch nur Kleinigkeiten wären – ihr ein Glas Wasser zu reichen, oder ihr die Haare aus dem Gesicht zu kämmen. Doch selbst, wenn ich ihr nicht aktiv beistehen konnte, wollte ich doch wenigstens bei ihr sein, um mir selbst ein Bild von ihrem Zustand zu machen.

Ich wusste zu diesem Zeitpunkt noch nicht, wie Gott bei Michelles Bergung eingegriffen hatte und dass es ein reines Wunder war, dass sie überhaupt noch lebte. Nur eines war mir klar: Wir alle liebten Gott von ganzem Herzen und trotzdem mutete er uns zu, noch einmal eine solche Tragödie erleben zu müssen. In mir kochte die Wut.

Am Dienstag hatten unsere lieben Freunde und Nachbarn, die Andersens, unsere ganze Familie zum Abendessen zu sich nach Hause eingeladen, als Zeichen ihrer Verbundenheit mit uns in diesen schweren Tagen. Nach dem Abendessen versuchten wir nach Kräften, die Stimmung irgendwie hochzuhalten, um unseretwillen und um der Kinder von Doug und Michelle willen. In Anbetracht der Tatsache, dass Michelle zur selben Zeit um ihr Leben rang, erschien mir dieser ganze gezwungene Spaß wie eine Farce. Ich hielt es keine Minute länger aus und so sagte ich Mike, dass ich gehen musste und verdrückte mich, so schnell ich konnte.

Sobald ich nach Hause kam, stürmte ich ins Schlafzimmer und verlor jegliche Fassung: »Bring sofort Danny und Denise her! Ihr verheimlicht mir doch etwas! Ich will jetzt endlich wissen, was los ist!«

Danny und Denise kamen herüber und ich fiel komplett aus der Rolle. Ich schrie, ich fluchte, ich weinte hemmungslos: »Ihr erzählt mir nicht die ganze Wahrheit! Ich muss es jetzt wissen! Macht euch keine Gedanken, ich werde es schon verkraften. Stirbt Michelle? Verheimlicht ihr mir irgendetwas? Warum darf ich nicht zu ihr? Was ist so schrecklich, dass ich es nicht sehen soll? Ihr sagt mir jetzt die ganze Wahrheit, und zwar *sofort*!«

Danny konnte als Einsatzleiter bei der Feuerwehr mit solchen Situationen sehr gut umgehen. Er kniete sich neben mich hin und sagte: »Wir sagen dir wirklich die ganze Wahrheit«, versicherte er mir. »Michelles Zustand ist stabil. Ihre Verletzungen sind zwar sehr schwer und sie hat noch einen langen Weg vor sich, aber vorausgesetzt, es gibt keine schwere Infektion oder irgendwelche anderen Komplikationen, wird sie durchkommen.«

Denise saß auf der Bettkante und sagte: »Wir können einfach froh sein, dass wir sie noch haben. In Anbetracht der Schwere ihrer Verletzungen, ist es eigentlich ein Wunder, dass sie nicht gestorben ist.«

Was sie damit zum Ausdruck brachte, war: »Gott hat uns hier vor dem Schlimmsten bewahrt.« Doch sie war weise genug, es in diesem Moment nicht so zu formulieren. Ich war gerade nicht sonderlich gut auf Gott zu sprechen. Ich fühlte mich von ihm buchstäblich verraten und verkauft. Wie konnte er es zulassen, dass so etwas in unserer Familie noch einmal passierte? Denise vermied es, mir in jenem Moment fromme Floskeln vorzusetzen, doch ihre Botschaft kam an.

Als ich Danny in die Augen schaute und Denises ruhige und besonnene Worte in mir nachklangen, kam ich innerlich zur Ruhe. Es war mir einfach wichtig zu wissen, dass ich über sämtliche Umstände voll im Bilde war. Nun konnte ich anfangen, die Situation langsam zu verarbeiten. Ungewissheit ist der beste Nährboden für Angst und mein Ausbruch war lediglich Ausdruck dieser Angst gewesen. Schließlich erklärten sich alle damit einverstanden, mich zu Michelle ins Krankenhaus zu lassen.

Am nächsten Tag fuhr mich Mike zu Michelle. Auf der einstündigen Fahrt nach San Diego überspielten wir unsere Nervosität, indem wir über lauter Belanglosigkeiten redeten und es vermieden, darüber nachzudenken, was uns im Krankenhaus erwartete. Als wir von der Autobahn abfuhren, überkam mich aber doch die Angst, und als wir schließlich das Krankenhaus betraten, hatte ich einen dicken Kloß im Hals.

Wir sprachen am Empfangstisch der Intensivstation vor: »Guten Tag, mein Name ist Renée Bondi. Ich bin die Schwester von Michelle Smith und ich möchte sie gerne besuchen.«

Jemand hatte ihnen offenbar bereits erzählt, dass Michelle in unserer Familie nicht die Erste war, die dieses Schicksal ereilt hatte. Sie schauten mich voller Mitgefühl an, so als wollten sie sagen: »Ach, Sie Ärmsten! Ihre Familie trifft es ja ganz schön hart!«

Mike lief neben mir her, während ich die Reihe von Kabinen mit halb zugezogenen Vorhängen entlangfuhr. In einer der Kabinen sah ich eine dicke Frau liegen und wollte gerade weiterfahren, da sagte die Schwester: »Dort liegt ihre Schwester.«

Ich setzte zurück und wollte meinen Augen nicht trauen. Meine schlanke und zierliche Schwester sah aus wie eine 150 Kilo schwere Matrone. Ich hätte sie nie im Leben wieder erkannt. Ihr Körper war so aufgequollen, dass er wie ein Ballon aussah.

Ich fuhr seitlich an ihr Bett heran.

»Hallo, Michelle. Ich bin's, Renée!«, sagte ich.

Ihre Augen waren glasig und ihr Blick abwesend. Sie schaute zwar in meine Richtung, konnte mich aber nicht fixieren. Sie schien mich auch nicht zu erkennen. Erstaunlicherweise konnte ich mich in diesem Moment gut beherrschen. Ich glaube, ich war einfach nur froh, dass sie noch am Leben war und dass ich bei ihr sein konnte. Außerdem wollte ich auf gar keinen Fall, dass sie sah, wie ich vor ihr zusammenbrach, falls sie doch irgendetwas wahrnehmen konnte.

Ich redete einfach ein paar Worte zu ihr: »Das ist hier ja ein tolles Hotelzimmer – mit 24 Stunden rundum Betreuung. Nicht schlecht, was?« Sie sollte einfach meine Stimme hören und wissen, dass ich da war.

Wir blieben etwa eine Stunde lang bei Michelle. Auf der Rückfahrt waren wir sehr schweigsam. Mike liebte Michelle wie seine eigene Schwester und er konnte wie kein anderer nachempfinden, was in mir vorging. Wir redeten fast nichts miteinander und gingen jeder unseren eigenen Gedanken nach. Nur ab und an brach einer von uns das Schweigen und sagte kopfschüttelnd: »Einfach unfassbar!«, oder etwas Ähnliches.

In dieser Woche besuchte ich Michelle jeden Tag. Ich redete einfach mit ihr, so als ob sie mich hören konnte. Am Sonntag, dem Tag vor meinem errechneten Geburtstermin, sagte ich ihr schließlich: »Morgen kommt das Baby. Ich werde dir Bilder schicken, damit du ihn auch sehen kannst.«

Das Ganze war ein einziger riesiger Murks. Ich war völlig niedergeschlagen.

Am Montag, den 20. März, gegen 6:30 Uhr morgens kamen Mike und ich im Krankenhaus an. Wir meldeten uns an und brachten die Aufnahmeuntersuchung hinter uns. Dann wurde ich in einen sehr schönen Entbindungsraum gebracht, wo ich von zwei Hebammen überwacht wurde. In der Regel ist bei einer Geburt nur eine Hebamme anwesend, aber der Arzt hatte angeordnet, dass ich nicht eine Minute allein gelassen werden durfte. Ich wurde gleich an zwei Monitore angeschlossen, für den Fall, dass einer von beiden ausfallen sollte. Sie wollten in jeder Hinsicht auf Nummer sicher gehen.

Ab etwa 10:30 Uhr lief der Wehentropf und Dr. Stadler sagte: »So, das wär's dann erstmal. Jetzt brauchen Sie sich nur noch ganz ruhig hinzulegen und zu entspannen. Ich denke, dass es wohl bis zum späten Nachmittag oder frühen Abend dauern wird. Ich schaue zwischendurch immer wieder einmal nach Ihnen.«

In diesem Moment hätte vermutlich jede schwangere Frau gerne mit mir getauscht. Ich spürte absolut keinen Schmerz. Gar nichts! Nur am Wehenschreiber konnte man ablesen, wenn die nächste Wehe im Anrollen war. Vielleicht wäre es sogar gut gewesen, wenn ich Schmerzen gehabt hätte, weil mich das sicherlich von meinen Gedanken an Michelle abgelenkt hätte.

Dies hätte eigentlich der glücklichste Tag meines Lebens werden können, doch ich dachte die ganze Zeit nur an meine Schwester. Hier lag ich auf der Entbindungsstation und brachte ein neues Leben zur Welt, während sie 100 Kilometer entfernt auf der Intensivstation mit dem Tode rang. Immer wieder stand mir ihr Lächeln vor Augen, das ihr Gesicht umspielte, wenn jemand sie um irgendetwas bat. Sie hatte anderen so häufig ihre Liebe entgegengebracht und ihnen das Gefühl gegeben, etwas Besonderes zu sein. Mir kam auch immer wieder das Bild in den Sinn, wie Michelle auf die Neuigkeit von meiner Schwangerschaft hin vor Freude auf meinen Schoß gehüpft war und mit den Fäusten auf meine Schultern getrommelt hatte. Das war so typisch für sie.

Während ich in den Wehen lag, war Denise bei Michelle. Hätte Michelle den Unfall nicht gehabt, dann wären sie beide unter Garantie bei mir gewesen, denn ohne ihre Ermutigung hätte es erst gar kein Baby gegeben. Es war so unfair, dass Michelle um diese Erfahrung betrogen wurde.

So dankbar ich auch war, dass Michelle lebte, betrauerte ich doch bereits das Ende einer Lebensphase. Genauso wie meine Querschnittslähmung unser Leben komplett umgekrempelt hatte, würde auch nach diesem Unfall nichts mehr so sein, wie vorher. Den ganzen Morgen lang musste ich immer wieder weinen, während Mike neben mir saß.

Gegen 13:00 Uhr stand er auf und ging zum Fenster. Ich sah zu ihm hinüber, wie er so hinausschaute und dachte: *Dies ist vielleicht der wichtigste Tag in seinem Leben, der Geburtstag seines ersten Kindes, und seine Frau ist völlig durch den Wind. Seine Hochzeit ging schon baden, weil ich meinen Unfall hatte, und nun wird ihm auch noch dieser Tag verdorben, weil ich die ganze Zeit wegen Michelle heule. Das hat er einfach nicht verdient.*

So traf ich in diesem Augenblick die bewusste Entscheidung, die Gedanken an Michelle für eine Weile hinter mir zu lassen und mich ganz auf dieses Erlebnis mit Mike einzulassen.

»Mike«, sagte ich, »ich muss irgendwie aufhören, ständig an Michelle zu denken.«

Er drehte sich um und fragte: »Wie könnten wir das hinkriegen?«

»Ich weiß es nicht«, antwortete ich. Ich dachte einen Moment nach. »Hättest du vielleicht Lust auf einen Videofilm? Als Dorothy gestern Abend meine Tasche gepackt hat, da hat sie auch ›König der Löwen‹ mit zu den Sachen gelegt.«

Mike lächelte: »Warum nicht?« Er steckte die Videokassette in den Recorder hinein und setzte sich zu mir. Da saßen wir nun Seite an Seite und schauten uns »König der Löwen« an. Nach etwa einer halben Stunde bekam ich eine Gänsehaut am Hals. Wenn das passierte, hatte es meistens zu bedeuten, dass sich irgendetwas Intimes in meinem Unterleib regte.

»Verzeihen Sie bitte«, sagte ich zu einer der Hebammen. »Habe ich jetzt gerade eine Wehe?«

Sie schaute auf den Monitor. »Ja, das ist eine«, sagte sie, ohne sich jedoch weiter zu beunruhigen.

Also schauten wir weiter Simba zu. Nach etwa fünf Minuten war die Gänsehaut immer noch da. »Habe ich wieder eine Wehe?«

Die Hebamme blickte erneut auf den Monitor und sagte: »Ja, da ist wieder eine Wehe. Vielleicht sollte ich Sie gerade mal untersuchen.«

Sie trat ans Fußende meines Bettes und hob mein Flügelhemdchen hoch. In dem Moment riss sie die Augen weit auf und rief: »Ach du Schreck, da ist ja schon der Kopf vom Baby!« Sie wandte sich an die andere Hebamme und sagte: »Ich glaube, es ist jetzt an der Zeit, den Doktor zu rufen.« Was sie damit sagte, war: »Dieses Baby soll lieber der Arzt auf die Welt bringen!«

Die zweite Hebamme rannte zur Tür hinaus und Mike eilte zum Telefon, um die Eltern anzurufen: »Hallo Mom? Das Baby ist fast draußen! Tschüss!« Er wählte noch einmal: »Hallo Marie? Das Baby ist fast draußen! Tschüss!«

In diesem Moment kam Dr. Stadler zur Tür hereingerannt und zog sich die Handschuhe an. Die Hebammen schnallten meine Beine auf dem Gebärstuhl fest.

»Na das sieht ja fast so aus, als ob der kleine Kerl mit der nächsten Wehe herauskommen wird!«, sagte er.

»Was, schon bei der nächsten Wehe?«, rief ich. »O Schreck! Mike, schnell! Komm her! Komm schnell her! Komm ganz nah zu mir!« Er kam herbeigeeilt und legte seine Wange an meine Wange.

Ich weinte. »Mike, wir müssen beten!«

Die Geburt stand unmittelbar bevor und ich geriet in Panik. »Herr, es darf einfach nichts schief gehen, unsere Familie kann nicht noch eine Tragödie verkraften! Dieses Baby muss einfach gesund sein! Lieber Gott, bitte lass es völlig gesund sein!«

Und dann war es auch schon geschehen. Dr. Stadler hatte ein breites Lächeln im Gesicht und rief: »So, bitte schön. Da ist er!«

Er hielt Daniel James Bondi hoch in die Luft, sodass alle ihn sehen konnten.

»Ist auch wirklich alles dran? Doktor, bitte sehen Sie genau nach, ob er auch alle Finger und alle Zehen hat. Zählen Sie sie!«

»Jawohl, alles dran!«

»Mike, bitte zähl du auch noch mal nach!«

Dr. Stadler legte Daniel auf meinen Bauch und Mike zählte laut Fingerchen für Fingerchen und Zeh für Zeh, sodass ich es auch hören konnte.

»Er ist perfekt!«, versicherte mir Mike. »Es ist alles da.«

Meine Augen waren so verheult, dass ich ihn gar nicht richtig anschauen konnte. Es war kaum zu fassen. Nach all den Monaten des Betens und Fragens und nach der langen Schwangerschaft war er plötzlich da! Es war geschafft! Wir feierten und nahmen Glückwünsche entgegen. Doch inmitten des Überschwangs, dass wir dieses Abenteuer tatsächlich gewagt hatten, war auch eine Spur von Erschrecken. Daniel James war so unendlich wertvoll. Ob wir ihm wirklich gerecht werden konnten?

Die Hebammen wuschen und wogen ihn und wickelten ihn fest in eine Decke ein. Er war 48 cm lang und wog 3580 Gramm. Sie legten ihn auf meinen Schoß, wo er zufrieden wie ein kleiner Engel vor sich hin döste. Ich betrachtete ihn mir ganz genau. Er hatte süße kleine Lippen, eine runde Stupsnase, winzige Öhrchen und dichtes dunkles Haar. Jedes Baby ist ein kleines Wunder, aber in Anbetracht der besonderen Umstände, die mit Daniels Geburt einhergingen, war er ein besonderes Geschenk von Gott.

»Mike, möchtest du ihn mal auf den Arm nehmen? Möchtest du deinen Sohn mal halten?«, bot ich ihm an. Er nahm ihn vorsichtig hoch und strahlte erst ihn an und dann mich. »Unglaublich.«

In diesem Moment hörte ich eine vertraute, tiefe Stimme: »Sagt bloß, hier gibt's schon ein Baby!« Ich traute meinen Augen nicht, als Pater Martin hereinkam.

»Nein, so was!«, rief ich. »Das ist doch nicht möglich!«

Pater Martin war wirklich bei jedem wichtigen Ereignis in meinem Leben da gewesen: Bei meiner Firmung, bei meinem Unfall, zu unserer Hochzeit und nun wieder bei der Geburt unseres Kindes! Er war eigentlich ins Krankenhaus gekommen, um jemanden auf der Intensivstation zu besuchen. Als er gerade wieder auf dem Weg nach draußen war, spürte er, wie ihn »etwas« zurückhielt. Da erinnerte er sich daran, dass eigentlich unser großer Tag sein musste. Er erkundigte sich am Empfang nach uns und nun kam er ganz »zufällig« fünf Minuten nach der Entbindung zur Tür herein.

Für uns war Pater Martin in jenem Augenblick ein Bote Gottes, der uns seine Segenszusage für unsere Familie überbrachte. Nach Mike war er der Allererste, der unser Baby auf dem Arm hielt. Der Raum war auf einmal wie von einem warmen Leuchten erfüllt. Danke, Jesus.

Dann kamen Mom und Dad. Sie waren den ganzen Morgen bei Michelle gewesen und hatten danach zu Hause auf Mikes Anruf gewartet. Ich weiß, dass Mom bestimmt die ganze Zeit auf den Knien gewesen ist. Meine beiden Eltern hatten sich wirklich viele Gedanken um die Geburt gemacht. Seit über einer Woche hatte ich nicht die geringste Spur von Freude in ihren Gesichtern gesehen, doch als Mom den kleinen Daniel auf dem Arm hielt, hellte sich ihr Gesicht plötzlich auf. Dad konnte sich vor Stolz kaum halten. Er ging zu Mike und beglückwünschte ihn.

Ich wusste, dass mein Vater den größten Respekt für Mike empfand, vor allem für das, was er durch die Hochzeit mit mir auf sich genommen hatte. Er sagte zwar nicht viel, aber er lächelte die ganze Zeit. Ich weiß, dass er im Stillen dachte: *Ich bin mir ja nicht ganz sicher, ob ich die Dinge genauso sehe, wie ihr, aber ihr habt es wirklich gewagt und das Ergebnis ist ein Prachtbursche. Gut gemacht! Ich bin stolz auf euch.*

Als Nächstes kamen Mikes Eltern Jim und Sandra vorbei. Ihre Gesichter strahlten voller freudiger Erwartung. Mir kamen die Tränen als ich sah, wie Mike ihnen ihr jüngstes Enkelkind in den Arm legte. Ihre Augen leuchteten, als sie den kleinen Daniel James das erste Mal erblickten. »Herzlichen Glückwunsch! Wir sind so stolz auf euch beide! Was für ein hübsches Baby! Und was für kräftiges dunkles Haar er hat!«

Der Strom von Besuchern – Verwandte, Freunde, Leute aus der Gemeinde – riss die ganzen zwei Tage, die wir im Krankenhaus waren, nicht ab. Das Zimmer war voller Blumen, Glückwunschkarten und Babygeschenke.

Obwohl es am Anfang so aussah, als ob der Zeitpunkt der Entbindung denkbar schlecht lag, war er doch in gewisser Hinsicht genau richtig. Daniels Ankunft lenkte uns alle ein wenig von Michelles Tragödie ab, wenn sie mir auch beständig so real vor Augen stand wie unser neugeborenes Baby. Es war der bestmögliche und zugleich auch der schlechteste Zeitpunkt.

Die Wogen glätten sich

Nach drei Tagen brachten wir den kleinen Daniel James nach Hause. Wenn ich ihn betrachtete, versetzte es mich noch immer in atemloses Staunen. Er war ein Wunder – ein kleines Menschlein und doch ganz vollkommen.

Damit ich mein Muttersein richtig genießen und dem Kleinen viel Körperkontakt geben konnte, änderte Denise ein Babytragetuch so ab, dass ich Daniel am Körper tragen konnte. Sie legte das Tuch auf meinen Schoß und verknotete die Enden hinter der Rollstuhllehne, sodass mich das Gewicht von Daniel, wenn er im Tuch lag, nicht nach vorne ziehen konnte. Mit dieser Vorrichtung war es mir möglich, das Baby zu stillen, bis ich schließlich bereits nach zwei Wochen keine Milch mehr hatte. Ob es am Stress wegen Michelles Unfall oder an einer durch meine Behinderung bedingten körperlichen Fehlfunktion lag, werden wir wohl nie erfahren. Danach machte jemand für mich die Fläschchen fertig und legte mir Daniel in den Schoß. Ich konnte meinen Arm so weit benutzen, um die Flasche festzuhalten, indem ich sie gegen meinen Körper drückte. Später konnte er das Fläschchen dann selbst halten.

Diese Momente, in denen ich meinen kleinen Sohn im Arm hielt, ihm in die Augen schaute und zusah, wie er mit seinen winzigen Händen nach meinem Finger griff, waren immer etwas ganz Besonderes für mich. Noch nie zuvor im Leben hatte mich irgendetwas so glücklich gemacht. Ich staunte nur, dass Gott es uns ermöglicht hatte, so ein besonderes kleines Wesen zu schaffen. Mike hatte sich zwei Wochen frei genommen, sodass wir diese kostbaren ersten Tage im Leben unseres Jungen gemeinsam genießen konnten.

Mikes Eltern kamen ebenfalls auf ein paar Tage zu Besuch und wohnten im Obergeschoss. Sie waren jedoch sehr darauf bedacht, Mike Papa und mich Mama sein zu lassen. Trotz meiner Behinderung, ließen sie mir jede Gelegenheit, zu tun, was immer ich tun konnte. Sie nahmen nie das Zepter in die Hand, sondern halfen mir, indem sie mir Daniel zum Beispiel nachts zum Stillen brachten. Sie bereiteten das Essen zu, übernahmen den Haushalt und passten auf Daniel auf, wenn ich mit Mike zusammen ins Krankenhaus zu Michelle fuhr.

Als wir nach der Geburt zu unserem ersten Besuch in die Klinik gingen, nahmen wir auch Daniel mit, um ihn Michelle zu zeigen. Wegen ihrer Lungenverletzung war sie noch immer am Beatmungsgerät, und obwohl sie langsam Fortschritte machte, war ihr Zustand weiterhin nicht ganz unbedenklich. Mike hielt den kleinen Daniel neben ihr Gesicht.

»Sieh mal, Michelle«, sagte ich, »da ist er! Dein kleiner Neffe Daniel James.«

Michelle lächelte ganz schwach, aber wegen des Beatmungsgerätes konnte sie nicht sprechen. Unter normalen Umständen wäre sie uns vor Begeisterung um den Hals gefallen.

Michelle hatte an diesem besonderen Ereignis nicht teilhaben können. Ich war tieftraurig und enttäuscht, dass die Geburt unseres Kindes nicht zu jenem Höhepunkt für unsere ganze Familie werden konnte, wie wir es uns alle gewünscht hatten. Noch wütender machte es mich, wenn ich mir ausmalte, was Michelle noch alles an Rehabilitationsmaßnahmen bevorstand. Es war einfach zutiefst unfair.

Wo wir gerade beim Thema Fairness sind – einige Tage nach Daniels Geburt griff ein beliebter Radiosender in Los Angeles die Geschichte auf. Dad war gerade mit dem Auto auf dem Rückweg von einem Café, wo er sich mit seinen Freunden getroffen hatte, als er hörte, wie der Radiomoderator sagte: »Ich habe hier einen Artikel aus der *Los Angeles Times* vor mir liegen, über eine querschnittsgelähmte Frau in Orange County, die gerade einen kleinen Sohn zur Welt gebracht hat. Das ist doch wirklich unglaublich! Gehen wir hier in Sachen Gleichberechtigung für Behinderte nicht ein wenig zu weit? Wie will sie sich denn überhaupt um ihr Kind kümmern? So etwas ist einfach zutiefst eigennützig und verantwortungslos. Woher nimmt diese Frau sich das Recht dazu? Vermutlich wird sie am Ende Sozialhilfe beantragen und liegt uns dann allen auf der Tasche, weil sie selbst nicht für ihr Kind sorgen kann. Wie denken Sie darüber? Ich möchte gerne Ihre Meinung hören. Sind Sie nicht auch der Meinung, dass man es solchen Leuten verbieten sollte, Kinder in die Welt zu setzen? Rufen Sie an und sagen Sie uns, was Sie denken.«

Als mein Vater diese Tirade des Radiomoderators hörte, wurde ihm sehr schnell bewusst: Die reden von meiner Renée und meinem kleinen neugeborenen Enkelkind! Die Tatsache, dass seine geliebte Familie in aller Öffentlichkeit in den Dreck gezogen wurde, setzte in ihm einen Sturm von aufgestauten Emotionen frei und er konnte nicht mehr. Er fuhr an den Straßenrand, legte seinen Kopf aufs Lenkrad und weinte bitterlich. Was er bereits zu hören bekommen hatte, war eigentlich mehr als genug, aber er wollte doch wissen, was die Leute antworten würden, und so hörte er weiter zu.

»Wir haben hier unseren ersten Anrufer. Debbie aus Laguna Niguel.«

»Mein lieber Mann, Sie haben offenbar nicht die geringste Ahnung, wovon Sie sprechen.« Man konnte der Frau ihre Verbitterung sehr deutlich anmerken. »Die Frau, von der Sie sprechen, ist die Chorleiterin des Kirchenchores, in dem mein Sohn mitsingt. Sie sollten mal von Ihrem hohen Ross heruntersteigen und hier bei uns vorbeikommen. Ich würde Sie sogar persönlich zu einer Chorprobe mitnehmen, damit Sie sich davon überzeugen können, was diese Frau in unsere jungen Leute investiert. Wenn Sie glauben, dass ein Mensch nichts zu geben hat, nur weil er seine Finger nicht benutzen kann, um nach einer Bierdose zu greifen, so wie Sie, dann irren Sie sich gewaltig!«

»Vielen Dank. Sie haben natürlich ein Recht auf Ihre eigene Meinung, aber Sie sind offensichtlich zu sehr persönlich involviert, um sich ein objektives Urteil bilden zu können. Nächster Anrufer. Cathy aus Dana Point.«

»Ich stimme mit der letzten Anruferin absolut überein. Renée hat meine Tochter an der *San Clemente Highschool* unterrichtet, und Sie täten gut daran, ein wenig sorgfältiger zu recherchieren, bevor Sie sich hinters Mikrophon setzen und anfangen, sich so aufzuplustern. Renée war eine der Lieblingslehrerinnen meiner Tochter, weil ihr an jedem einzelnen ihrer Schüler persönlich etwas gelegen war. Sie gibt anderen Menschen trotz ihrer Lähmung mehr als viele von uns, die wir gesund sind.«

Ein Anruf nach dem anderen kam. Elf der zwölf Anrufer waren Freunde und Eltern von ehemaligen Schülern, die eine Lanze für mich brachen und dem Radiomoderator gehörig die Meinung sagten. Nur einer stimmte ihm zu. Dieser voreingenommene und arrogante Moderator hatte uns nie persönlich kennen gelernt und hatte nicht die geringste Vorstellung davon, wie schwer wir uns diese Entscheidung gemacht und wie intensiv wir uns darauf vorbereitet hatten, ein Kind zu bekommen. Er hatte sich nicht einmal die Mühe gemacht vorbeizukommen, um sich einen Eindruck davon zu verschaffen, ob wir wirklich nicht in der Lage waren, ein Kind großzuziehen. Er wusste nur eines und das genügte ihm: Ich war querschnittsgelähmt, und deshalb hatte ich kein Recht darauf, ein Kind zu haben. Ohne jegliche Hintergrundinformation zog er in aller Öffentlichkeit über uns her. Es war ein unbeschreiblicher Schmerz. Mein Vater wischte sich die Tränen ab und fuhr den restlichen Weg nach Hause.

Wir wussten natürlich nur zu gut, dass ich Hilfe brauchte, und so suchten wir uns ein Kindermädchen, das mit uns im Haus lebte. Aurora wohnte etwa ein halbes Jahr bei uns und danach kam sie nur noch tagsüber vorbei. Wir waren immer an erster Stelle auf Daniels Sicherheit bedacht und wollten auf gar keinen Fall etwas falsch machen.

Es war natürlich schwer für mich, dazusitzen und zuzuschauen, wie jemand anderer Daniel badete und ihm die Windeln wechselte. Manch einer ist nun vielleicht geneigt zu sagen: »Mit dem Windelnwechseln ist dir nun wirklich nichts entgangen.« Aber was hätte ich darum gegeben, all diese Dinge selbst für mein Kind tun zu können, so wie jede andere Mutter auch! Aus diesem Grund nahm Danny das mittlere Brett aus dem Wickelregal heraus, sodass ich wenigstens ganz nahe an ihn heranfahren konnte, wenn er gewickelt wurde. So konnte ich mit ihm reden, meine Arme auf den Tisch legen, mit dem Handrücken seine Wange streicheln, ihm Lieder vorsingen und alle möglichen lustigen Geräusche machen, mit denen man kleine Babys zum Lachen bringt.

Praktisch konnte ich natürlich nur sehr wenig für ihn tun, aber ich nutzte jede Gelegenheit, ihm nahe zu sein. Ich wollte, dass er wusste, dass ich seine Mom war und nicht Aurora, oder Janet oder Christi, meine Betreuerinnen. Sie waren ja nur vorübergehend in unserem Haus, und darum war es ganz wichtig für seine Bindungsfähigkeit, dass die Beziehungen zu ihnen immer sekundär blieben. Es war mir ein großes Anliegen, dass Daniel mich als diejenige sah, die immer da war, und dass er sich in meiner Nähe ganz sicher fühlen konnte.

Nach vier Wochen im Krankenhaus waren Michelles Lungen endlich verheilt und das Beatmungsgerät war nicht mehr nötig. Bald schon wurde sie zur Rehabilitation in das *St. John Medical Center* in Fullerton verlegt. Als sie dort jedoch mit den Übungen begann, stellte sie fest, dass ihr linker Arm nicht voll funktionstüchtig war. Die Ärzte in San Diego, die sie kurz nach ihrem Unfall operiert hatten, hatten zwar Metallstangen in den Knochen eingefügt, aber sie hatten sie nicht am Knochen verankert. Infolgedessen waren die Bruchstellen nicht miteinander verbunden und somit auch nicht zusammengeheilt.

In der Rehabilitation sollte Michelle lernen, als *Paraplegikerin* (querschnittsgelähmt ab der Hüfte) zu leben. Doch zu jener Zeit war sie eher eine *Triplegikerin* (gelähmt ab der Hüfte und unfähig, einen der Arme zu nutzen) und konnte Vieles gar nicht üben, das sie eigentlich hätte lernen müssen, wie zum Beispiel alleine aus dem Rollstuhl auf die Toilette oder ins Bett zu kommen.

Ich war hin- und hergerissen. Wenn ich bei Michelle im Krankenhaus war, dann machte ich mir Gedanken, dass ich nicht zu Hause bei Daniel war, und wenn ich daheim war, machte ich mir Vorwürfe, nicht bei Michelle in der Klinik zu sein. Es war zutiefst frustrierend, weil ich nie entspannt und zufrieden sein konnte. Auf einmal sah ich die Hilfe und Zuwendung, die Michelle und Denise mir nach meinem Unfall geschenkt hatten, in einem ganz neuen Licht. Auch sie hatten damals Babys im Alter von acht bzw. neun Monaten zu Hause gehabt.

Was alles noch schwerer machte, war die Erkenntnis, dass ich Michelle im Krankenhaus eigentlich gar nicht wirklich von Nutzen war. Denise war einfach wundervoll. Als Krankenschwester wusste sie, wie sie Michelle helfen konnte, und sie hatte schon auf der Intensivstation viele Nächte bei ihr zugebracht. Denise wusste Bescheid und konnte potenzielle Komplikationen erkennen, bevor sie zum Problem wurden. Sie konnte Michelle auch ganz praktisch helfen, indem sie ihr das Kissen zurechtschob, sie anders lagerte oder ihr das Gesicht wusch. Sie hatte ein Bild davon, was im Krankenhaus abläuft, und wie man etwas erreichen konnte. Und sie hatte Arme und Beine zur Verfügung, sodass sie Michelle besorgen konnte, was auch immer sie gerade brauchte. Ich konnte nur dasitzen. Es war mir weder möglich, die Blumen zu gießen noch die Genesungskarten schön zu arrangieren. Ich konnte ihr nicht die Haare waschen. Ich konnte noch nicht einmal nahe an sie herankommen, um sie zu streicheln oder ihre Hand zu halten.

Manchmal ging ich mit Michelle zur Krankengymnastik und feuerte sie an. Ich sah, wie sie sich mit ihren schlaff herabhängenden Gliedern herumplagte. Diese leblosen Beine – das kam mir nur allzu bekannt vor. Ich wusste, wie schwer es war, sich daran zu gewöhnen, auf einmal so unbeweglich zu sein, und wie sehr einen das frustrierte. So konnte ich mich dieser Situation immer nur für eine begrenzte Zeit aussetzen. Ich wusste nur allzu gut, was sie empfinden musste, und ich hätte schreien können vor Trauer und Wut.

Ich wusste, wie schrecklich einsam sich Michelle jetzt fühlte. Jeder andere konnte einfach zur Türe hinausgehen. Ich erinnere mich noch genau, wie qualvoll es war, im Bett zu liegen und den Freunden und der geliebten Familie hinterher zu schauen. Da ich schon nichts Praktisches für sie tun konnte, wollte ich ihr wenigstens eine emotionale Stütze sein.

Manchmal sagte ich: »Ach Michelle, ich wünschte, ich könnte mehr für dich tun.«

Sie denken vielleicht, dass man so etwas unter Schwestern ohnehin voraussetzen kann, aber ich glaube, dass wir unsere Gedanken und Gefühle vor dem anderen transparent machen müssen. Manchmal gehen wir einfach davon aus, der Andere wüsste schon, wie uns zumute ist, aber ich habe festgestellt, dass wir uns darauf nicht verlassen sollten.

Man sollte annehmen, dass unser gemeinsames Schicksal uns einander näher gebracht hätte, aber so war es nicht, zumindest nicht am Anfang. Sie vertraute mir später an, welche Schuldgefühle es ihr bereitet hätte, sich bei mir auszujammern, obwohl sie im Gegensatz zu mir immerhin noch ihre Arme und Hände gebrauchen konnte.

»Bitte, denke das nicht!«, sagte ich daraufhin zu ihr. »Wenn du gelähmt bist, ist alles immer relativ. Wenn ich meine Hände gebrauchen könnte, würde ich damit hadern, meine Beine nicht mehr zu haben. Gelähmt ist gelähmt und Tatsache ist, dass wir beide im Rollstuhl sitzen. Du brauchst mir gegenüber kein Blatt vor den Mund zu nehmen. Ich verstehe sehr gut, was du empfindest!«

Heute wissen wir beide, dass wir uns voreinander ausheulen dürfen! Doch in diesen ersten Monaten war es sehr sonderbar für uns, wenn wir einander begegneten. Wir wussten einfach nicht so recht, wie wir miteinander umgehen sollten. Ich fühlte mich völlig hilflos. Ich habe meine Lähmung wohl niemals stärker empfunden als zu der Zeit, in der Michelle in der Klinik war.

Die Situation war für mich nahezu unerträglich. Die Gefühle von Wut und Ohnmacht wurden mir in jener Zeit zu engen Vertrauten. Sie gärten Tag und Nacht in mir. Seit meinem Unfall war ich zwar zutiefst frustriert gewesen, aber ich kann ehrlich sagen, dass ich nie wirklich zornig war. Doch nun war Michelle die Betroffene und unsere Familie musste den ganzen Albtraum noch einmal von vorne durchmachen.

Je mehr ich darüber nachgrübelte und je mehr ich mir vor Augen hielt, wie unfair alles war, desto ärgerlicher wurde ich. Ich kochte sozusagen vor Wut. Es überkam mich ein Zorn auf Gott, wie ich ihn noch nie zuvor gekannt hatte. Die Wogen in mir brandeten so hoch, dass es mir richtig Angst machte. Ich stieß Schimpfworte aus wie ein Seemann und hielt ihm drohend die Faust ins Gesicht (im übertragenen Sinne, versteht sich).

Ich klagte Gott an: »Warum hast du das zugelassen? Reichte es nicht, dass einer in unserer Familie gelähmt ist? Du hättest diesen Unfall verhindern können. Du hättest Michelle davor bewahren können, dass sie sich die Wirbelsäule bricht. Warum hast du es nicht getan? Oder ist dir das alles ganz gleichgültig? *Wo bist du?*«

Ich war nicht nur wütend auf Gott, ich war wütend auf alles und jeden um mich herum. Meine Wut verzehrte mich. Es war wie ein Abszess, der sich immer weiter aufblähte, bis er schließlich platzte und die tiefe Wunde offenbarte. Mein Herz war so hart, dass ich auf alles und jeden eindrosch, der seinen Kopf herausstreckte. Nichts war mir recht. Ganz gleich was jemand sagte, es passte mir nicht. Egal welchen Vorschlag jemand machte, ich war dagegen. Ich scheute mich nicht, jedem an die Gurgel zu gehen, der sich mir in den Weg stellte. Ich hatte ein Recht darauf, wütend zu sein, und niemand konnte meinen Zorn besänftigen. Ich ließ meinem Ärger einfach freien Lauf und schon bald war ich so verbittert, dass ich mich in ein unerträgliches Scheusal verwandelte. Ich wusste es, aber es war mir völlig gleichgültig.

Was tut man, wenn man eine solche Wut in sich trägt? Etwa zwei Monate lang ließ ich sie einfach gewähren und weidete mich darin. Schließlich stand es mir ja zu, so zu empfinden, nicht wahr? Das konnte mir doch wohl niemand verwehren, oder?

Irgendwann jedoch kam der Tag des Erwachens. Mike und ich hätten eigentlich um 10:00 Uhr das Haus verlassen müssen. Jeder, der ein kleines Kind hat, kann bezeugen, dass man mit Kindern in diesem Alter fast nie pünktlich aus dem Haus kommt. Wenn dann noch jemand im Rollstuhl mit im Spiel ist, dann wird es ganz und gar unmöglich.

Ich schrie Mike an: »Beeil dich doch endlich! Wir hätten schon vor zehn Minuten im Auto sitzen müssen! Immer kommen wir zu spät! Wenn die Zeit nicht reicht, dann hättest du eben eine Stunde früher aufstehen müssen! Warum können wir nie pünktlich wegkommen? Los, jetzt endlich!«

Mike kam in den Flur und starrte mich an. Wie eine rotzfreche fünfzehnjährige Göre starrte ich zurück. Unsere Blicke begegneten sich und blieben aneinander haften. Einige Sekunden schauten wir uns in die Augen.

Plötzlich fiel mir ein Schleier vom Gesicht und ich konnte erkennen, wie tief ich gesunken war. Die Dinge rückten wieder in die richtige Perspektive. Vor mir stand der Mann, den ich von ganzem Herzen liebte, der Mann, der mich so sehr liebte, dass er mich trotz Rollstuhl geheiratet hatte, der Mann, mit dem ich einen Sohn hatte, der Mann, der sein Bestes gab, um uns alle drei irgendwie aus dem Haus zu bekommen – und schaute mich tief erschüttert und traurig an. Ich hatte ihm gerade eben mit meiner Bosheit ein Messer mitten ins Herz gerammt. Auf einmal sah ich mich mit seinen Augen und es war ein Bild von abgrundtiefer Hässlichkeit.

»Ich seh es ein!«, sagte ich kleinlaut. »Ich seh es ein.« Ich senkte meinen Blick und brach in bittere Tränen aus, gerade dort, mitten im Flur. Ich weinte und weinte vor lauter Scham und Verwirrung.

»O Gott«, schluchzte ich, »ich lasse diese Wut los. Bitte nimm diese Wut von mir und komm mit deinem Frieden. Ich habe doch deinen Frieden die ganze Zeit in mir gehabt. Und jetzt ist er weg! Bitte nimm diesen ganzen Ärger von mir und erfülle mich wieder mit Frieden. Ich lasse das alles los. Schau mich an, Herr! Ich bin einfach völlig am Boden. Ich weiß nicht, was ich machen soll. Alles in mir, jede Faser, ist voller Wut und Bitterkeit.

Aber ich habe so die Nase voll davon! Ich will einfach nicht mehr so gereizt sein. Bitte, nimm diese Gefühle von mir. Herr, ich gebe mein Recht auf, wütend zu sein. Ich übergebe dir jetzt meinen Anspruch darauf. Bitte nimm mir diese Wut und ersetze sie durch deinen Frieden. Bitte vergib mir, dass ich dir nicht vertraut und mich so hässlich benommen habe. Ich schäme mich so. Bitte vergib mir, dass ich mich an Mike vergriffen habe. Herr, bitte hilf mir, dass ich damit aufhören kann, unserer Beziehung Schaden zuzufügen. Bitte reinige mich jetzt von innen her und erfülle mich wieder mit deinem Frieden. Bitte gib mir die Kraft, die ich brauche, um nicht mehr Teil des Problems zu sein, sondern Teil der Lösung. Herr Jesus, ich brauche deinen Frieden.«

Je länger ich betete, desto ruhiger wurde ich. Am Ende war ich fix und fertig. Es ist einfach enorm anstrengend, Gott an die Tiefen seines Herzens heranzulassen. An diesem Morgen hatte ich einen ganz wesentlichen Schritt getan. Ich hatte meinen Ärger willentlich an Gott abgegeben. Als wir in die Garage kamen, sagte ich zu Mike: »Jetzt geht's mir schon viel besser. Ich habe alles herausgelassen. Es tut mir Leid, dass ich so in die Luft gegangen bin. Was denkst du denn jetzt?«

Er nahm mich in den Arm und sagte: »Ich weiß, wie schwer das alles für dich ist. Wir kriegen das schon zusammen hin!«

Meine Gefühle änderten sich nicht im Handumdrehen. Es wurde nicht über Nacht alles anders – es war eher ein allmählicher Prozess. Ich lieferte Gott jeden Tag neu meinen Ärger und meine Wut aus – fünf- oder sechsmal am Tag. Es war ein hartes Stück Arbeit, und es erforderte viel Disziplin. Meine alte Natur wollte immer noch weiter daran festhalten. Schließlich war es ja mein gutes Recht, zornig zu sein. Doch der Heilige Geist gab mir zu verstehen, dass ich meine Wut aufgeben musste, und er schenkte mir immer wieder den Mut und die Kraft dazu.

Etwa zwei Monate später saß ich mit meiner Freundin Linda im Restaurant und wir ließen es uns gut gehen. Plötzlich sagte sie etwas, dass die harte Schale in mir zum Knacken brachte. Ich fing an zu lachen und konnte nicht mehr aufhören. Ich lachte und lachte. Als ich nach einer Weile wieder zur Ruhe kam, merkte ich, was geschehen war. *Du hast es getan, Herr! Du hast meinen Zorn wirklich weggenommen und mich mit deinem Frieden erfüllt!*

Es war mir auf einmal viel leichter zumute. Ich fühlte zum ersten Mal wieder echte Freude und mir war auch klar, wo diese neu gewonnene Freiheit herkam. Gott hatte etwas Übernatürliches in meinem Leben getan. Nie und nimmer hätte ich diesen Teufelskreis der Wut und Bitterkeit in meinem Leben aus eigener Kraft durchbrechen können. Es brauchte eine sanfte Brise des Heiligen Geistes in meiner Seele.

Was in Philipper 4,7 steht, wurde auf einmal in meinem Leben Wirklichkeit: »Und der Friede Gottes, der alles Verstehen übersteigt, wird eure Herzen und eure Gedanken in der Gemeinschaft mit Christus Jesus bewahren.« Ich hatte zwar keine Ahnung, warum ich in diesem Rollstuhl gelandet war, und schon gar nicht, wie gleich zwei Schwestern durch Unfälle, die sieben Jahre auseinander lagen, im Rollstuhl enden konnten. Ich weiß es bis heute nicht! Aber der Friede, der all mein menschliches Verstehen übersteigt, *wird* mein Herz und meine Gedanken bewahren.

Erinnern Sie sich, wie ich damals im Hausflur gebetet und Gott meine Wut ausgeliefert habe? In diesem Moment habe ich gleichzeitig die Tür für Gottes übernatürliche Gelassenheit geöffnet und sie hat meine innere Verwirrung überwunden. Mein Herz und meine Gedanken sind alles, was mir geblieben ist, und ich will nicht, dass irgendjemand außer dem König des Friedens sich daran zu schaffen macht.

Die Wochen vergingen und der Tag nahte, an dem Michelle nach Hause kommen sollte. Die ganze Familie begann mit den nötigen Vorbereitungen. Das Traurige war, dass wir das Ganze nun schon zum zweiten Mal durchmachten. Immerhin konnten wir dabei von den Erfahrungen des letzten Males profitierten und das half uns, wenn auch nur ein klein wenig. Es war schon merkwürdig, wieder mit denselben Firmen Kontakt aufzunehmen, die wir schon damals beauftragt hatten.

Kurz vor dem Unfall hatten sich Doug und Michelle einen neuen Van gekauft. Aus irgendeinem unerfindlichen Grund – hier hatte wohl Gott seine Hände im Spiel – hatten sie sich entschlossen, ein Auto mit Abschleppvorrichtung zu kaufen. Nur unter dieser Voraussetzung konnte der Wagen überhaupt für Rollstuhlfahrer umgebaut werden. Während Michelle noch im Krankenhaus lag, brachte Doug das Auto nach Arizona, wo er eine Rollstuhlrampe anbringen und das Auto behindertengerecht umrüsten ließ. Außerdem baute er eine Rollstuhlrampe zu ihrem Häuschen, das etwas den Hügel hinauf neben dem Haus meiner Eltern gelegen war. Sie waren vor einigen Jahren dorthin gezogen. Doug verbreiterte auch die Türen im Inneren des Hauses und nahm noch eine ganze Reihe von anderen baulichen Veränderungen vor.

Als Michelle Ende Mai nach Hause kam, hatte sie große Angst. Im Rollstuhl war das Leben einfach ganz anders! Wie sollte sie sich jemals umgewöhnen? Was sie am meisten vorantrieb, war der Wunsch, wieder Mutter zu sein. Sie wollte für ihre Familie sorgen und den Haushalt führen, nicht diejenige sein, die ständig die Fürsorge der anderen in Anspruch nehmen musste. Da sie ihren linken Arm noch nicht gebrauchen konnte, war dies anfangs freilich nahezu unmöglich. Es war für sie eine sehr harte Zeit. Wir stellten eine Betreuerin ein, um ihr morgens zu helfen, sich fertig zu machen, und ich – endlich konnte ich mich wenigstens *etwas* nützlich machen – organisierte ein Heer von Freiwilligen, die ihr abwechselnd jeden Tag mit allen möglichen Kleinigkeiten im Haushalt halfen, wie Wäsche zusammenlegen, Kochen oder Betten beziehen.

So wie schon damals bei mir, stellten sich die Leute aus der Gemeinde und dem Ort in vorbildlicher Weise hinter Michelle. Sie organisierten zwei Wohltätigkeitsveranstaltungen, um bei der Finanzierung der häuslichen Pflege zu helfen, und sie richteten ein Postfach ein, an das die Leute ihre Spenden schicken konnten. Ironischerweise war es dieselbe Postfachnummer, die ich seinerzeit auch gehabt hatte. Unsere Familie wird niemals vergessen, was diese vielen Menschen für uns getan haben, indem sie uns ihre Zeit, ihre Hilfe und ihr Geld so großzügig zur Verfügung stellten. Sie haben uns nicht nur in finanzieller Hinsicht geholfen, sie waren uns auch emotional und moralisch eine entscheidende Stütze – mehr als sie jemals ahnen können.

Auch Michelles Jungen waren unschlagbar. Der Rollstuhl störte sie überhaupt nicht weiter, so froh waren sie, ihre Mom endlich wieder zu haben. Vermutlich waren sie den Anblick eines Rollstuhls durch mich schon so gewöhnt, dass sie gar keinen Anstoß mehr daran nahmen. Eines der Dinge, das Michelle am schwersten fiel, war die Tatsache, dass sie sich nun nicht mehr mit ihnen aufs Bett setzen konnte, um ihnen ihre Gute-Nacht-Geschichte vorzulesen. So entwickelten sie ein neues Abendritual. Doug brachte zuerst Michelle ins Bett und dann kamen die Jungen zu ihr, um sich ihre Gute-Nacht-Küsschen abzuholen.

Nun schien es am Vordringlichsten, dass Michelles Arm möglichst bald noch einmal operiert wurde. Mit Denise als fachlich versierter Ratgeberin an ihrer Seite, konsultierte sie drei Chirurgen. Erst beim dritten hatten wir ein gutes Gefühl. Er war ein Armspezialist, der diese Operation nicht erst ein dutzend Mal durchgeführt hatte, so wie die anderen beiden Chirurgen, sondern bereits 160 Mal. Er brachte eine Platte an, ohne den Radialnerv zu beschädigen, der die Funktion des Handgelenks steuert. Die Operation war ein voller Erfolg und nach einer zweimonatigen Rekonvaleszenz konnte sie mit der Krankengymnastik beginnen.

Sie entschloss sich, zum selben Krankengymnasten zu gehen wie ich, zu Jim D'Agostino in Oceanside. Durch die monatelange Bewegungseinschränkung war ihre Schulter steif geworden. Es lag also ein hartes Stück Arbeit vor ihr. Die ersten Termine waren sehr schmerzhaft. Jim war ein hervorragender Krankengymnast, aber er nahm seine Patienten hart ran. Doch Michelle ließ sich nicht abschrecken, sie arbeitete mit großem Engagement mit und ergriff jede Chance, die sich bot, um weiterzukommen, damit ihr Leben als Ehefrau und Mutter wieder so normal wie irgend möglich sein konnte. Sie war nicht aufzuhalten.

Anfangs ließ sie sich von Freunden dreimal in der Woche zur Gymnastik fahren. Eines Tages jedoch, als sie am Telefon saß und überlegte, wen sie nun anrufen sollte, kam ihr der Gedanke: *Warum soll ich eigentlich jemand anderen damit belasten? Mein Auto ist doch behindertengerecht. Ich fahre einfach selbst. Das kann doch nicht allzu schwer sein!* Und das tat sie. Sie fuhr die ganze Strecke über die Autobahn nach Oceanside. Ironischerweise sagte Jim ihr genau an diesem Tag: »Irgendwann demnächst müssen wir uns mal zusammen daran machen, dass Sie wieder Autofahren lernen, damit Sie alleine herkommen können.«

Michelle lachte: »Zu spät. Ich bin heute schon selbst gefahren!«

»Ach was? Na das ist ja toll! Wie ist es denn gegangen?«

»Es ist an sich überhaupt nicht schwer. Ich muss mich nur sehr konzentrieren und kann natürlich während ich fahre keine Cola trinken oder telefonieren, weil ich ja beide Hände brauche!« Das ist typisch für Michelle. Es gibt einfach nichts, an das sie sich nicht herantrauen würde.

Zur selben Zeit nahmen drei verschiedene Anwälte Kontakt zu Michelle und Doug auf und legten ihnen nahe, Honda als Hersteller des Quad, mit dem Michelle verunglückt war, zu verklagen. Sie hatten alle denselben Plan. Der Hersteller würde aller Voraussicht nach einen außergerichtlichen Vergleich anstreben, nur um sie loszuwerden und negative Publicity zu vermeiden. In diesem Falle konnten Michelle und Doug bis zu zwei Millionen Dollar als Vergleichssumme erwarten. So verlockend der Gedanke natürlich war, auf diese Weise zu einem Vermögen zu kommen, vor allem angesichts der Löcher, die Michelles Behinderung in ihren Geldbeutel riss, haben die beiden einen solchen Weg doch niemals ernsthaft erwogen.

Michelle wusste, dass der Unfall nicht dem Hersteller anzulasten war, sondern dass sie selbst die Situation falsch eingeschätzt hatte, als sie versuchte, quer zur Sandlawine zu lenken. Das Fahrzeug hatte einwandfrei funktioniert. Michelle und Doug waren der festen Überzeugung, dass es falsch wäre, Geld zu fordern, das ihnen gar nicht zustand, und so verzichteten sie auf die Angebote. Ihr Charakter war einfach nicht käuflich.

In jenem Sommer brütete Mike eines Abends über unseren Finanzen. Plötzlich meinte er: »Übrigens, das Konto, von dem wir deine häusliche Pflege bezahlen, geht langsam aber sicher gegen Null. Wie wäre es, wenn du eine neue CD produzierst?«

Die Nachfrage nach *Inner Voice* hatte zwar alle unsere Erwartungen übertroffen, aber inzwischen war das Interesse abgeebbt. Ich bekam Anfragen, um Konzerte zu geben, aber mit unserem neugeborenen Baby und Michelles Unfall war vor Anfang des folgenden Jahres nicht daran zu denken. Weil jeder, den ich kannte, und der sich für die CD interessierte, sie schon gekauft hatte und im Moment keine neuen Konzerte drin waren, waren die Einkünfte aus dem Verkauf der CDs auf absehbare Zeit mager.

»Natürlich. Wer sollte schon ernsthaftes Interesse daran haben, noch eine zweite CD von mir zu kaufen? Außerdem wäre es äußerst merkwürdig, mich gerade jetzt ins Studio zu verdrücken, wo Michelle eine so schwierige Zeit durchmacht. Ich möchte verfügbar sein, um ihr zu helfen.« Ich stockte einen Moment und sagte schließlich: »Als ob ich irgendetwas für sie tun könnte.«

In den kommenden Wochen dachte ich über die ganze Situation nach und betete darüber. Ich konnte in der Tat keinen Grund finden, warum ich nicht an einer neuen CD arbeiten sollte, außer dass es einfach sonderbar schien. *Wie kann ich an einer neuen Produktion arbeiten, während Michelle sich gerade daran gewöhnen muss, querschnittsgelähmt zu sein? Auf der anderen Seite könnte ich ihr dadurch vielleicht eine Gelegenheit eröffnen, sich an etwas zu freuen, weil sie und Denise wieder mit mir singen würden. Sie könnte alle unsere Musikerfreunde einmal wieder sehen und ein paar Tage im Studio verbringen. Außerdem könnte sie an etwas mitarbeiten, was ihr das Gefühl gibt, produktiv zu sein. Vielleicht würde es ihr ja sogar gut tun.*

Ich dachte daran, auch dieses Mal wieder ein Konzert zu geben, wenn die CD herauskam. Michelle und Denise würden zusammen mit mir auf der Bühne sein, wir hätten Spaß und es würde allen Beteiligten gut tun. Es war schon ein wenig komisch, eine gute Balance zu finden zwischen einem einfühlsamen Umgang mit Michelles Verlust und der notwendigen Erkenntnis, dass das Leben trotz allem weitergehen musste. So merkwürdig die Sache anmutete, wir beide brauchten Geld für unsere häusliche Pflege, und so entschlossen wir uns, die Sache anzupacken.

Ich begann damit, die Musik für die Produktion zusammenzustellen und einige der Stücke neu zu arrangieren, um ihnen einen etwas anderen Touch oder einen funkigeren Rhythmus zu geben. Der nächste Schritt war, Musiker für eine Band zu verpflichten. Die Proben fanden einmal wöchentlich bei uns zu Hause statt. Auch Michelle und Denise kamen dazu. Es war in etwa dieselbe Gruppe, wie schon damals bei den Aufnahmen für *Inner Voice*. Wir alle kannten uns schon gut und es machte viel Spaß, auf diese Weise Zeit miteinander zu verbringen und vor allem natürlich, Musik zusammen zu machen. Wir lachten viel!

Die Studioaufnahmen für *Strength for the Journey* waren sehr anstrengend. Es waren zwei Wochen konzentrierter und harter Arbeit. Daniel war gerade fünf Monate alt und wir reichten ihn im Studio immer vom einen zum anderen weiter. Wenn wir alle beschäftigt waren, übernahm Janet, meine Betreuerin, den Kleinen. Jim May hatte gerade alle Hände voll mit einer Show in New York zu tun und außerdem ging es seiner Mutter gesundheitlich nicht gut. So hielt ich ihn weitgehend aus der Produktion heraus. Dennoch ließ er es sich nicht nehmen, zu uns zu stoßen, um bei dem einen oder anderen Lied mitzuspielen.

In gewisser Hinsicht war es dieses Mal einfacher. Ich hatte alles schon einmal gemacht, ich wusste, wie der Betrieb in einem Tonstudio läuft, und außerdem war meine Stimme inzwischen kräftiger. Während *Inner Voice* hauptsächlich Lieder enthält, bei denen es um Hoffnung geht, waren die Titel für *Strength for the Journey* vor allem darauf ausgerichtet, die Hörer zu ermutigen, in schwierigen Zeiten durchzuhalten und weiterzugehen. Beide Produktionen sind ein Spiegelbild meiner jeweiligen Situation zum Zeitpunkt der Aufnahme.

Für die Premiere der CD planten wir ein Straßenkonzert auf einem Platz in San Juan Capistrano, Anfang Dezember. Selbst in Südkalifornien ist das nicht ganz ohne Risiko. Die Jugendgruppe in der Gemeinde half uns, die Bühne und die Anlage aufzubauen. Die Einnahmen sollten Michelle und mir zur Finanzierung unserer Pflege zugute kommen.

Den ersten Teil des Konzertes bestritt ich alleine und gegen Ende kam Denise zusammen mit Michelle im Rollstuhl auf die Bühne. Im Publikum wurde es auf einmal ganz still. Der Anblick von zwei Schwestern im Rollstuhl war für viele offenbar ein wenig schwer zu fassen.

Denise stand ein paar Sekunden da und meinte dann scherzhaft: »Tja, ich denke, dann hole ich mir auch mal einen Stuhl!« Alles lachte, und das Eis war gebrochen.

Wie wir so auf der Bühne saßen und miteinander sangen und lachten und den Augenblick genossen, schaute ich zu meinen beiden Schwestern hinüber. Plötzlich musste ich daran denken, wie wir als Kinder alle drei miteinander ausgeritten waren, wie wir mit dem Rucksack durch Europa reisten, an unsere Hochzeiten und die Phase, als Michelle und Denise mich im Krankenhaus pflegten und an den Tag, an dem Michelle mir jubelnd auf den Schoß sprang und Denise vor Freude die Arme hoch riss, als sie erfuhren, dass ich schwanger war. Nun saßen zwei von uns im Rollstuhl und nur Denise stand noch auf ihren Beinen. Das letzte Jahr zog an mir vorbei, mit der Geburt von Daniel und Michelles Unfall, und ich dachte, wie zerbrechlich das Leben doch ist. Alles kann sich von einem Moment auf den anderen radikal ändern.

Während wir sangen, sah ich Michelle lächeln, und mir wurde bewusst, welche Abgründe sie durchgemacht hatte. Mein Blick fiel auf Denises strahlendes Gesicht und mein Herz ging über vor Liebe zu ihr, weil sie so treu war und ein so dienendes Herz hatte. Sie wusste einfach immer, was zu tun war und wie man es am besten anpackte. Sie war stets bereit, die Ärmel hochzukrempeln und anzupacken, egal, was es sie selbst kostete. Noch nie ist mir ein Mensch begegnet, der so bereit ist, zu geben, wie Denise. Dieser Moment war eines jener Gipfelerlebnisse, wo plötzlich alles glasklar vor einem zu stehen scheint und man am liebsten für immer dort verweilen möchte.

Wir hatten das Monster zum zweiten Mal besiegt. Es hatte all seine Macht aufgeboten, aber durch die Kraft Gottes, durch unsere Liebe füreinander und die Liebe unserer Familie, hatten wir es einmal mehr in die Flucht geschlagen. Das Jahr 1995 neigte sich dem Ende zu. Es war in vieler Hinsicht ein absoluter Höhepunkt gewesen. Am Horizont begann sich ein neues Jahr abzuzeichnen – wie immer ein symbolischer Neubeginn. Wir hatten alle die Zuversicht – als Familie und auch jeder für sich –, dass wir die nötige Kraft für den Weg haben würden. Gemeinsam machten wir wieder Musik, die sich hören ließ.

Wieder auf den Beinen

Das Jahr 1996 begann und der Alltag nahm allmählich wieder seinen normalen Lauf. Im Jahr davor, in dem ich ja pausiert hatte, war ich immer wieder für Konzerte angefragt worden. Wir hatten den 1. Januar als Termin festgesetzt, ab dem ich wieder verfügbar sein würde, und so hatte ich Anfang 1996 einen acht Monate alten Sohn und einen ziemlich vollen Terminkalender.

Mike und ich hatten schon vorhergesehen, was da auf uns zukommen würde und so hatten wir einen großen Glaubensschritt gewagt und eine Sekretärin eingestellt, um mir zur Hand zu gehen. Ich brauchte dringend Hilfe. Ich konnte zwar über den Lautsprecher Telefonanrufe entgegennehmen, aber ich konnte mir keine brauchbaren Notizen machen. Wir brauchten jemanden, der meine Terminabstimmung übernahm, der den CD- und Kassettenversand machen und das Telefon beantworten konnte. Es war ein gewagter Sprung. Neben meiner Pflegerin hatten wir nun auch noch eine Bürokraft zu bezahlen. Es führte kein Weg an diesem Schritt vorbei, aber allein der Gedanke trieb uns Schweißperlen auf die Stirn! Doch wie immer hatte Gott schon für alles vorgesorgt.

Als die Entscheidung gefallen war, eine Bürokraft einzustellen, sagte ich Mike: »Fast noch mehr als eine professionelle Sekretärin brauche ich jemanden, der mich persönlich kennt – jemanden, der einschätzen kann, was ich brauche, wenn ich irgendwo auswärts hinfahre, und der den Veranstaltern genaue Instruktionen geben kann. Am besten wäre jemand, der schon einmal mit mir auf Reisen gewesen ist.«

Mike antwortete als typischer Geschäftsmann: »Sicher, aber wir brauchen auch jemanden, der weiß, wie man ein Büro führt, und der etwas von Buchhaltung versteht. Außerdem muss die betreffende Person Werbematerial und diverse Unterlagen gestalten und unsere Internet-Homepage auf dem neuesten Stand halten. Es muss eine Sekretärin mit gutem Organisationstalent sein.«

»Stimmt«, antwortete ich. »Aber ich denke, es ist einfacher, einer Betreuerin, die in häuslicher Krankenpflege versiert ist, die geschäftliche Seite beizubringen als einer Sekretärin meine besonderen Bedürfnisse zu vermitteln. Ich brauche jemanden, der vorausdenken und alles gut vorbereiten kann, damit es unterwegs und beim Konzert keine Probleme gibt. Ich muss mich einfach darauf verlassen können, dass die äußerlichen Bedingungen bei dieser Person in guten Händen sind, sodass ich den Rücken frei habe, um mich auf die Auftritte konzentrieren zu können.«

Plötzlich kam mir eine Idee: Meine damalige Wochenendbetreuerin schien wie geschaffen für den Job. »Wie wäre es mit Deborah?«, fragte ich Mike.

»Ich könnte mir gut vorstellen, dass sie geeignet wäre, aber ich dachte, sie wollte nur einen Teilzeitjob.«

»Fragen wir sie doch einfach und sehen, was sie sagt. Wenn sie nicht will, können wir ja weitersuchen. Aber Deborah könnte ich mir wirklich gut vorstellen.«

Als Deborah am darauf folgenden Samstag kam, sprach ich mit ihr über die Arbeit, und ihre Augen begannen sofort zu leuchten. In ihrem Leben hatten sich einige Veränderungen ergeben, sodass sie eigentlich mehr Geld brauchte, und so hatte sie bereits widerwillig erwogen, sich einen Ganztagsjob zu suchen. Wir besprachen ihre neuen Verantwortlichkeiten, erstellten ein Tätigkeitsprofil und es war abgemachte Sache. Deborah war eine Gebetserhörung für mich und ich war eine Gebetserhörung für sie. Wie schon gesagt: Gott hatte alles bestens vorbereitet.

1996 war ein sehr volles Jahr. Im Durchschnitt hatte ich sieben Veranstaltungen pro Monat. Ich war als Rednerin in diversen Gemeinden eingeladen – sowohl katholische als auch protestantische Gemeinden aller möglichen Couleur waren darunter, von presbyterianisch über lutherisch, baptistisch bis hin zu pfingstlerisch. Zum Teil waren es Konzerte, oft aber auch Vorträge an Schulen, Universitäten, auf Frauenfreizeiten und Wohltätigkeitsveranstaltungen. Außerdem war ich wieder zur *Hour of Power* in der *Crystal Cathedral*.

Während eines Jugendkongresses im *Anaheim Convention Center* im Frühling, hatte ich auch eines meiner ersten Konzerte vor einem richtig großen Publikum. Das war ein ganz besonderer Tag, den ich nie vergessen werde. Als ich auf die Bühne fuhr, wurde der Anfang von meinem Lied *Dream High* (Träume groß) gespielt und ich erinnere mich noch gut daran, wie ich nach oben schaute, Gott entgegen strahlte und im Stillen betete: »Herr, es ist wirklich erstaunlich, wie du die ganze Situation in die Hand genommen und zum Guten gewendet hast.«

Ich konnte von Tag zu Tag besser verstehen, was Gott damals im Krankenhaus gemeint hatte, als er mir die Worte *Be Not Afraid* (Hab keine Furcht) zuflüsterte und mir zusagte, dass ich mich auf Adlers Flügeln erheben würde. Auch die Bedeutung von Römer 8,28 verstand ich nun besser: »Wir wissen, dass Gott bei denen, die ihn lieben, alles zum Guten führt, bei denen, die nach seinem ewigen Plan berufen sind.«

Mein Auftritt an jenem Tag ist mir bis heute in wunderbarer Erinnerung geblieben. Während ich *Dream High* sang, tanzte eine hundertköpfige Jugendtanzgruppe durch die ganze Halle. Es war – bitte verzeihen Sie das Wortspiel –, ein überaus bewegender Ausdruckstanz mit einer phantastischen Choreographie. Ich war einfach begeistert über solch eine wunderschöne Form der Anbetung.

Nachdem ich mit ein paar kurzen Worten meine Geschichte erzählt hatte, schloss ich mit *Firm Foundation* (Festes Fundament). Die Tanzgruppe tanzte und zehntausend Jugendliche klatschten und sangen den Text mit. Der Saal bebte! Von der Bühne sah es fast wie ein impressionistisches Gemälde aus – ein Meer von Gesichtern, die im Einzelnen nicht zu erkennen waren. Ich sah nur eine große Menschenmasse, Gott jedoch sah jeden Einzelnen und kannte jedes Herz. Zehntausend Jugendliche im Lobpreis, für mich klang das fast wie ein Chor von zehntausend

Engeln, und ich glaube, dass Gott sich sehr darüber freute. Ich empfand es als ein ungeheures Geschenk, an einem solch gewaltigen Lobpreisgottesdienst teilnehmen zu können.

Seit jener Konferenz hat Gott meine Arbeit so sehr expandieren lassen, dass es alle meine Erwartungen bei weitem überstieg. Eines Tages kam ich von einer Einladung zu einem Mittagessen zurück, als Deborah sagte: »Renée, es hat jemand von Christopher Reeves Organisation angerufen, du sollst sie so schnell wie möglich zurückrufen.«

»Christopher Reeve? Für mich? Was wollte er denn?«

»Keine Ahnung. Das hat seine Sekretärin nicht gesagt. Ich habe dir die Nummer neben dein Telefon gelegt. Bis morgen dann!«

Christopher Reeve? Na so was! Weshalb sollte er mich anrufen? Ich konnte es kaum erwarten zu hören, was er wollte und ging gleich ins Büro, um ihn zurückzurufen.

Ich sprach mit Christopher Reeves Manager und er lud mich ein, Ende Oktober bei einer Veranstaltung im *Madison Square Garden* in New York die amerikanische Nationalhymne zu singen. Ich hatte zwar keine Ahnung, wie er ausgerechnet auf mich gekommen war, aber das war in diesem Augenblick auch gar nicht wichtig. Ich nahm die Einladung nur zu gerne an.

Sechs Wochen später waren Deborah und ich auf dem Weg nach New York, wo ich auf dem Benefizkonzert der *Reeve-Irvine Stiftung* auftrat (Um Missverständnissen vorzubeugen: Das war noch, bevor die Stiftung die Heranziehung menschlicher Föten zur Stammzellenforschung unterstützte). Im *Madison Square Garden* auftreten zu können, war für mich etwas ganz Besonderes. Ich war aus mehreren Gründen nervös. Zum einen war Deborah noch nie zuvor in New York gewesen, zum anderen war ich das erste Mal ohne Mike unterwegs. Alle Verantwortung würde also auf Deborah lasten – die ganzen Formalitäten und die Abfertigung am Flughafen, das Anmieten eines behindertengerechten Autos, der Transfer zum Hotel und von dort aus auf die Bühne im *Madison Square Garden* – und alles rechtzeitig. Und nicht nur das, sie musste auch meine Pflege ganz ohne jede

Unterstützung übernehmen. Es war für uns beide eine ganz schöne Hürde.

Wir landeten gegen 8:00 Uhr abends auf dem John F. Kennedy Flughafen. Deborah hievte mich vom Sitz im Flugzeug in den Rollstuhl und brachte mich aus dem Flugzeug, während das Flughafenpersonal meinen Akku-Rollstuhl hinaufbrachte. Dann begann Deborah damit, den Stuhl zu montieren. Sie setzte die Antriebseinheit ins Gehäuse, brachte die Fußstützen an, legte das Kissen in den Sitz und hängte den Rucksack an die Rückenlehne. Sie mühte sich ab, die Sitzfläche unter dem Kissen plan hinzulegen. Zuerst dachte ich, es läge vielleicht daran, dass sie noch nicht geübt genug war, meinen Rollstuhl komplett zu montieren. Doch je länger ich mir die Sache betrachtete, desto mehr kam ich zu der Überzeugung, dass etwas nicht stimmte.

»Wisst ihr was?«, sagte ich schließlich, »so Leid es mir tut, aber der Rahmen von meinem Rollstuhl ist verzogen! Schau mal, Deborah, die Streben, die sich unter dem Sitz überkreuzen, sind ganz schief!«

Deborah und die Leute vom Flughafenpersonal betrachteten sich den Rollstuhl von allen Seiten. »Jawohl, Sie haben Recht!«, stellten sie nach einer Weile fest. »Der Stuhl ist tatsächlich verbogen!«

Schließlich stellte sich heraus, dass auch der Elektroantrieb nur unzulänglich funktionierte. Wie man uns erklärte, war der Stuhl beim Entladen aus dem Flugzeug versehentlich von der Rampe gestürzt. Das war natürlich eine ziemliche Pleite. Wie sollte ich bei einer Veranstaltung singen, wenn ich auf einem schiefen Stuhl saß. Selbst unter optimalen Bedingungen war es für mich nicht ganz einfach, die hohen Töne der Nationalhymne zu treffen. Ich konnte unmöglich ausreichend Druck aus dem Bauch aufbauen, wenn ich krumm und schief dasaß.

Die Fluggesellschaft bot an, mir für die Dauer meines Aufenthalts einen manuellen Rollstuhl auszuleihen und den defekten Stuhl reparieren zu lassen.

»Tut mir schrecklich Leid«, sagte ich abermals, »aber damit ist mir leider nicht geholfen. Ich will die Sache wirklich nicht unnötig kompliziert machen, aber Sie müssen sich ein bisschen in meine Lage versetzen. Bei einem normalen manuellen Rollstuhl hängen die Sitzfläche und die Rückenlehne durch. Dadurch sitze ich ein bisschen nach vorne geneigt, und die Atmung ist behindert. So kann ich einfach nicht singen. Ich habe so wenig Kontrolle über meine Muskulatur, dass ich mich nicht aufrecht hinsetzen kann, wenn die Sitzfläche und die Rückenlehne nicht ganz starr sind. Es tut mir wirklich sehr Leid, aber der Stuhl muss schnellstmöglich in Ordnung gebracht werden.«

Schließlich kamen wir überein, dass Deborah mich mit dem defekten Stuhl ins Hotel bringen würde. Die Fluggesellschaft wollte in der Zwischenzeit einen Techniker aus Philadelphia einfliegen lassen, der zu uns ins Hotel käme, um den Stuhl noch während der Nacht zu reparieren. Gab es denn keinen geeigneten Kundendienst in New York?

Arme Deborah! Da saßen wir nun abends in New York, mit einem Haufen Gepäck und einem defekten Rollstuhl. Wann immer der Strom ausfiel, musste sie mich schieben, und der akkugetriebene Rollstuhl ist an sich schon schwer genug. Mit mir zusammen war das Gewicht ausreichend, um Deborah ganz schön ins Schwitzen zu bringen, bis wir endlich gegen 23.00 Uhr unser Hotelzimmer erreichten. Sie brachte mich ins Bett und legte sich auch ein wenig hin, während sie darauf wartete, dass der Mechaniker kam.

Gegen 2:00 Uhr morgens klingelte das Telefon. Der Mann vom Kundendienst war unten. Was nun? Sollten wir mitten in der Nacht einen völlig fremden Mann ins Hotelzimmer lassen? Und wenn ja, wie sollte ich schlafen können, während neben mir jemand auf dem Rollstuhl herumhämmerte? Von welcher Seite man die Sache auch betrachtete, es war keine gute Lösung, den Techniker hier oben arbeiten zu lassen. So brachte Deborah ihm den Stuhl nach unten, ließ sich den Namen des Mitarbeiters geben und kam wieder hinauf. Als er fertig war, sagte er, er habe zwar das Problem mit dem Elektroantrieb gelöst, am verzogenen Rahmen könne er jedoch nichts machen.

Da wir noch nie in New York gewesen waren, wussten wir nicht, dass der *Madison Square Garden* einen Chauffeurservice anbietet, der einen direkt zum Bühneneingang bringt. So fuhren wir selbst mit dem behindertengerechten Van, den wir gemietet hatten. Überall waren Taxis und sie fuhren tatsächlich so rücksichtslos, wie man es in den schlimmsten Erzählungen über New York immer wieder hört. Mehrmals wurden wir geschnitten oder wüst beschimpft. Wir staunten nur so, als ein LKW-Fahrer direkt vor uns einfach auf offener Straße anhielt, ausstieg und wutentbrannt auf die andere Straßenseite hinüberstampfte, wo er sich mit einem Taxifahrer Nase an Nase ein Wortgefecht lieferte. Es war wie im Film! Wir fühlten uns völlig fehl am Platz!

Schließlich hatten wir uns auch noch völlig verfahren und als wir endlich ankamen, fanden wir natürlich keinen Parkplatz. Deborah konnte mich auch nicht einfach so aus dem Auto lassen, weil (wer hätte es auch anders erwartet?) der wunderbare Techniker aus Philadelphia den Antrieb eben nicht in Ordnung gebracht hatte. Nach wie vor blieb der Stuhl zwischendurch einfach immer wieder stehen.

Als wir uns schließlich zurechtgefunden hatten und das Auto geparkt war, war der Akku völlig ausgefallen, sodass die arme Deborah mich die Rampe hinaufschieben musste. Und all dies für ganze neunzig Sekunden auf der Bühne. Doch, Gott sei Dank, ging alles glatt – trotz verbogenem Rollstuhl und aller sonstigen Hindernisse. Niemals hätte ich mir träumen lassen, dass ich einmal ein Solo im *Madison Square Garden* singen würde. In meinen Augen war das all den Ärger wert, selbst den kaputten Rollstuhl.

Trotz des defekten Stuhls flogen wir von New York aus noch nach Grand Forks (North Dakota), wo ich in zwei verschiedenen Gemeinden auftreten sollte. Als ob der Kontrast zwischen New York und Grand Forks nicht schon groß genug gewesen wäre, tauschten wir auch noch das Marriot Hotel gegen ein Erholungsheim auf dem Lande ein. Es sah auf den ersten Blick nicht nach einem sonderlich günstigen Tausch aus, doch wie immer hatte Gott etwas Gutes im Sinn. Als wir ankamen, fragte ich die Frau am Empfang, ob sie nicht jemanden wüsste, der meinen Rollstuhl wieder flott bekommen könnte.

Sie versprach mir, sich darum zu kümmern. Ich rollte hinunter in den kleinen Friseursalon, der zum Erholungsheim gehörte, um mir die Haare waschen zu lassen. Als ich gerade trocken geföhnt wurde, kam ein kleiner älterer Herr mit einer Werkzeugtasche herein. Es war der Hausmeister. Er bückte sich und warf einen Blick auf den defekten Antrieb.

»Na, das haben wir gleich«, murmelte er und machte sich an die Arbeit. Nach einer Viertelstunde war das Elektroaggregat repariert und der Stuhl fuhr wieder einwandfrei.

Wer hätte das gedacht? Weder in New York noch in Philadelphia war es möglich, jemanden zu finden, der mir meinen Rollstuhl wieder in Ordnung bringen konnte. Dazu mussten wir erst in ein Erholungsheim nach Grand Forks kommen. Gott hat wirklich ganz schön Humor!

Eine wichtige Begegnung für mich war die mit Kay Warren, der Frau von Rick Warren, des Pastors der *Saddleback Community Church*. Sie rief mich an und fragte, ob ich bereit wäre, mich einmal mit ihr und der Leiterin der Frauenarbeit ihrer Gemeinde zu treffen. Sie waren auf der Suche nach einer Gastrednerin für ihre Frauenfreizeit. Ich lud sie zu mir nach Hause ein. Wir plauderten etwa eine Stunde miteinander und sie stellten mir eine Vielzahl von Fragen, um mich ein wenig näher kennen zu lernen und eine Vorstellung davon zu bekommen, ob ich für ihre Konferenz geeignet wäre.

»Zum Abschluss haben wir nur noch eine Frage an Sie«, meinte Kay. »Zu welcher Gemeinde gehören Sie denn eigentlich?« Es klang eigentlich wie eine ganz harmlose Frage, doch für mich war diese Frage immer mit großen Ängsten verbunden. Ich war schon viel herumgekommen und hatte in allen möglichen Gemeinden Konzerte gegeben. Es war mir nicht entgangen, dass viele Leute in katholischen ebenso wie in protestantischen Gemeinden zwischen Christen und Katholiken eine Linie ziehen.

Nach Konzerten kam es von Zeit zu Zeit vor, dass jemand auf mich zukam und meinte: »Ich bin ja ganz überrascht, dass Sie katholisch sind, Sie klingen eigentlich ganz evangelikal.«

Im Gegenzug gibt es unter Katholiken Leute, die auf die Frage »Sind sie Christ?«, antworten: »Ich bin katholisch.« Leider gibt es da auf beiden Seiten viel Verwirrung, sei es durch Fehlinformation, Gedankenlosigkeit oder einfach durch Vorurteile.

Die Wahrheit ist, dass sowohl Katholiken als auch Protestanten gleichermaßen unter dem Dach der christlichen Kirchen rangieren, weil sie glauben und verkünden, dass Erlösung einzig und allein durch Jesus Christus kommt. Jeder Mensch, sei er nun Katholik oder Protestant, der für sich persönlich angenommen hat, dass Jesus Christus für seine Sünde gestorben und auferstanden ist, der ist Christ. Da ich jedoch nur allzu gut wusste, dass viele protestantische Christen an meiner Zugehörigkeit zur katholischen Kirche Anstoß nahmen, zuckte ich innerlich zusammen, als Kay die Frage aufwarf.

So ungern ich es zugebe, aber einen Augenblick lang spürte ich, wie mich das *Petrus Syndrom* befallen wollte und ich geneigt war, meinen katholischen Hintergrund zu verleugnen, oder doch zumindest herunterzuspielen. Doch ich war mir sofort darüber klar, dass ich das auf keinen Fall tun konnte. Ich würde mich niemals den Vorurteilen eines anderen beugen und die Kirche verraten, die mich zu einem lebendigen Glauben an Jesus Christus gebracht hat.

»Jesus, bitte stelle dich zu dem, was ich jetzt sage«, betete ich im Stillen.

Ich holte tief Luft, lächelte und sagte: »Ich gehöre zur *Mission San Capistrano*, der katholischen Gemeinde hier in der Stadt.«

Die beiden seufzten vor Erleichterung. »Das ist gut!«

»Ja?« Mit dieser Reaktion hatte ich irgendwie nicht gerechnet und fragte nun doch noch einmal nach: »Jetzt bin ich aber ein bisschen neugierig, warum Sie das wissen wollten.«

»Weil viele Leute, die so viel unterwegs sind wie Sie, häufig so erschöpft sind, wenn sie nach Hause kommen, dass sie gar keine christliche Gemeinschaft mehr suchen. Diese Menschen vergessen völlig, dass sie selbst auch geistliche Nahrung brauchen und leben in ihrem Glauben völlig auf sich gestellt. Wir sind davon überzeugt, dass es sehr wichtig ist, sich als Christ immer auch selbst dienen zu lassen.«

Dem konnte ich nur aus vollem Herzen zustimmen: »Das ist wahr. Ich bin unterwegs schon in den unterschiedlichsten Gemeinden gewesen und es ist immer wieder sehr faszinierend, verschiedene Schwerpunkte und Prägungen zu erleben, aber ich freue mich stets, in die *Mission* nach Hause zu kommen.«

Am Ende unseres ersten Treffens hatten Kay und ich Vertrauen zueinander gefasst und wir begannen damit, uns darüber Gedanken zu machen, worin während der Frauenfreizeit meine Aufgabe bestehen sollte. Einige Monate später stieß ich am Samstagabend zum Frauentreffen der *Saddleback Valley*-Frauen dazu. Es war bereits das Ende des zweiten Tages der Freizeit und ich sollte eineinhalb Stunden darüber Zeugnis ablegen, was Gott im Leben eines Menschen tun kann. Wir lachten und weinten und wir sangen und tanzten miteinander. Es lief so gut, dass wir die Aufnahme dieses Vortrags unter dem Titel *Back on My Feet Again!* (Wieder auf den Füßen) veröffentlichten.

Ein weiteres unvergessliches Erlebnis war es, als ich zum ersten Mal mit Joni Eareckson Tada an einer *Joni and Friends*-Benefizveranstaltung teilnahm. Das Treffen diente dazu, Jonis Hilfswerk für Behinderte bekannt zu machen und Spenden für ihre Arbeit zu sammeln. Die Veranstaltung fand in Oakland (Kalifornien) statt; Joni war die Rednerin und ich sollte singen.

Am Tag der Veranstaltung saßen Deborah und ich mit Joni, ihrer Mutter und ihrer Assistentin zusammen. Joni war fast wie ein Spiegelbild für mich. Sie ist seit ihrem Badeunfall im Jahre 1967 querschnittsgelähmt und ihre körperlichen Funktionseinschränkungen sind mit meinen fast identisch. Sie ist wirklich eine außergewöhnliche Frau und eine ganz ausgezeichnete Bibellehrerin. Sie versteht es glänzend, andere an ihrem Wissen teilhaben zu lassen. Ich war zutiefst beeindruckt und fühlte mich neben ihr so klein und unbedeutend, dass ich mich fragte, was ich überhaupt auf der Bühne verloren hatte. Ich hatte nicht im Geringsten das Bedürfnis, meine Geschichte zu erzählen; ich wollte ihr am liebsten einfach nur zuhören. Im Laufe des Programms sang ich dennoch drei Lieder und gab ein kurzes Zeugnis. Als ich fertig war, sah ich voller Überraschung, wie Joni auf die Bühne gefahren kam.

»Renée, würdest du einen Choral mit mir singen?«, fragte sie mit einem breiten Lächeln im Gesicht.

»Gerne!«

»Was würdest du gerne singen?«

»Tja, hmm ...« Es war eigentlich keine allzu schwierige Frage, aber mir fiel einfach nichts ein. Immerhin war ich mit niemand geringerem als Joni Eareckson Tada auf der Bühne! Ich stand einfach auf der Leitung. Schließlich kam mir doch noch ein Gedanke.

»Lass uns ›*Du großer Gott, wenn ich die Welt betrachte*‹ singen.«

»Sehr schön, du fängst an.«

Ich begann zu singen: »Oh, Lord my God, when I in awesome wonder consider all the worlds thy hands have made.« (Du großer Gott, wenn ich die Welt betrachte, die du geschaffen durch dein Allmachtswort.)

Joni stimmte mit einer wunderschönen Harmonie ein. Sie hat eine herrliche, tragende Stimme und ein sehr gutes Harmonieempfinden. Es war für mich ein unheimliches Erlebnis, mit dieser wunderbaren Frau Gottes gemeinsam zu singen.

Seither hat Joni mir hin und wieder die Ehre gemacht, mich zu ihren Veranstaltungen einzuladen. Ich habe aus nächster Nähe erleben können, wie eng sie ihren Weg mit dem Herrn geht und wie sie all die Jahre im Rollstuhl auf diese Weise bewältigen konnte. Sie hat nicht nur einfach überlebt, sie hat dabei eine Haltung und eine Schönheit bewahrt, wie man sie sonst nur selten findet. Sie ist eine sehr begabte Künstlerin, die mit dem Pinsel im Mund malt, und sie hat zudem über zwanzig Bücher geschrieben. Darüber hinaus ist sie die Leiterin von *Joni and Friends Ministries*, einer Organisation, die zahllose behinderte Menschen in ärmeren Ländern mit Rollstühlen versorgt hat. Joni und ich lachen immer, weil ich ich sie oft als »Königin Tetra« (Für Tetraplegie – alle vier Gliedmaßen sind gelähmt) bezeichne. Wer Jonis Leben anschaut, dem bleibt keine Entschuldigung mehr, seine Möglichkeiten entgegen alle Widrigkeiten nicht voll auszuschöpfen. Sie ist mir ein beständiger Ansporn, mich niemals hängen zu lassen.

Erst nach Jahren begann ich den Wert von Beziehungen zu anderen behinderten Menschen zu erkennen. Wann immer ich anderen Behinderten begegnete, war es, als ob ich in einen Spiegel schaute und somit unendlich schwer für mich. Heute schäme ich mich, zugeben zu müssen, dass ich mich immer dagegen gewehrt habe, mit anderen Leuten im Rollstuhl assoziiert zu werden. Ich wollte *normal* sein.

Ganz ohne es zu merken, hat mir Joni gezeigt, wie hilfreich es ist, mit Veteranen zusammen zu sein, die den Kampf, den man selber kämpft, schon viel länger gefochten haben. Als ich mir den Hals brach, da hatte Joni bereits einundzwanzig Jahre im Rollstuhl hinter sich. Als sie mir zum ersten Mal begegnete, schien sie sich vollkommen an ihre Situation angepasst zu haben. Es war für mich eine ungeheure Inspiration und Ermutigung zu sehen, mit welchem Gleichmut sie ihren Weg ging. Welch eine Dummheit, nicht von ihrer Erfahrung profitieren zu wollen!

Wenn wir am ertrinken sind, dann sendet Gott uns ein Rettungsboot. Wenn wir orientierungslos sind, dann sendet er uns einen Kompass. Rettungsboot und Kompass kommen zumeist in Form eines Menschen – jemandem, der die Dinge, die wir erleben, selber schon durchgemacht und überstanden hat. Diese Person weiß den Weg und Gott stellt sie uns zur Seite, damit sie uns an die Hand nimmt und auf festen Grund geleitet. Der Weg erscheint kürzer, die Last leichter und der Pfad weniger unwegsam, wenn wir gemeinsam mit einem Freund gehen, der uns schon einiges an Erfahrung voraushat.

Große Träume

Einer der großen Nachteile oder auch Segnungen (je nach Situation) meines Dienstes ist das Reisen. Eines abends, als wir im Bett lagen und noch eine Weile miteinander redeten, fragte ich Mike: »Sag mal, wenn du dir einen Ort auf der Welt aussuchen könntest, wo würdest du hinfahren?«

»Nach Alaska«, sagte Mike ohne auch nur einen Moment zu überlegen.

»Wirklich? Warum?«, fragte ich.

»Ich habe gehört, dass die Natur dort so unberührt und schön ist, gerade so wie Gott sie geschaffen hat.«

Mike und sein Bruder Steve sind begeisterte Wanderer. Jeden Sommer fahren sie zusammen in die Berge der Sierra Nevada und genießen dort die Einsamkeit und die Schönheit der Natur. Alaska war sein großer Traum. Unsere nächste Reise jedoch führte uns nicht zu seinem Traumziel, sondern zu meinem.

Ich war als Hauptrednerin zur Frauenkonferenz der Organisation *Heart Full of Hope* in Honululu eingeladen. In diesem Fall war der Reisedienst ohne Zweifel ein Segen! Durch meine Behinderung war uns ja bereits die geplante Hochzeitsreise nach Hawaii entgangen und dies war nun endlich die Chance, um das Versäumte nachzuholen.

Als Mike, Daniel, Deborah und ich an einem Donnerstagabend in Honululu aus dem Flugzeug stiegen, waren wir, wie die meisten Hawaii-Touristen, völlig begeistert, endlich am Ziel zu sein. Als uns dann noch jemand die traditionelle Blumenkette um den Hals legte, da konnte kein Zweifel mehr daran bestehen: Wir waren auf Hawaii! Da es schon sehr spät abends war, sammelten wir unser Gepäck ein, fuhren direkt ins Hotel und legten uns ins Bett. Der Soundcheck am darauf folgenden Tag war erst für den Abend angesetzt und so würden wir ein wenig Zeit haben, um die Umgebung zu erkunden und die Schönheit zu genießen, von der wir schon so viel gehört hatten.

Als Deborah mich am nächsten Morgen aus dem Bett gehievt und in den Rollstuhl gesetzt hatte, fuhr ich direkt hinüber ans Fenster, um den Blick auf den Swimming Pool zu genießen. Der Himmel war strahlend blau, Palmen rauschten in der sanften Brise und die Wege waren von zahllosen Blumen in leuchtenden Farben gesäumt. Überall lagen Leute in Bikini und Badehose auf Liegestühlen und Handtüchern. Einige waren im Wasser und planschten vergnügt oder ließen sich auf Luftmatratzen treiben. Die ganze Szene sah aus wie auf einer Postkarte oder genauer gesagt, so, wie ich mir unsere Flitterwochen erträumt hatte. Plötzlich kam eine abgrundtiefe Traurigkeit in mir hoch und ich fing an zu weinen.

Um keine trübselige Stimmung zu verbreiten, versuchte ich meine Tränen zu kaschieren, indem ich den anderen den Rücken zukehrte und weiter aus dem Fenster schaute, aber Mike merkte sofort, dass etwas nicht stimmte. Er kam zu mir herüber und fragte: »Ist etwas mit dir?«

»Ich kann noch nicht einmal mit euch zusammen am Pool liegen oder mit euch Hand in Hand am Strand spazieren gehen und den warmen Sand unter meinen Füßen spüren«, schluchzte ich. »Da sind wir nun endlich an dem Ort, von dem ich immer geträumt habe und wo wir eigentlich unsere Flitterwochen verbringen wollten, und ihr hängt hier fest mit mir und diesem blöden verkrüppelten Körper.«

Ich war nicht wütend und ich machte auch keine große Szene. Ich war einfach nur tieftraurig. Mike beugte sich zu mir herunter und zog meinen Kopf an seine Schulter. Ich weinte und weinte; eigentlich weinte ich die ganze Zeit, die wir auf Hawaii waren.

Wenn ich nicht am Strand war, sondern mich im Saal aufhielt, dann hatte ich mehr Abstand zu der ganzen vertrackten Hawaii-Kiste. Ich konzentrierte mich einfach darauf, den Leuten mein Bestes zu geben. Ich verbrachte viel Zeit im Gebet: »Herr, bitte nimm diese Traurigkeit. Ich muss es irgendwie schaffen, mich zusammenzureißen. Diese Leute hier brauchen eine Begegnung mit dir – durch die Dinge, die ich sage, und durch die Lieder, die ich singe. Bitte hilf mir, meine Gefühle lange genug unter Kontrolle zu halten, um diese Veranstaltung zu schaffen. Bitte segne mich mit Vollmacht, Herr. Amen.«

Zu Anfang sang ich: *Be Not Afraid,* begleitet von einer Gruppe von hawaiischen Tänzerinnen in ihren traditionellen Gewändern. Es war einfach umwerfend. Ihr Anbetungstanz tat mir in dieser Situation einfach gut. Auch die Konferenz selbst war wunderbar.

Wie üblich hatte ich im Foyer einen Stand aufgebaut, wo ich mit den Teilnehmerinnen redete und meine CDs und Kassetten verkaufte. Während ich gerade im Gespräch war und Autogramme gab, kam plötzlich eine Frau angestürmt, drängelte sich vor, blieb direkt vor mir stehen und sagte: »Ich hatte gerade eine Vision. Ich bin Reiseunternehmerin und seit Jahren spiele ich schon mit dem Gedanken, einmal eine Alaska-Kreuzfahrt für Christen anzubieten. Bestünde die Möglichkeit, ich meine, könnten Sie sich überhaupt irgendwie vorstellen, als Rednerin auf einer solchen Kreuzfahrt mitzufahren?«

Mir fiel sofort Mikes Ferientraum ein und ich musste lachen. »Ich weiß nicht so recht«, sagte ich, »lassen Sie mich doch mal meinen Mann fragen, was er dazu meint.«

»Mike!«, rief ich zu ihm herüber. »Was würdest Du sagen, wenn mich jemand als Rednerin für eine christliche Kreuzfahrt nach Alaska einladen würde?«

Er hüpfte förmlich über den Tisch und kam zu uns herüber gerannt. »Wo können wir uns anmelden?«, fragte er.

Und tatsächlich, zehn Monate später saßen Mike und ich an Deck eines riesigen Kreuzfahrtdampfers in Sichtweite der Gletscher Alaskas und schauten zu den majestätischen Seeadlern hinauf, die hoch über uns kreisten. Mike war am Ort seiner Träume.

Am Sonntagmorgen war ich eingeladen, jeweils 45 Minuten lang in den beiden Gottesdiensten der *First Presbyterian Church* auf Honululu zu singen und zu sprechen. Gerade an jenem Tag verabschiedete sich der Solosänger von der Gemeinde. Er zog nach New York um und dies war sein letzter Gottesdienst.

Während ich auf meinen Auftritt wartete, wandte er sich an die Leute und sagte: »Ich bin leider nicht gut im Reden halten. Darum möchte ich mich gerne in Form eines Liedes bei Euch allen bedanken.«

Daraufhin begann er *Thank You*, ein altes Lied von Ray Boltz zu singen. Ich war tief berührt durch den Text, in dem es um einen Mann ging, der mit seinem Leben viele andere Menschen ganz stark auf Gott hingewiesen hatte.

Ich fragte mich in diesem Augenblick, wer in meinem Leben am meisten dazu beigetragen hatte, dass ich zu Jesus gehörte und wer mir die wichtigsten geistlichen Impulse gegeben hatte. Da war zum einen Herbie, der mir vormachte, dass wir Gott besser kennen lernen können, indem wir sein Wort lesen. Da war Julie, von der ich gelernt habe, dass Gott wirklich persönlich zu uns spricht. Dann waren da noch meine Eltern, die jeden Sonntag mit uns in den Gottesdienst gingen und die eine christliche Erziehung wichtig genug nahmen, um uns auf christliche Privatschulen zu schicken. All das waren ganz zentrale Bausteine, die jeder für sich eine wichtige Rolle gespielt hatten.

Und natürlich fiel mir Pater Martin ein! Mehr als irgendjemand sonst hatte er mich beständig daran erinnert, dass ich Gott dienen sollte. Er repräsentierte Gottes Handeln, Gottes Reden und Gottes Gegenwart in meinem Leben, wie kein anderer sonst. Er war da, als ich noch Kind war. Er war mein Arbeitgeber und mein Mentor gewesen. Er war da, als ich mir den Hals gebrochen hatte. Als ich in der Reha-Klinik war, kam er jeden Mittwochabend zu Besuch. Er war es, der Mike und mich traute. Er war es, der vorbeikam, kurz nachdem wir unser Kind bekommen hatten. In allem, was er tat, lebte er uns immer etwas davon vor, wie Jesus ist. Dies war ein sehr bedeutsamer Augenblick für mich, weil ich erkannte, wie wichtig es ist, die Leute in unserem Leben zu benennen, die uns den Weg zu Jesus gewiesen haben. Ebenso wichtig ist es, dass wir diesen Leuten gegenüber zum Ausdruck bringen, welche Rolle sie in unserem Leben gespielt haben.

Ich war noch immer ganz verheult, als sie mich nach vorne riefen. So sagte ich gleich zu Anfang: »Sie müssen meine Tränen entschuldigen, aber dieses Lied hat mich ganz tief berührt. Dieser junge Mann hat genau das Richtige getan. Es ist so wichtig, den Menschen zu danken, die eine herausragende Rolle in unserem Leben gespielt haben.«

Wir flogen erst am Dienstag zurück und so blieben uns noch ein paar Tage, um uns die Insel anzuschauen. Zunächst fuhren wir zu den herrlichen *Waimea Falls* hinauf. Um zu den Wasserfällen zu gelangen, mussten wir erst mit einer rollstuhlgängigen Bahn den Berg hinauffahren. Während der Fahrt nach oben hatten wir eine herrliche Sicht, wenn auch der mechanische Lift für Fahrgäste mit Rollstühlen direkt neben mir verstaut war, sodass ich immer wie durch einen Käfig nach draußen schaute. Außerdem saß ich ganz alleine hinten im Wagen und fühlte mich ziemlich einsam und isoliert. Als wir angekommen waren und der Fahrer mich wieder herunterliften wollte, hatte sich der Fahrstuhl verklemmt und ließ sich nicht absenken. Ich saß da, wie in einem Käfig gefangen.

Es war schon spät und jeder Augenblick war kostbar. Ich wollte nicht, dass Mike, Daniel und Deborah diese besondere Gelegenheit nur wegen mir verpassten. Die Wasserfälle schlossen bald und so zauberte ich mir ein Lächeln ins Gesicht und drängte sie, ohne mich hinaufzugehen. Ich wollte dann nachkommen, falls es doch noch gelingen sollte, mich aus dem Lift zu befreien. So machten sie sich auf den Weg und ich schaute ihnen nach. Aus dem Inneren meines Käfigs sah ich, wie Mike mit dem kleinen Daniel an der Hand und Deborah den Fußweg zur Aussichtsplattform hinaufgingen. Sie sahen fast aus wie eine Familie. Der Anblick brach mir fast das Herz. Ich sah zu, wie Mike mit einer gesunden Frau davonging. *Mike und Deborah,* dachte ich – *was, wenn er eine Affäre mit ihr anfinge? Sie kann laufen, sie kann rennen und Mike hat eine gesunde und bewegliche Frau verdient!*

Ich wusste natürlich, dass Mike diese Grenze niemals übertreten würde und Deborah ebenfalls nicht. Es war auch gar nicht Deborah als Person, die ich mir mit Mike zusammen vorstellte. Sie war in diesem Augenblick lediglich der Prototyp einer Frau, die Mike mir vielleicht vorziehen könnte. Die Tatsache, dass ich die drei so zusammen sah, führte mir nur wieder neu die Tatsache vor Augen, dass Mike mit mir an seiner Seite benachteiligt war. Angst und Trauer überfielen mich. Außerdem ging meine Phantasie mit mir durch. Ich geriet in Panik – ich saß in einem

Käfig fest, und ebenso saß ich in meinem quasi toten Körper fest. Ich weinte vor Verzweiflung.

Nach etwa zehn Minuten, die mir wie eine Stunde vorkamen, kam endlich Hilfe und ich wurde aus dem verklemmten Lift befreit. Als ich gerade in großer Eile die Rampe hinunterfuhr, kam Deborah zurück, um nach mir zu schauen. Sie zeigte mir den Weg zu Mike und Daniel, die sich auf einem Stein niedergelassen hatten und die atemberaubende Schönheit dieses Wasserfalls bewunderten. Ich gesellte mich zu den beiden und wir staunten miteinander über die unvorstellbare schöpferische Genialität unseres Gottes, der diese Pracht ersonnen hatte.

Es tut immer gut, meinen Blick von mir selbst abzuwenden und auf Gott zu richten. An jenem Abend bat ich Mike und Deborah um Verzeihung: »Ich versuche wirklich mein Bestes, um uns hier nicht laufend den Spaß zu verderben. Ich möchte, dass ihr das wisst.«

Daraufhin gab mir Mike seine Sicht der Dinge: »Vor unserer Abreise war mir schon klar, dass es vermutlich nicht ganz unproblematisch werden würde, wenn wir gerade dahin fliegen, wo wir eigentlich unsere Flitterwochen verbringen wollten. Aber ich war mit den Vorbereitungen und den letzten Arbeiten im Büro irgendwie so beschäftigt, dass ich gar nicht daran gedacht habe, dich einmal zu fragen, was du empfindest. Vielleicht hätten wir auf diese Weise einige Klippen umschiffen können.«

»Das stimmt. Ich habe vor unserer Abreise überhaupt nicht darüber nachgedacht. Ich habe mich einfach nur darauf gefreut, endlich einmal nach Hawaii zu kommen und hatte genug damit zu tun, meinen Beitrag für die Konferenz vorzubereiten. Ich dachte gar nicht daran, dass es so schwierig werden könnte, weil unsere Hochzeitsreise eigentlich nach Hawaii gehen sollte.

Wir wurden damals um unsere Traumhochzeitsreise gebracht und als wir hier ankamen, brach einfach alles wieder auf. Ich hätte nie gedacht, dass mir das so nahe gehen würde. Ich war total ahnungslos. Immer, wenn ich meine, ich wäre darüber hinweg, dann passiert irgendetwas, das mich daran erinnert, was mir fehlt, und wie sehr ich meinen Körper vermisse. Ich kann an so vielem nicht teilhaben, was für andere Leute ganz normal ist. Tut mir Leid, dass ich euch so auf die Nerven gegangen bin. Nach Hawaii zu kommen, hat mich irgendwie wieder zurückgeworfen.

Ich frage mich nur, ob das nicht zwangsläufig an jedem Urlaubsort so sein wird.«

»Mach Dir keine Gedanken, du hast uns überhaupt nicht den Spaß verdorben. Wir können dich gut verstehen«, sagte Mike. »Eine Querschnittslähmung ist etwas, mit dem man das ganze Leben zu kämpfen hat. Du bist dadurch jeden Augenblick deines Lebens eingeschränkt, darum kannst du die Sache auch nicht ein für alle Mal durchtrauern. Die Trauer darüber hört einfach nie auf. Du brauchst dich wirklich nicht zu entschuldigen; du gehst mit der Situation viel besser um, als ich es jemals könnte!«

So ist Mike. Er versucht immer Wege zu finden, wie er mir Mut machen kann.

Einige Tage später stiegen wir ins Flugzeug und ließen das schöne Hawaii hinter uns.

Ein weiteres großes Ereignis war meine Einladung als Hauptrednerin auf dem Kongress der *Association of Christian Schools International* (Internationale Vereinigung christlicher Schulen) im *Anaheim Convention Center*. Ich hatte immer einen vollen Terminkalender, aber meistens war ich zu Konzerten in Gemeinden, auf Frauentreffen oder in Schulen eingeladen. Ich muss gestehen, dass der Gedanke, zu zehntausenden von Lehrern zu sprechen, ziemlich reizvoll war!

Direktor Jerry Haddock rief mich an, um die Einzelheiten telefonisch mit mir durchzusprechen. Nachdem wir zu Beginn ein wenig geplaudert hatten, um das Eis zu brechen, machten wir uns daran, das Organisatorische zu besprechen. Es war ein sehr ausführliches Telefonat, vielleicht so etwa eine Stunde lang. Am Ende sah alles danach aus, als ob die Sache unter Dach und Fach wäre. Dann jedoch sagte er ein wenig verlegen: »Es gibt da noch etwas, das ich Sie fragen müsste.«

»Natürlich. Fragen Sie nur.«

»Wenn ich richtig informiert bin, sind Sie katholisch.«

Da war dieses leidige Thema also wieder. Ich wusste natürlich, dass eine allzu direkte Antwort die gute Basis, die wir soeben gelegt hatten, wieder zunichte machen konnte, und ich wollte natürlich sehr gerne auf dieser Konferenz sprechen. Wieder einmal hatte ich für einige Sekundenbruchteile einen Anflug des *Petrus Syndroms.* Einen Moment lang war ich versucht, meine Zugehörigkeit zur katholischen Kirche zu leugnen oder herunterzuspielen, aber ich konnte es einfach nicht.

Wie schon einmal zuvor schickte ich ein kurzes Stoßgebet gen Himmel: *Herr, bitte stell dich jetzt hinter mich,* und antwortete: »Ja, ich bin katholisch.«

Stille. Ich wartete auf eine Antwort, doch er sagte nichts.

»Ist das ein Problem?«

»Ganz ehrlich gesagt, könnte es für den einen oder anderen auf der Konferenz ein Problem sein«, antwortete er. Wieder war es lange Zeit still in der Leitung.

Schließlich sagte ich: »Bitte gestatten Sie mir, dass ich Ihnen sage, wie ich darüber denke. Ich glaube, dass Jesus Christus mein Herr und Heiland ist und dass er am Kreuz für mich gestorben ist, um mir den Zugang zum Reich des Vaters zu eröffnen. Ich habe Jesus persönlich als Herrn in mein Herz aufgenommen und für mich ist Maria nicht im entferntesten mit Jesus gleichzusetzen. Ich achte sie, aber ich käme nicht auf die Idee, sie anzubeten.«

Er stieß einen deutlich hörbaren Seufzer der Erleichterung aus. »Ich kann Ihnen gar nicht sagen, wie froh ich bin, dass Sie hier so eine klare Position beziehen!«

»Wissen Sie«, fügte ich noch hinzu, »es gibt in meiner Gemeinde natürlich Leute, die sonntags in die Kirche kommen, und die keine persönliche Beziehung zu Jesus haben. Für sie ist der Glaube nur eine Tradition, der sie sich verpflichtet fühlen.«

Er antwortete: »Auch in meiner evangelischen Gemeinde gibt es Leute, die keine persönliche Beziehung zu Jesus haben, und die nur in den Gottesdienst kommen, weil sie sich dazu verpflichtet fühlen.«

Wenn ich mir diese Unterhaltung im Rückblick vergegenwärtige, dann kann ich eigentlich gut verstehen, warum er diese Frage aufwerfen musste. Er war inhaltlich für den Kongress verantwortlich und es wäre ein grobes Versäumnis gewesen, wenn er sich nicht davon überzeugt hätte, wie ich oder irgendein sonstiger potenzieller Redner zu einer so zentralen Frage wie der Rettung allein durch den Glauben steht. Offensichtlich wusste er bereits bevor er mich anrief, dass ich Katholikin bin. Trotzdem fragte er mich als Referentin an und öffnete damit die Tür für eine

Begegnung, die uns beiden wohltat. Es ist so wichtig, dass wir bereit sind, unsere Vorurteile zu überwinden und hinzuhören, wirklich genau hinzuhören und nach Gemeinsamkeiten zu suchen, anstatt uns auf das Trennende zu fixieren.

Leider findet sich die Neigung, einander anzuklagen, nicht nur zwischen Christen unterschiedlicher Denominationen, sondern auch innerhalb der einzelnen Denominationen selbst. Manche Leute meinen, ich wäre nicht katholisch genug, und ich habe hin und wieder Briefe bekommen, in denen mir jemand vorwarf, ich würde meine Zugehörigkeit zur katholischen Kirche verbergen, weil ich nicht gleich, wenn ich auf die Bühne komme, sage: »Guten Abend, ich heiße Renée, und ich bin katholisch!«

Mein Thema ist immer wieder die Treue Gottes. Wenn ich anfangen würde, mein Katholischsein in den Mittelpunkt zu stellen, dann würde ich die Leute nicht auf Jesus hinweisen – und allein darum geht es mir ja eigentlich –, sondern auf eine Denomination.

Vor kurzem habe ich eine Karikatur gesehen, die das ganze sehr schön illustriert. Christen auf der einen Seite und Nichtchristen auf der anderen Seite sind durch einen Zaun voneinander getrennt. Die Nichtchristen bewerfen die Christen über den Zaun hinweg mit Steinen. Die Christen heben die Steine auf und bewerfen sich gegenseitig damit! Wir fügen nicht nur einander völlig unnötig Verletzungen zu, wir geben auch vor der Welt ein sehr negatives Zeugnis für Jesus ab, und das ist vielleicht noch viel schlimmer.

Der Kongress hat mir sehr viel Spaß gemacht. Ich war die Hauptrednerin in der ersten Morgenveranstaltung und sprach eine Stunde lang. Was besonders schön war: Ich hatte es nicht nur mit Christen zu tun, sondern mit christlichen Lehrern. Die Arbeit von Lehrern liegt mir einfach besonders am Herzen. Ich weiß, welch einen Einfluss sie auf die Entwicklung von Jugendlichen haben und was für eine prägende Rolle ihnen damit in der Gesellschaft zukommt. Es war eine großartige Veranstaltung und ich wusste sie umso mehr zu schätzen, als mir eine so ehrliche und offene Aussprache gleich zu Anfang die Tür dazu geöffnet hat.

Ich hatte nicht nur das Vorrecht, überall im Lande herumzureisen und vor Menschen zu singen und zu sprechen, ich bekam sogar Auszeichnungen dafür, dass ich die Dinge tat, die mir Spaß machen. Eines Tages im Herbst 1996 kam Deborah zur Tür herein und berichtete mir, dass Barbara Todd von der *Crystal Cathedral* angerufen hätte. Sie hätte ihr mitgeteilt, dass mich Dr. Robert Schuller mit dem *Turning Your Scars into Stars Award* (frei übersetzt etwa: »Überwinderpreis ›Sterne aus Narben‹«) auszeichnen wolle. Wie ich später erfuhr, wird dieser Preis nicht jährlich vergeben, sondern immer nur dann, wenn das Auswahlkomitee eine Person ausfindig machen konnte, die durch schier untragbare Widerstände hindurchgegangen ist und widrigste Umstände überwunden hat. Nachdem der Empfänger bekannt gegeben wurde, findet eine große Zeremonie zu seiner Ehre statt, bei der ihm die Auszeichnung überreicht wird. Zu diesem Zeitpunkt waren die einzigen bisherigen Preisträger Art Linkletter, Della Reese und Coretta Scott King gewesen.

Ich muss gestehen, dass ich vorher noch gar nichts von diesem Preis gehört hatte und auch nicht wusste, welch eine große Ehre es war, ihn verliehen zu bekommen. Man erklärte mir den Ablauf der Zeremonie und sagte mir, dass ich insbesondere Familie und Freunde dazu einladen sollte. Die Frage war nur, wie lädt man Leute zu so etwas ein. »Hallo Freunde, ich bekomme eine Auszeichnung. Habt ihr nicht Lust, zu kommen und mich zu bewundern?«

Die Preisverleihung fand in der *Crystal Cathedral* statt und Mikes und meine Familie waren komplett anwesend. Ich saß die ganze Zeit auf der Bühne und als Pastor Schuller kam, um mir die Auszeichnung zu verleihen, sagte er viele großartige Dinge über mich. Er sprach von meinem Durchhaltevermögen, meiner Stimme und meinem Dienst im Reich Gottes. Ich war natürlich zutiefst gerührt, aber ich fühlte mich völlig unwürdig, dass so viel Aufhebens um mich gemacht wurde.

So peinlich es war, Leute einzuladen, um mir bei der Preisverleihung zuzuschauen, hatte das Ganze doch eine positive Wirkung. Auf dem Heimweg sprachen Mike und ich darüber, welch eine Ehre es ist, in eine Reihe mit so außergewöhnlichen Leuten gestellt zu werden. Ich dachte an die frühen Jahre meiner Behinderung zurück. Damals hatte ich mich gefragt, wie ich ohne Arme und Beine jemals wieder irgendetwas zu Wege bringen würde. Ich erinnerte mich daran, wie minderwertig und unsicher ich mich seinerzeit gefühlt hatte. *Wirklich erstaunlich, Herr. So weit hast du mich gebracht!* Der Abend half Mike und mir einmal mehr zu erkennen, dass Gott unseren Schmerz gebraucht, um uns zu segnen. Außerdem war es eine wunderbare Bestätigung des Dienstes, den der Herr uns geschenkt hatte.

Es ist wirklich witzig, wie Gott uns manchmal nach Jahren wieder an einen bestimmten Ort zurückführt. Ein paar Jahre später nahm Deborah das Telefon ab und teilte mir danach mit, dass ich für den *Walter Knott Service Award* ausgewählt worden sei, ein Preis, der von *Goodwill Industries* gestiftet wurde, und der an Behinderte vergeben wird, die ihre Behinderung in vorbildlicher Weise bewältigt haben. Der Preis wurde zu Ehren von Walter Knott gestiftet (bekannt durch den von ihm gegründeten Vergnügungspark *Knott's Berry Farm*).

Ich dachte zunächst gar nicht weiter darüber nach. Ich wusste lediglich, dass es anlässlich der Preisverleihung ein Galabankett zu meinen Ehren geben würde. Deborah und Mike sagten ebenfalls nichts weiter dazu, denn sie wollten mir die Überraschung nicht nehmen, wenn mir erst einmal klar würde, was für ein großes Ereignis dies war. Deborah koordinierte die Veranstaltung zusammen mit dem Preisverleihungskomitee der *Goodwill Industries*. Sie verschaffte ihnen alle nötigen Informationen, ohne dass ich erfuhr, was geplant war.

»Sie haben zwei Tische für deine persönlichen Gäste reserviert und schicken uns dafür Karten. Weißt du schon, wen du gerne einladen möchtest?«, fragte Deborah mich.

»Deborah! Ich habe dir doch schon gesagt, dass niemand außer uns beiden hingehen wird, allenfalls vielleicht noch Mike, wenn er sich über die Mittagszeit im Büro freimachen kann. Ich kann doch nicht allen Ernstes meine Freunde einladen und erwarten, dass sie noch so ein Bankett über sich ergehen lassen. Wieder Hühnchen mit Reis und gemischtem Gemüse – das kann doch keiner mehr sehen!«

Schließlich platzte Deborah der Kragen: »Na gut! Ich versuche, dir hier etwas Gutes zu tun und du wirfst mir nichts als Steine in den Weg. Das ist eine ganz große Sache, und es *werden* Gäste kommen. Ich muss jetzt nur von dir wissen, wen du gerne dabei haben möchtest. Könntest du dich vielleicht ein wenig kooperativer zeigen?«

»Entschuldige bitte. Ich hätte gar nicht gedacht, dass es so etwas Großes wird. Ich will versuchen, mich nicht mehr querzustellen und dich nicht mehr zu löchern.«

Als Deborah, Daniel und ich im *Hyatt Regency Hotel* eintrafen, erwartete Mike uns schon am Eingang und wir gingen zusammen hinein.

Als wir den Flur entlanggingen und uns dem Ballsaal näherten, hielt Mike plötzlich inne und schaute mich an und meinte erstaunt: »Mensch, Renée. Ist denn das die Möglichkeit?«

»Ja tatsächlich«, sagte ich nachdenklich. »Das ist es, nicht wahr?«

Wir gingen auf denselben Ballsaal zu, in dem wir am Vorabend meines Unfalls den Schulball gefeiert hatten. »Der Name des Hotels hat sich geändert, aber es ist tatsächlich derselbe Saal. Was für eine Ironie des Schicksals, dass ich ausgerechnet hier einen Preis für vorbildlichen Umgang mit meiner Behinderung verliehen bekomme!«

Die Preisverleihung wurde von Ed Arnold moderiert, einem bekannten Sportjournalisten aus Los Angeles, den ich schon von diversen Wohltätigkeitsveranstaltungen in Südkalifornien kannte. Er eröffnete die Zeremonie mit folgenden Worten: »Wir sind heute hier zusammengekommen, um vier bedeutende Persönlichkeiten zu ehren, die in besonderer Weise den Geist der Mitmenschlichkeit und Großherzigkeit verkörpern, der auch Walter Knott zueigen war. Sie alle haben sich dafür eingesetzt, die Lebensqualität von Menschen zu verbessern, die mit einer Behinderung zu kämpfen haben. Sie haben ungeheuren Mut und Entschlossenheit an den Tag gelegt, die Hindernisse zu überwinden, mit denen sie durch ihre Behinderung konfrontiert waren, und dafür wollen wir ihnen hier unseren tief empfundenen Dank und unsere Bewunderung zum Ausdruck bringen.«

Dann wandte er sich zu mir: »Renée Bondi, würden Sie bitte nach vorne kommen.«

Mike ging mit mir nach vorne, um mir auf die Bühne zu helfen. Als ich richtig stand und ausgerichtet war, wurde das Licht gedämpft und auf einmal sah ich mein Gesicht auf einer riesigen

Leinwand. Es wurde ein Ausschnitt von meinem Video gezeigt. Danach kam eine Sequenz von Aussagen von Familienangehörigen, die mich beglückwünschten und mir Mut zusprachen. Ich juchzte jedes Mal laut auf und konnte meine Tränen nicht zurückhalten. Der Schluss des Videofilms brachte das Fass gänzlich zum Überlaufen. Es war eine kurze Aufnahme von Daniel, wie er mir zuwinkte und rief: »Gut gemacht, Mom!«

Als das Licht wieder anging, war meine Schminke restlos verlaufen. Virginia Knott Bender, eine der Töchter von Walter Knott, kam nach vorne, um mir den Preis zu verleihen. Es war ein Ölgemälde von einem behinderten Künstler mit einer Inschrift auf der Rückseite.

»Vielen herzlichen Dank«, sagte ich den Anwesenden auf der Bühne und im Publikum. »Wenn ich durch meine ganzen Reisen überall im Land irgendetwas gelernt habe, dann ist es, dass jeder sein Kreuz zu tragen hat, ob er nun behindert ist oder nicht. Vielen Dank euch allen, dass ihr mir dabei helft, mein Kreuz zu tragen.«

Ich war ganz beschämt, so öffentlich herausgehoben zu werden. Bei solchen Gelegenheiten versuche ich immer Corrie ten Booms Ratschlag zu beherzigen. Sie sagte: »Wenn wir gelobt werden oder ein Kompliment bekommen, dann sollten wir es wie eine Blume im Herzen behalten. Irgendwann, wenn wir genug Blumen gesammelt hätten, dass es für einen Strauß reicht, dann sollten wir Gott den Strauß schenken, denn er ist derjenige, dem das Lob eigentlich gebührt.«

»Bevor ich mein Lied singe, möchte ich Ihnen noch etwas sagen. Vor elf Jahren haben Mike und ich in diesem Raum das letzte Mal miteinander getanzt. Ich war damals Lehrerin an der *San Clemente High School* und hier fand unser Schulabschlussball statt. Kurz vorher hatte mir Mike während eines Abendessens meinen Verlobungsring geschenkt und danach kamen wir hierher und tanzten den ganzen Abend lang. Sechsunddreißig Stunden später fiel ich aus dem Bett und brach mir die Halswirbelsäule. Ist es nicht eine Ironie, dass ich gerade hier diesen wunderbaren Preis verliehen bekomme?« Die Musik begann und ich sang, leidenschaftlicher als je zuvor *Dream High* (Träume groß).

Während ich sang, wanderten meine Gedanken unweigerlich in die Vergangenheit zurück und die Geister der Vergangenheit schienen um mich herumzutanzen. Ich sah mich im schwarzen Samtrock, der weißen Bluse und hochhackigen Sandalen, mein Haar anlässlich des Balls zu einem französischen Zopf geflochten. Ich sah, wie ich Hand in Hand mit Mike im Saal herumflanierte und von aufgeregten Schülerinnen belagert wurde, die es alle nicht erwarten konnten, einen Blick auf meinen Verlobungsring zu erhaschen. Mike war mein Prinz, und ich war Aschenputtel, das in seinen Armen auf dem Ball tanzte.

Ich konnte fast noch spüren, wie Mike und ich über die Tanzfläche wirbelten und dabei herumalberten und lachten. Wir hätten es damals nie für möglich gehalten, dass dies unser letzter Tanz sein könnte, und dass das Leben, so wie wir es bis dahin gekannt hatten, innerhalb von 36 Stunden ganz plötzlich und dramatisch zu Ende sein würde. Wie ein Dorf, das von einem Tornado verwüstet wird, so wurde meine Welt vollkommen auf den Kopf gestellt. Alles, was mir etwas bedeutet hatte, war auf einmal weg: meine Beweglichkeit, meine Stimme, mein Beruf, meine Unabhängigkeit, meine Intimsphäre. Wie zerbrechlich doch die Dinge sind, die wir für selbstverständlich nehmen. Alles kann sich sehr schnell ändern!

Ich dachte daran, wie anders die Dinge gekommen waren, als ich es mir vor elf Jahren in meinen Träumen ausgemalt hatte. Nichts war so, wie ich es erträumt und geplant hatte. Die Dinge hatten einen Verlauf genommen, wie ich ihn mir selbst niemals ausgesucht hätte.

Ich erinnerte mich daran, wie ich nachts im Krankenhaus die Stimme Gottes hörte: »Fürchte dich nicht, Renée. Ich gehe dir voran, Renée. Komm, folge mir nach und ich will dir Ruhe verschaffen.« Gott hat seine Zusage tatsächlich gehalten. Inmitten von alledem war er hundertprozentig treu.

Bin ich dennoch behindert? Das kann man wohl sagen! Bin ich mutlos? Manchmal. Gebe ich deswegen auf? Niemals. Überwinde ich alle diese Widrigkeiten? Ganz ohne Zweifel! Warum? Weil mein Gott ein erstaunlicher Gott ist, der selbst aus meinem zerbrochenen Leben noch wunderbare Musik hervorzubringen weiß.

Was Sie noch wissen sollten ...

... damit Sie sich nicht auch den Hals brechen müssen, um zu denselben Erkenntnissen zu kommen!

Ich habe dieses Buch in erster Linie deshalb geschrieben, weil ich Sie darauf aufmerksam machen möchte, dass Gott wirklich existiert und treu ist. Wenn ich auf die Ereignisse meines bisherigen Lebens zurückblicke, dann wird mir klar, dass dieser Gott – der Gott, der die Welt geplant und erschaffen hat, der Gott Abrahams, Isaaks und Moses, der Gott, der einst Noah beauftragte, eine Arche zu bauen, der Gott Salomos und Davids, der Gott, der es Sarah, Hannah und Elisabeth durch ein Wunder ermöglichte, doch noch Kinder in die Welt zu setzen, der Gott, der auf Elias Gebet hin Feuer vom Himmel auf den Berg Karmel fallen ließ, der Gott, der seinen Sohn durch die Jungfrau Maria sandte, um sich der Welt zu offenbaren und am Ende für uns zu sterben – dieser Gott hat mich beim Namen gerufen und sich neben mich gekniet, um mich und meinen zerschlagenen Körper sanft in seine liebenden Arme zu nehmen. Leise flüsterte er mir zu: »Hab keine Angst Renée. Ich kümmere mich um dich. Deine Schmerzen werden zu etwas gut sein.«

In Gottes Schöpfung gibt es keine Zufälle. Alles, was mir zugestoßen ist, hat seinen Sinn. Was die Welt in meinem Fall Schicksal oder Zufall genannt hat, war in Wirklichkeit etwas ganz anderes: Es war die liebevolle Hilfe meines himmlischen

Vaters. Mein Leben ist keine Aneinanderreihung von Zufällen, sondern von Gott geführten Umständen.

Gott gefügter Umstand Nr. 1: *Dorothy*. Es war keineswegs Zufall, dass meine damalige Mitbewohnerin Dorothy mich nach meinem Unfall binnen weniger Minuten fand. Meine Hilferufe im Flüsterton hätte sie durch die geschlossene Tür ihres Schlafzimmers, das noch dazu in einem anderen Stockwerk gelegen war, niemals hören können. Außerdem schlief sie ja fest. Dorothy und ich sind beide fest davon überzeugt, dass der Heilige Geist sie in dem Moment aufgeweckt und zu mir geführt hat, als ich ihre Hilfe brauchte. Eine andere Erklärung gibt es nicht.

Gott gefügter Umstand 2: *meine Familie*. Ich muss immer wieder darüber staunen, wie gut meine Familie letztlich darauf vorbereitet war, mich zu betreuen. Denise ist examinierte Krankenschwester, Michelle ist Zahntechnikerin, Danny ist von Beruf Mechaniker und arbeitet seit vielen Jahren bei der freiwilligen Feuerwehr. Zum Unfallzeitpunkt arbeiteten sie alle drei in Berufen, die sie bestens dafür qualifizierten, sich um meine ganz spezifischen Bedürfnisse zu kümmern, ob es darum ging, ein medizinisches Problem zu erkennen, meinen Rollstuhl zu reparieren oder sich um meine Zahnhygiene zu kümmern. Man müsste vermutlich lange suchen, um ähnlich gute Voraussetzungen zur Betreuung eines behinderten Menschen in einer Familie vereint zu finden, die noch dazu die Bereitschaft mitbringt, einen solchen Einsatz zu zeigen.

Das ist jedoch noch nicht alles. Mein Vater und seine Schwestern hatten kurze Zeit vor meinem Unfall gerade die Familienranch verkauft. Nur deshalb standen meinen Eltern die finanziellen Mittel zur Verfügung, um mir nach meiner Entlassung die schöne Eigentumswohnung zu kaufen und Mike und mir Jahre später beim Kauf unseres heutigen Hauses zu helfen. Und damit kann ich wunderbar zum dritten Punkt überleiten.

Gott gefügter Umstand Nr. 3: *unser Haus*. Gerade in dem Moment, als Mike und ich in der Lage waren, überhaupt an den Erwerb eines Hauses zu denken, standen die Immobilien auf dem Gelände der ehemaligen Lacouague-Ranch zum Verkauf. Das einzige Haus mit einem geeigneten Grundriss grenzte ausgerechnet an das Grundstück meiner Eltern – ein Kriterium, das überhaupt nur auf zwei Häuser in der ganzen Siedlung zutrifft.

Ich kann meine Behauptung zwar nicht mit Zahlen belegen, aber ich bin mir ziemlich sicher, dass wir für unser Objekt weniger bezahlt haben, als alle anderen Käufer in unserer Umgebung – wir blieben dreitausend Dollar unter unserem finanziellen Limit. Die Krönung des Ganzen war unser Gewinn beim Preisausschreiben, denn der Jetta gab uns die nötige Finanzspritze, um endlich unseren Garten anlegen zu können. Wenn jemand die Ereignisse dieser Zeit zur Grundlage eines Romans machen wollte, käme uns das Ganze unweigerlich kitschig und unrealistisch vor. Es passte alles einfach zu perfekt zusammen. Nur Gott allein kann Ereignisse mit einer solchen Perfektion inszenieren.

Gott gefügter Umstand Nr. 4: *meine Ausbildung*. Diese Facette meines Lebens habe ich selbst geraume Zeit nach meinem Unfall noch nicht richtig einordnen können, aber heute sehe ich, wie mir die Erfahrungen, die ich speziell bei den *Young Americans* sammeln konnte, dabei geholfen haben, mit meiner Lähmung zurechtzukommen. Bei den *Young Americans* habe ich gelernt, niemals aufzugeben, Niederlagen nicht einfach zu akzeptieren und mich von Hindernissen auf dem Weg nicht aufhalten zu lassen. Auch die Fähigkeit, mich selbst nicht übermäßig ernst zu nehmen, war eine wichtige Lektion aus meiner Zeit bei den *Young Americans*. Im Krankenhaus, in der Reha und in den Jahren danach hat mir das Motto der *Young Americans* unzählige Male weitergeholfen: »Wenn etwas nicht geht, dann mach es gehend!«

Meine musikalische Ausbildung, die ich speziell bei den *Young Americans* verfeinern konnte, hat mich auf meinen heutigen Dienst als Sängerin und Rednerin hervorragend vorbereitet, denn meine Mentoren dort haben mir nicht nur beigebracht, den richtigen Ton zu treffen, sondern auch, wie ich dem Publikum die tiefere Bedeutung eines Stückes nahe bringen konnte. Wenn Sie in einem Rollstuhl sitzen und nicht einmal Ihre Arme bewegen können, dann bleibt Ihnen nicht viel an Körpersprache oder Ausdrucksvermögen übrig, um den Zuhörern Ihre Botschaft zu vermitteln. Bei den *Young Americans* habe ich gelernt, selbst die subtilsten Ausdrucksmittel meines Körpers, wie Mimik, Augen und Tonfall zu nutzen, um mich auszudrücken.

Damals, in meinen aktiven Tagen bei den *Young Americans,* standen für mich primär der Spaß, der Umgang mit den Leuten und die vielen Reisen im Vordergrund. In Wirklichkeit war diese Zeit der Schlüssel für meine Zukunft.

Gott gefügter Umstand Nr. 5: *Mike.* Ich habe nicht den geringsten Zweifel daran, dass Gott meinen heutigen Ehemann Mike schon vor der Erschaffung der Welt für mich ausgewählt hat. Ich bin mit anderen sehr netten jungen Männern befreundet gewesen, aber ich bin Gott sehr dankbar, dass er mich davor bewahrt hat, sie zu heiraten, denn nicht einer von ihnen wäre meiner Situation so gewachsen gewesen wie Mike. Unter zehntausend anderen hätte es wohl kaum einen Mann gegeben, der bei mir geblieben wäre. Zur Zeit meines Unfalls waren wir ja noch nicht einmal verheiratet. Niemand hätte es Mike verübelt, wenn er die Beziehung zu mir abgebrochen hätte und meine Familie hat ihm diesen Schritt sogar mehrmals nahe gelegt. Aber Gott hat uns eine tiefe innere Verbundenheit geschenkt, die nicht einmal durch meine Lähmung beeinträchtigt werden konnte.

Außerdem hat der Herr die äußeren Umstände so für uns geordnet, dass sich alles organisieren ließ. Denken Sie zum Beispiel daran, wie Mikes Arbeitgeber extra einen neuen Arbeitsplatz in Long Beach eingerichtet hat, wo auch meine Reha Klinik lag. Mit dem dichten Verkehr im Großraum Los Angeles wären selbst angrenzende Ortschaften wie Anaheim, Irvine, Brea oder Placentia nicht denkbar gewesen. Nur von Long Beach aus war es Mike möglich, mich vor der Arbeit, während seiner Mittagspause und nach Dienstschluss zu besuchen, ohne im Stau stecken zu bleiben.

Gott hatte bereits vor dem Unfall alle Puzzleteile beisammen und nachdem ich mir meine Lähmung zugezogen hatte, formte sich vor unseren Augen ein zusammenhängendes Bild, perfekt von der Hand des Meisters gestaltet. Er wusste im Voraus, dass wir in dieser harten Zeit nahe beieinander sein mussten, um einander in unseren Ängsten zu tragen, um uns in die Augen schauen, gemeinsam lachen, beten und als Team zusammenarbeiten zu können. Gott selbst hat es uns ermöglicht, einander Tag für Tag nahe zu sein.

Gott gefügte Umstände Nr. 6, 7, 8, 9, 10, 11 ... : Nachdem Mike und ich uns für den Gedanken geöffnet hatten, vielleicht doch ein Kind zu bekommen, wurde ich bereits im ersten Monat schwanger. Gott hat es mir ermöglicht, wieder als Lehrerin zu arbeiten, und als ich unversehens 150 Mitglieder in meinem Gemeindechor hatte, konnte ich sehen, dass er meine Umstände tatsächlich in seiner Hand hält.

Als Jim May meine Stimme testete, um festzustellen, ob mein Volumen für ein Aufnahme reichen würde, wählte er *Be not afraid* (Fürchte dich nicht) als Titel, ohne auch nur die leiseste Ahnung davon zu haben, dass Gott ausgerechnet dieses Lied immer wieder benutzt hatte, um mich zu ermutigen. Ich hatte mir ausgemalt, wie die dreitausend Exemplare von *Inner Voice* unsere Schränke füllen und in den nächsten dreißig Jahren als Weihnachtgeschenke herhalten würden. Stattdessen ermöglichte uns Gott, aus dem reichlichen Erlös der Aufnahmen meine häusliche Pflege zu bezahlen, und eine große finanzielle Bürde wurde unerwartet von unseren Schultern genommen.

In meinem Leben gibt es einfach zu viele günstige *Zufälle* und sie alle deuten auf eines hin: Gott segnet unser Leben.

Mir ist wohl bewusst, dass nicht wenige Menschen, die dieses Buch lesen, große Mühe mit der Vorstellung haben werden, dass Gott sich in einer derart persönlichen Weise für die Details unseres täglichen Lebens interessiert. Vielleicht ist das ein ganz neuer Gedanke für Sie. Bisher haben Sie vielleicht geglaubt, dass man Gott nur in einem herrlichen Sonnenuntergang erkennen kann oder in einer atemberaubenden Berglandschaft, am Altar in einer Kirche, oder irgendwo sonst, weit außerhalb ihrer normalen Lebensbezüge. Ich möchte Sie heute daran erinnern, dass er ganz nahe ist. Er ist bei uns, mitten in unserem Alltag.

Derselbe Gott, der mich bis hierher getragen hat, will auch für Sie da sein. Ich bin überhaupt nicht *spiritueller* als andere und habe auch keine geheimen Verbindungen nach oben. Ich bin weder Gottes Lieblingskind, noch spielt er mir heimlich Bälle zu, die er anderen vorenthält. Ich sitze mit Ihnen im selben Boot, aber ich habe aus Erfahrung gelernt, dass ich Gottes Verheißungen ernst nehmen darf und dass Gott absolut zuverlässig ist. Ich bin alles andere als eine Glaubensverteidigerin und ich kann auch nicht von mir behaupten, eine Autorität in biblischen Lehrfragen zu sein. Aber ich habe eine Menge gelernt, seit ich in diesem Rollstuhl sitze. Und es ist mir ein Anliegen, meine Erfahrungen mit Ihnen zu teilen, damit Sie sich nicht auch den Hals brechen müssen, um zu denselben Erkenntnissen zu kommen.

Wenn Sie dieses Buch gelesen haben, dann sollen Sie wissen, woher ich meine Kraft für den Alltag nehme: Ich schöpfe sie aus dem Wissen, dass mich Gott nicht nur durch die Sternstunden dieses Lebens begleitet, sondern dass er mir besonders an den dunkelsten Tagen ganz nahe sein möchte.

Ein Leben mit dem Herrn beginnt immer mit der Erkenntnis, wer Jesus Christus ist. Von der ersten bis zur letzten Seite verkündet die Bibel, dass Jesus Christus der Sohn Gottes ist – ein Gott aus Fleisch und Blut. Jesus sagt von sich selbst: »Ich und der Vater sind eins« (Johannes 10,30) und Paulus schrieb über Jesus: »Denn in ihm allein wohnt wirklich die ganze Fülle Gottes« (Kolosser 2,9). Jesus ist der Mensch gewordene Gott.

Während Jesus in dieser Welt lebte, offenbarte er uns, wie wir Gott kennen lernen können: »Ich bin der Weg und die Wahrheit und das Leben; niemand kommt zum Vater außer durch mich« (Johannes 14,6).

Als Jesus am Kreuz auf Golgatha starb, hat er mit uns die Plätze getauscht. Er nahm unsere Sünde und bezahlte sie – jede einzelne Sünde. Versetzen Sie sich einmal in eine völlig hypothetische Situation. Sie sind überführt und angeklagt worden, tausende von Malen das Gesetz übertreten zu haben. Sie werden für Ihre Straftaten zum Tode verurteilt. Sie wissen genau, dass Sie diese Strafe verdient haben. Während Sie auf die Vollstreckung des Urteils warten, kommt unerwartet der Sohn des Richters in Ihre Todeszelle und erklärt: »Ich bleibe für dich in dieser Zelle und nehme deine Strafe auf mich. Du bist frei und kannst gehen. Außerdem möchte mein Vater, der Richter, dich gerne adoptieren.«

Genau das hat Jesus für Sie getan. Er hat mit Ihnen die Plätze getauscht. Er nahm Ihre Schuld auf sich und gab Ihnen dafür seine Gerechtigkeit und Heiligkeit. Dadurch hat er Ihnen sogar die Möglichkeit eröffnet, in Gottes Familie hinein adoptiert zu werden. Das ist mit Sicherheit der erstaunlichste Tausch der gesamten Menschheitsgeschichte und er setzt von Ihrer Seite nur eines voraus: Sie müssen glauben, dass Jesus der Herr ist, und dass er für Sie am Kreuz gestorben ist. Sie müssen seinen Tod am Kreuz und seine Vergebung für Ihre Schuld persönlich für sich in Anspruch nehmen und die Bereitschaft mitbringen, Ihr weiteres Leben voller Dankbarkeit Gott gegenüber zu verbringen.

Wenn Sie von Gottes Heiligkeit auch nur die geringste Spur verstanden haben, dann wird Ihnen sicherlich klar sein, dass Sie seine Liebe und Vergebung nicht verdient haben. Vielleicht gehören Sie aber auch zu jenen Menschen, die so sehr auf Ihre Fehler, Misserfolge und Sünden fixiert sind, dass Sie das Gefühl haben, überhaupt nicht wertvoll genug zu sein, um Gottes Kind zu werden, genauso wie ich mir völlig unwürdig vorkam, Mikes Frau zu werden. Sie fragen sich vielleicht: Kann Gott einen Menschen wie mich überhaupt mögen? Aber Gottes Liebe und Vergebung gehen weit über unsere boshaftesten Taten und sündigsten Gedanken hinaus. Gottes Einladung an uns ist glücklicherweise nicht von unserem Wert abhängig, denn sonst hätte buchstäblich niemand von uns eine Chance. Sein Angebot gilt wirklich jedem und gründet sich einzig und allein auf seine Vergebung. Somit steht auch Ihnen die Tür offen, ganz gleich, was in Ihrer Vergangenheit verborgen liegen mag.

Wenn Sie demütig vor Gott treten und ihn um Vergebung bitten, dann geschieht etwas Unglaubliches. Jesus Christus kommt in Ihr Herz und verändert Sie, sodass Sie ein neuer Mensch werden. Gott hat Ihnen jede Sünde der Vergangenheit, Gegenwart und Zukunft vergeben und Sie werden die Ewigkeit mit ihm im Himmel verbringen und nicht in der Hölle. Das ist ein ziemlich guter Tausch! Jesus hat den wohl scheußlichsten und schmerzhaftesten Tod erlitten, den es jemals gegeben hat, damit er Ihnen ein Geschenk machen kann – ein Leben in Fülle hier in der Welt und nach dem Tode die Ewigkeit im Himmel.

Wenn Sie noch niemals zuvor die Errettung in Anspruch genommen haben, die Gott uns in Jesus Christus anbietet, dann wäre in diesem Augenblick eine hervorragende Gelegenheit dazu. Wollen Sie Gott Ihr ganzes Leben anvertrauen und zur Verfügung stellen, soweit Sie es in diesem Moment überhaupt erfassen können? Wenn das Ihr aufrichtiger Wunsch ist, dann sollten Sie jetzt Ihr Haupt neigen und es Gott sagen. Sie müssen kein steifes Gebet aus irgendeinem Buch herunterbeten. Schütten Sie Gott ganz einfach Ihr Herz aus. Er hört Ihnen zu. Er wartet geduldig und er versteht Sie ganz genau. Und wenn Sie ihm Ihr Leben schenken wollen, dann wird er Sie erhören, er wird Ihnen vergeben und Sie in seine Familie aufnehmen.

Ganz gleich, wie weit Sie auf Ihrem Weg mit dem Herrn bereits sind – ob Sie ihn gerade vor einer Minute in Ihr Leben aufgenommen haben, ob Sie ihm schon seit vielen Jahren treu nachfolgen oder ob Sie sich irgendwo dazwischen befinden – es ist mir ein wirkliches Anliegen, dass Sie tiefer als je zuvor verstehen, wie viel Gutes Gott mit Ihrem Leben bewirken kann. Es spielt keine Rolle, wer Sie sind oder wie Ihre Lebensumstände im Einzelnen aussehen: Gott kann mit Ihrem Leben erstaunliche Dinge tun.

Einige von Ihnen sind in Tragödien verwickelt, gegenüber denen mein eigenes Leid verblasst. Fühlen Sie sich zum Beispiel in einer unglücklichen Ehe gefangen? Sind Sie mit dem Schmerz konfrontiert, dass Ihr Ehepartner einen anderen Menschen mehr liebt als Sie? Sind Ihre Kinder vielleicht drogenabhängig oder in irgendeiner anderen Weise in einen zerstörerischen Lebensstil verwickelt? Sind Sie arbeitslos oder anderweitig finanziell bedroht? Sind Sie oder jemand in Ihrem näheren Umfeld schwer krank? Einige von Ihnen werden immer wieder missverstanden oder stehen der Tatsache gegenüber, dass sich niemand für Sie einsetzen will. Vielleicht sind sogar Lügen über Sie in die Welt gesetzt worden. Eines steht jedenfalls fest. Sie haben es nicht verdient, so schlecht behandelt zu werden. Wie sehen in diesem Moment Ihre persönlichen Lebensumstände aus? Sind Sie voller Wut? Wie gehen Sie mit Ihren Schmerzen um? Verstecken Sie sich vor der Welt, oder beißen Sie wütend um sich?

Setzen Sie sich einmal ganz ehrlich mit diesen Fragen auseinander. Sind Sie so sehr damit beschäftigt, gegen Ihre Umstände zu kämpfen, dass Sie Ihre Möglichkeiten völlig aus den Augen verloren haben? Sind Sie so sehr auf Ihre Probleme fixiert, dass Ihnen dabei völlig entgeht, wo es Ihnen gut geht?

Sind Sie bereit, sich Gott wirklich auszuliefern?

Betrachten Sie die ganze Sache einmal von dieser Seite: Vielleicht können Sie Ihren Schmerzen ja auch etwas Positives abgewinnen. Womöglich können Ihre Umstände gerade eine Chance für Gott sein, Ihnen und den Menschen um Sie herum seine liebevolle Fürsorge zu demonstrieren. Gott hat uns niemals ein einfaches Leben versprochen. Er hat uns jedoch zugesagt, dass er unsere Trauer in Freude verwandeln will. Es gibt überhaupt keinen sichereren Ort auf dieser Welt als in der Hand Gottes.

Gott hat uns zugesagt, dass er die Kämpfe und Schwierigkeiten, die das Leben mit sich bringen mag, zu unserem eigenen Besten und zu seiner Ehre einsetzen will. Selbst inmitten unserer Kämpfe und Herausforderungen gibt es eine Fülle von Segnungen, aber es liegt in unserer Hand, ob wir sie ignorieren oder annehmen wollen.

Manchmal übersehen wir Gottes Segen einfach deshalb, weil wir ihn in anderer Form erwartet hätten. Vielleicht denken Sie auch: *Na gut, ich werde Gott jetzt meine Umstände ausliefern, aber dafür erwarte ich auch von ihm, dass er alles zu meiner Zufriedenheit regelt. Er muss meine Ehe heilen, meine Kinder von ihren Drogen frei bekommen, mir einen lukrativeren Job verschaffen und mich von allen meinen Krankheiten heilen. Wenn Gott bereit ist, all das zu tun, dann kann ich ihm vertrauen.*

Aber so funktioniert es nicht. Gott hat niemals zugesagt, alles nach unseren Vorstellungen zu ordnen. Er verspricht vielmehr, uns inmitten unserer Umstände zu segnen. Ich wünschte, Gott würde mich aus meinem Rollstuhl herausholen und mir die Fähigkeit zurückgeben, auf eigenen Beinen zu stehen, aber er hat andere Pläne. Doch inmitten von alledem hat Gott für mich »unendlich viel mehr« (Epheser 3,20) getan, als ich mir hätte ausdenken oder erbitten können. Er hat mich in einer Weise beschenkt, die um so vieles reicher und bedeutungsvoller ist, als ich es jemals selbst hätte planen können. Gott weiß es wirklich am besten.

Wenn Sie zu Gott Ja gesagt und ihm Ihr Leben vollständig anvertraut haben, dann müssen Sie all Ihre vorgefassten Meinungen mit über Bord werfen, mit denen Sie Gott vorschreiben, wie er seine Liebe Ihnen gegenüber zum Ausdruck bringen darf. Vertrauen Sie ihm. Seine Vorstellungen von Segen sind bei weitem besser als Ihre eigenen.

Ich bin zutiefst davon überzeugt, dass der Schlüssel zu einem erfüllten christlichen Leben darin liegt, dass wir uns völlig an Gott ausliefern. Eine meiner Lektionen zum Thema Hingabe an Gott habe ich gelernt, als ich Gottes Willen im Hinblick darauf suchte, ob wir ein Kind bekommen sollten oder nicht. Soweit ich mich erinnern kann, habe ich mich nie zuvor in meinem Leben so sehr von Gott abhängig gemacht und sein Angesicht und seinen Willen gesucht, wie in dieser Sache, weil ich wirklich von ganzem Herzen seinem Willen folgen wollte. Er schenkte uns einen kostbaren Sohn.

Eine andere Gelegenheit, echte Hingabe an Gott zu lernen, bekam ich, als Michelle ihren schrecklichen Unfall hatte. Ich musste Gott meinen Ärger überlassen und ihn stattdessen um seinen Frieden bitten. Und Gott hat wirklich meine Wut gestillt und mir mehr Frieden geschenkt, als ich jemals zuvor gekannt habe. In beiden Angelegenheiten war mir Gottes Wille für mein Leben kostbarer und erstrebenswerter als meine eigenen Vorstellungen.

Sie zögern jetzt vielleicht und denken: *Aber könnte es nicht sein, dass ich ihm alles ausliefere und er mir dann den Hals bricht?*

Einmal vorab gesagt bin ich mir ziemlich sicher, dass Gott Ihnen nicht das Genick brechen wird. Sollten Sie allerdings einen Unfall haben und sich dabei die Wirbelsäule verletzen, so wie es bei mir der Fall war, oder einen anderen schweren Schicksalsschlag erleiden, dann kann ich Ihnen versichern, dass Gott an Ihrer Seite sein und Ihnen dabei helfen wird, sich auf Adlers Flügeln aufzuschwingen.

Warum passieren solche Unglücke überhaupt? Warum brechen sich Menschen den Hals? Warum werden andere drogen- oder alkoholabhängig? Warum gehen manche Ehen auseinander? Warum fährt jemand im volltrunkenen Zustand mit dem Auto und tötet dabei einen Unschuldigen? Warum stecken sich Menschen mit grauenhaften Krankheiten an? Meines Erachtens passieren Tragödien zumeist aus einem der beiden folgenden Gründe: Erstens hat Gott uns mit einem freien Willen ausgestattet. Wir haben also die Freiheit, auch falsche Entscheidungen zu treffen. Zweitens kamen mit dem Sündenfall im Garten Eden Schuld und Krankheit in diese Welt und haben sie von Grund auf zerstört. Warum manche Menschen geradezu vom Pech verfolgt werden, während bei anderen immer alles gut zu laufen scheint, kann ich Ihnen auch nicht erklären. Ich bin jedoch zutiefst überzeugt, dass die eigentliche Frage hier gar nicht die nach dem *Warum* ist, sondern nach dem *Wie*. *Wie* reagieren Sie, wenn Dinge in Ihrem Leben schief gehen? Wenden Sie sich an Gott oder kehren Sie ihm den Rücken zu?

Gerade kürzlich habe ich eine wahre Begebenheit gehört. Ein Teenager hatte ein Auto gestohlen, um damit ein wenig in der

Gegend herumzukurven. Voller Panik rief der Besitzer die Polizei an.

»Sie müssen den Wagen so schnell wie möglich ausfindig machen«, rief er voller Angst ins Telefon. »Auf dem Beifahrersitz liegt eine offene Packung mit Keksen, die ich mit Gift präpariert habe. Damit wollte ich in meiner Scheune die Ratten bekämpfen.«

Die Polizei startete einen Notruf und das gestohlene Fahrzeug war schnell aufgespürt. Als der junge Mann merkte, dass er verfolgt wurde, versuchte er zu fliehen, weil er davon ausging, dass die Polizei ihm auf den Fersen war, um ihn für den Diebstahl zu bestrafen. Dabei versuchte sie lediglich, sein Leben zu retten.

In vieler Hinsicht ähneln wir diesem jungen Mann. Gott ist uns auf den Fersen und wir rennen, so schnell wir können, vor ihm davon, weil wir aus irgendeinem Grund davon überzeugt sind, dass er uns unserer Freiheit berauben will. Dabei möchte er uns in Wirklichkeit segnen, lieben und frei setzen. Gottes liebende Arme sind der sicherste Ort auf der ganzen weiten Welt.

Um die Nähe zu Gott, von der ich eben sprach, erfahren zu können, müssen Sie Gott in jeder Facette Ihres Lebens vertrauen lernen – im Hinblick auf Ihre Errettung, Ihre Gesundheit, Ihre Finanzen, Ihre Familie, Ihre Karriere, Ihre tiefsten Hoffnungen und Träume. Ich spreche hier wirklich von einem großen Sprung im Glauben. Ein kleines Kind, das mit einem riesigen Satz und ausgestreckten Händen in die ausgebreiteten Arme seines Vaters springt und dabei ruft: »Papa, Papa«, hat größtes Vertrauen, dass sein Vater es niemals fallen lassen wird. Wie ein Kind müssen wir in die offenen Arme unseres himmlischen Vaters springen und ihm vertrauen, dass auch er uns niemals fallen lassen wird.

Folgende Worte aus der Bibel sind mein Gebet für Sie: »Durch den Glauben wohne Christus in eurem Herzen. In der Liebe verwurzelt und auf sie gegründet, sollt ihr zusammen mit allen Heiligen dazu fähig sein, die Länge und Breite, die Höhe und Tiefe zu ermessen und die Liebe Christi zu verstehen, die alle Erkenntnis übersteigt. So werdet ihr mehr und mehr von der ganzen Fülle Gottes erfüllt« (Epheser 3,17–19).

Ich bete, dass Sie Gottes Wahrheit durch die Seiten dieses Buches hindurch erkennen konnten, beziehungsweise dass Sie Ihrem Nachbarn, Ihrem Pastor, einem gläubigen Verwandten oder der Bibel selbst genug Glauben schenken, dass Sie sich auf eine innigere Beziehung zu Gott einlassen und seine Liebe zu Ihnen tiefer als je zuvor verstehen können.

Auch, wenn ich heute nicht mehr tanzen kann, ist mein Lied doch nicht verstummt. Ich möchte Ihnen dringend ans Herz legen, dem König der Könige Ihr Leben anzuvertrauen. Werden Sie Ihr Herz öffnen und mit mir einstimmen?

I surrender to your will.
I surrender to your plan.
I will choose to believe you
though I may not understand.
I will trade these things of earth
for a treasure up above.
I surrender to your love.

Ich ergeb mich deinem Willen.
Ich ergeb mich deinem Plan.
Ich schenk dir mein Vertrauen
auch, wenn ich deine Wege nicht versteh.
Ich tausch die Dinge dieser Welt
gegen einen Schatz dort oben.
Ich ergeb mich deiner Liebe.

DIE LIEDER VON RENÉE BONDI!

Renée Bondi:

MELODY OF MY HEART

Melodie meines Herzens.

Auf dieser CD hören Sie wunderschöne Songs, in denen die sympathische Sängerin auf musikalische Weise von ihren Erfahrungen erzählt. Sie bleiben nicht in der Verzweiflung stecken, sondern berichten voller Lebensfreude und Dankbarkeit von dem Gott, der auch in den schlimmsten Stunden Kraft und Mut schenken kann ...

Diese CD ist eine Spezialausgabe für den deutschsprachigen Raum. Sie enthält die 17 schönsten Songs aus Renée Bondis bisherigen 4 CDs. Im Booklet finden Sie alle Liedtexte, persönliche Kommentare der Sängerin, viele Fotos sowie deutsche Übersetzungen aller englischen Texte.

Einige Titel: The Last Dance But Not The Last Song / We Will Rise Again / Thank You / Dream High / You Are The One / Here I Am Lord / Firm Foundation / Mansion Builder / Shout To The Lord

CD mit 17 Liedern sowie vielen Texten und Fotos
Nr. 939 625